U0909679
0 0 1 / 年 轮 Novi Cives

BACK

2008年4月29日，柏杨病逝

五年之后，柏杨长子忍痛执笔

重返柏杨生命现场，深情追忆父亲一生

首度呈现柏杨最后十年生命历程

一部带着父亲体温的回忆录

背影 我的父亲柏杨

郭本城 著

GUANGXI NORMAL UNIVERSITY PRESS
广西师范大学出版社
·桂林·

BEIYING

著作权合同登记号桂图登字：20-2015-029 号

图书在版编目（CIP）数据

背影：我的父亲柏杨 / 郭本城著. —桂林：广西师范大学出版社，2016.1
ISBN 978-7-5495-6572-6

Ⅰ. ①背… Ⅱ. ①郭… Ⅲ. ①柏杨（1920～2008）—传记 Ⅳ. ①K825.6

中国版本图书馆 CIP 数据核字（2015）第 231078 号

广西师范大学出版社出版发行
（广西桂林市中华路 22 号 邮政编码：541001
网址：http://www.bbtpress.com）
出版人：何林夏
全国新华书店经销
广西民族印刷包装集团有限公司印刷
（南宁市高新区高新三路 1 号 邮政编码：530007）
开本：880 mm × 1 240 mm 1/32
印张：11.25 插页：16 字数：260 千字
2016 年 1 月第 1 版 2016 年 1 月第 1 次印刷
印数：00 001~15 000 册 定价：48.00 元

父亲与我

我的双亲

父亲、本垣与我们一家
后左本垣、后右本城、前左父亲柏杨、前右妻丽凤手抱儿中中

我的祖父齐铁恨先生（右）

1997 年春节，母亲与我们全家福照片
左起：本垣、弟妹齐怡、母亲齐永培、中中、丽凤、本城

上世纪五〇年代，
父亲任“救国团”青年写作协会总干事

1976 年，佳佳（中）在罗祖光（左）的陪同下，
前往绿岛探望父亲（右）

35 岁的父亲，潇洒儒雅

1976 年，我在金门服役

我着军装与弟弟本垣（右）合影

父亲手执烟斗，伏案写作

窗外雨打無芭蕉小
鳥啾唱缺樹梢飢腸
閒坐全無事忽然一屁
驚睡貓
一九九一年三月 柏楊

父亲与他的书房

挂在墙角的诗作内容，
印证了父亲艰辛过后的这几年喜乐洋溢，
和闲情逸趣的自在

父亲认为，有幸娶到张香华阿姨，是上帝总结他的一生，赐下的恩典

297

父亲于书房前挂“297”狱囚的编号以志坎坷的写作生涯

十年《通鉴》译写期间，
几乎成了另一场牢狱生涯
《柏杨版资治通鉴》典藏版（上）
平装版（下）

壽
柏楊全集

父亲一生的意义，
以及他与台湾社会的交涉互动，
唯有借他的全集才有办法凸显

父亲托着脸庞，
微笑地望着我们，
似乎是在嘲笑，
丑陋的依然丑陋，
善良仍然在水深火热

柏楊先生八十大壽壽宴
楊
柏

2000年，父亲八十大寿，一生中难得的全家大团圆
后排左起：
本垣、齐怡、本城、中中、尚静利（冬冬子）、
丽凤、郭素萍（冬冬）、崔渝生（毛毛）、
林蔚文（张阿姨次子）、曹长安（毛毛婿）、林蔚川（张阿姨长子）
前坐左起：
张香华阿姨、父亲柏杨、艾乃美（Peta，佳佳女）、
本明（佳佳）、孙观汉先生

台南大学“柏杨纪念文物馆”
重建之“柏杨居”客厅沙发上的抱枕，
上面绣着“柏杨”二字

請勿觸碰
United Poets Laureate International
DECRETUM
Kuo Yi-tung (Bo Yang)
Laureate Man of Letters

台南大学文创作品，
纸制的“柏杨公仔”惟妙惟肖

1991 年，父亲获颁国际桂冠诗人之桂冠及证书

2008 年 5 月 14 日，
在台北济南教会，
为父亲举行“安息礼拜”

遵依父亲遗言，
我们将他的骨灰抛撒在那片蔚蓝的绿岛海域

2008 年 5 月 17 日，
我手捧父亲的骨灰坛，
在台东富冈码头候船室，
等待船只前往绿岛

1988年年初，
父亲用白话文亲拟了一块石碑，
由大姐冬冬代他立于爷爷墓前

1988年10月，
在离乡四十年后重返故土，
父亲在爷爷碑前跪下叩头，
不断饮泣

不為君王唱贊歌
只為蒼生說人話

2010 年 9 月 12 日，
父亲落叶归根，
移灵河南郑州福寿园

我与二姐毛毛（左一）、
表姐克敏（右一）、
大姐冬冬（右二）合影于父亲墓园的铜像前

柏杨落叶归根
不為君王唱讚歌
只為蒼生說人話

揽翠楼“柏杨居”向外远眺

父亲墓园全景

背影

我的父亲柏杨

中文简体版自序 /

/ 郭本城 //

先父柏杨在1949年离开大陆来到台湾，当年他30岁。他在台湾度过了60年的岁月，这60年，他写了2000多万字，出版了200多本书。即使是身系囹圄、在最恶劣的环境里，他还是坚持文学创作：他利用早餐吃剩的稀饭涂在报纸上，好几张黏在一起，形成一张坚硬的纸板，随后就靠坐黑牢墙角，把纸板放在大腿上，借着微弱的灯光，眯着眼睛，坚毅地紧握着笔杆，持续他的"监狱文学"创作。

父亲的监狱文学作品《中国人史纲》第一章，有这样一段像诗一样的文字：

> 中国版图像一片和平宁静的海棠叶，台湾岛和海南岛，像镶在叶柄下方的两颗巨大珍珠，南中国海诸岛，则是无数散落在碧绿海水中的小的珍珠群。

这就是父亲心中永远深爱的故乡。在他心里、在他眼底、在他口中、在他笔下，他的故乡是那么的辽阔广袤、那么的美、那么的高贵。他的故乡，当然也是我们五位柏杨儿女的故乡。跟父亲一样，我们也都深爱这块美丽宏阔的土地和敦厚善良的人情风俗。

2008 年 4 月 29 日凌晨,父亲在台北庚辛医院辞世,享年 89 岁。在他老人家过世之后两年多,也就是 2010 年的 9 月 12 日,我们将他移灵到了河南省新郑市文化气息浓厚、绿意盎然的"福寿园陵园",父亲重回他所深爱的故乡,和故乡芬馨的泥土永远地融合在一起了。当天晚上,我在宾馆写下这首诗来缅怀父亲:

回到故乡

为什么你不再说话?
为什么你没有回答?

你是否厌烦了我们?
你怎么忍心不理我们?

为什么不再看见你的身影?
为什么不再听到你的诤言?

你是否嫌弃我们?
你怎么忍心拒绝我们?

我们寻索你的脚踪，
祈你降临我们碎梦之中。

闻到覆盖在你身上的菊瓣馨香，
我们缅怀你言语的芬芳。

你的身体已融入天地，
你的精神也永世长存。

今天你回到故乡，
亲吻和平宁静的海棠叶香，

你安详地闭着眼睛，
沉睡在以马内利的梦乡。

不再看到你的笑颜，
却常听到你在叹息，
荡漾在世间愁肠。
思念你托着脸庞，
慈祥微笑眯望着我们。

也许是在嘲笑我们，

丑陋的依然丑陋，
善良仍在水深火热。

你已经得着了释放，
脱离世界的捆绑，
脱离丑陋的病苦罪魔。

你已经回到幸福的故乡，
安息在以马内利的梦乡。

直到父亲离世五年之后，我才提笔撰写这本《背影》，主要是让父亲“爱好和平的精神”“诚信宽恕的思想”以及“坚忍卓绝的毅力”得以传承与发扬，因为现在的社会，人们太优渥、太自满，也太脆弱、太容易遗忘。在撰写《背影》的过程之中，我更深一层地认识了父亲。看着父亲这一生走过的身影，我热泪盈眶。我疼惜他童年生活的孤苦无依，悲痛他十年冤狱的惨磨苦难，更钦佩他有容乃大的宽容精神，和知恩图报的感悯襟怀。年龄随着沧桑经历而增长，我努力让时间倒流，追忆模糊往事的点点滴滴，以及父亲苦难生命中的每一个阶段，我感同身受，不禁让自己浸润在极度思念父亲的感伤之中。

在写到 1968 年父亲遭到逮捕，被诬陷及惨遭刑辱的几段时，我不断擦拭难以克制的泪水，我暂停一下，写下了《悲伤的思念》这首诗，来发泄我的情绪：

我痛得心肺灼烈，
是我的傲骨正在碎裂。

冤怨在沸腾爆裂，
诗词也淌着血泪。

我爱这个社会，
却侵蚀让我残生哽咽。

这是个无理的社会，
我已经身心俱裂！

人生如何进退，
要有自己的智慧。

多少人心中污秽，
何时才能痛彻领会？

我爱这个社会，

不断以真心面对。

我生命已经遭到压碎，
何止是支离破碎。

我的心绞痛陈列，
这是残忍的消费。

我们要忏悔面对，
生命中要有是非错对。

许多大陆友人，即使是年轻人，对“柏老”都非常熟悉，这让我很惊讶，也很感动。这是一个书香社会的传承，也是人文思想的进展，青年知识分子能带动风潮，也让逐渐老去的我们充满了希望。而这种现象，在大陆尤其明显。我应该说，在我们的故乡，已经很强烈地感觉得到这种振奋人心的氛围。

二十一世纪是中国人的时代，而重视礼仪、温和恭俭与喜欢读书的下一代，已经可以确定未来的人生，是何等光明灿烂了。

我祈盼这本书，能唤起大家对先父的追忆，也让我们都能更认识先人奋斗的过程，学习那坚忍不拔的毅力。即使处在悬崖饥虎、巨涛恶海的生死关头，也要充满信心和希望勇敢地面对,为着人最后的尊严,克服所有的艰难而绝不逃避,自始至终都要有“大是大非”的坚持,让濒临熄灭的生命和破碎的灵魂,得着恢复和成全,并能够原谅过去所有的施暴之人,化为大爱回馈社会和国家,以及回馈曾经施恩加惠之人。

感谢台湾读者的支持与爱护,让《背影》能够在台湾热销。现在能够在大陆发行,我怀着感恩的心,尤其广西师范大学出版社是一个信誉优良的著名出版集团,能够肯定这本书,让我非常开心,更是万分荣幸。希望大陆的读者都能够喜欢柏杨,更能够喜欢柏杨的《背影》,并能给我多多的指教,使我更加成长。

“唯有‘爱’,才是超越世代的东西。”最后,让我献上父亲的这句话,与您共勉之。

2014.09.04

目　录

1　混沌年代　诞生中原 /

父亲一九二〇年出生在河南。河南地处中原,自古就是中国人的文化重镇,也是兵家必争之地。但是,他究竟是出生在河南省的开封县,还是通许县,连他自己都弄不清楚了。但可以确定的是,他不是出生在他的祖籍——辉县。不像我,可以明确地昭告天下,我是在某年某月吉日吉时出生在台湾的台北市。当然,时代不同际遇也会不同。结果也不知道是怎么回事,最终他被归类为河南省辉县人。辉县已于一九八八年升格为市了,就是现在的辉县市。

以前我们身份证上都有一栏"籍贯",我的籍贯栏里,填的却是河南省"开封县",这跟辉县、通许县又不一样了,连父亲都搞不清楚,我就更搞不清楚了。还是现在版的"出生地:台湾省台北市"比较有唯一的代表性。

父亲的祖父是郭统先生,我的祖父是郭学忠先生。我的祖父当过河南省通许县的县长,又当过开封县警察局的官员。至于我的曾祖父郭统先生,可能是一位商人,父亲已不复记忆。在河南辉县志里,父亲也印证他是二十世纪四十年代辗转来台的辉县移民之一,当时大部分人员都是随军而至,唯有他是一九四九年逃难而来。直至二〇〇八年父亲因病过世,这六十年的漫长岁月,台湾早已成为他的故土了。二〇一二年五月五日,我赴河南新郑市福寿园父亲的墓园献花、鞠躬、追思、扫墓,当天下午,与从台湾抵达的叔叔郭立熙、堂妹静雯和怡君,以及从新乡前来的大姐冬冬,结伴返回新乡。次日,外甥静利、云玲夫妇开车,载着大姐和我,回到父亲的故乡,当然也是我们五个兄弟姐妹的故乡——辉县市,这是我首度回到老家。

当时弟弟本垣去韩国出差,妹妹佳佳人在澳洲,都不克同来。在扫墓的前一天,二姐毛毛跟二姐夫长安特地从西安赶来郑州,他们在前一个月清明节时,跟大姐冬冬全家已经来扫过墓了,二姐夫因为还有要事处理,因此跟二姐匆匆而至,与我共进午餐后又匆匆而返。我们五位兄弟姐妹,正如一九八八年三月,父亲给自己已经逝世数十年的父母,就是给我们的爷爷和奶奶撰写纪念碑文时,在最后一段记载着:“但愿两地后裔,相亲相爱。”而这两地的后裔,也的确都能相互扶持,没有争议,这是郭门之福。

父亲撰写的这篇纪念碑文全文如下:

> 这里安葬的是郭学忠先生及夫人,也是我的父母,我没有见过母亲,但父亲于一九四〇年在这里入土的时候,眼看灵柩冉冉下降深穴,我曾抢地痛哭。而今,大姐育英、二弟德泽,均已病故,大妹育俊、三弟德洋、幼妹育杰,不知流落何方,音信全无。事实上我非长子,长子汴生,幼年早夭,可惜我记忆模糊。已逝之人,当在地下见父。未逝之人,凭墓哀悼。我于一九四九年远移台湾,将来也葬台湾,子孙永难再归故土。父死之年,五十有七,儿今已六十有九,为我父立此一碑,如幸得保存,作为海峡两岸郭门一线相牵,血浓于水,但愿两地后裔,相亲相爱。

辉县是中国最古老的城市之一，却在历史上默默无闻。虽然很古老，却没出现过什么大人物，无论是大忠还是大奸。即便是近代的大事记中，也没有什么大灾大难的记录。父亲告诉我们，我们故乡最著名的一件事，发生在公元前二二一年，秦帝国消灭了当时华夏土地上所有的独立政权，统一了当时已知的世界，把他最后俘虏的一个名叫田建的齐国国君，放逐到共城（就是我们的故乡——辉县），任凭他自生自灭。这位当政四十五年的国君，享尽人间的荣华富贵之后，被软禁在太行山麓松柏树林之中。最后，他的随从全部逃走，他全家饥寒交迫，日夜啼哭，一代国王田建终因忧郁过度而亡。王后与王子最后均不知下落，或是已经化为白骨，也不得而知。齐国遗民为他写了一首哀歌：

满目柏林
饥饿时不能吃
口渴时不能喝
谁使田建落得如此下场
是不是那些——
平常围绕着他的客卿大臣

当时这首哀歌，在辉县广大的土地上飘荡。父亲说：两千余年之后的今天，因为年代过于久远，谁都不记得这首歌了。而现代的辉县人，他们的记忆大多追溯到三百年前那个令人作呕的明王朝末年。那是一个无边无涯的大黑暗时代,整个中国北部,大约五百万平方公里——现在台湾一百五十倍以上的广大区域——发生了由贪官污吏一手“创造”出来的可怖饥荒,加上旱灾、蝗灾,所有含叶绿素的叶子全被啃食精光。当时我们的故乡,就是现在的辉县,大地如焚,河水干枯,望眼是一片焦土。饥饿的灾民互相交换子女,烹杀煮食,孩子吃光了,就吃观音土——一种像石头的白色松软固体,经水煮过会变成糨糊一样的黏稠半液体状,喝下后可以暂时填满肠胃,但是不久就会凝结,恢复原先石头的硬块,既不能消化,又无法排出,最后把人活活胀死。

就在山西省洪洞县,一个郭姓大家族几乎被饥饿消灭,残存的一些族人,在一棵大槐树下把一个铁锅摔破,分给每一个支派的族长,相互祝福后四散逃命。他们相约,等这场灾难过去,大家返回故土,重建家园。万一到时候子孙已经互不相识,锅片就是信物,可以为证。于是其中有一支从洪洞县出发,向东逃亡。那是一段悲惨凄凉的旅程,中途不断有幼儿夭折、老人逝世。族人就这样沿着逃亡所经过的线路,写下河南辉县先民悲苦的移民史。我们这些祖辈翻过高达两千米的太行山,继续向东逃亡,终于在太行山东麓的辉县定居,他们的子孙一直繁衍到现在。转眼三百余年过去,锅片早已不见,子孙们对往日大槐树下摔锅片的故乡,早已失去概念。今天,当辉县人被询问到这个故事的时候,只见他们一脸茫然,透露无限人世的沧桑。

父亲就是这支苦难先民的后裔,我们五个兄弟姐妹,当然也是这支苦难先民的后裔。可是在一九九二年前后，郭氏家谱出土，大家才发现所有辉县的移民不是来自山西，而是来自江西，迁移的方向是由南向北。当新近的真相出土之后，大家对先民故事的兴趣，霎时间从洪洞县闻名的苏三身上。转移到“老表”身上，这是种历史感情，不含任何政治和地缘的杂质在内。然而，听完父亲所讲的每一个历史故事，包括他自身的遭遇，事实上，我们经常无法感同身受，而且对那么遥远的过去，似乎听了也缺乏感动。

我们郭氏的宗派有十二个字，入谱以后为子孙之命名，分别是：学立本，乃克昌，惟其善，方延长。爷爷郭学忠是“学”字辈，父亲这一代是“立”字辈，我们这一代是“本”字辈，我的下一代是“乃”字辈，我儿再有小孩，就是“克”字辈了。这种用字来排辈分的文化，始于大分裂的南北朝时期，是一种增强家族向心力的方法。

我们的郭氏始祖郭弘先生为第一世，到父亲时已经是第十七代的子孙了，我和大姐素萍、二姐渝生、弟弟本垣与小妹本明是第十八代。而我儿中中，则是第十九代了。

父亲曾说，在极为重视实用价值的中国传统文化中，中国人认为历史的功能只有一种，就是为后人提供教训，所以我们经常听到要接受历史教训和经验的勉励。然而，这项功能的效果常被高估，否则，中国人在吸收了比其他任何国家都要更久、更多的教训和经验之后，无论哪一方面，都应该比其他国家更好才对。然而五千年悠久的历史，不但没使我们在其中得到什么教训，反而衍生特别沉重的压力，使我们更僵化、更落后。父亲曾勉励我们说：任何的记载都将成为历史，但我们不能忘记血浓于水的感情。而历史还有一项极大的功能，就是使我们能在回顾之中，产生浓厚的归属情结，使我们能了解所来自的那个地方，到底是个什么情景。

《根》（*Roots*）的作者，美国作家亚历克斯·哈利（Alex Haley）于一九七六年出版这部家史小说，记述他历经十二年的考察研究，发现自己六代以上的祖先昆塔·肯特，是一个从非洲西海岸被白人奴隶贩子掳到北美当奴隶的黑人。这本书曾引起许多不同的评论，也是本脍炙人口的畅销书。亚历克斯·哈利所以寻根，一直寻到非洲，并非想从其中取得什么教训，而是想从其中获取心灵的安定和充实。

二〇一二年五月，我首次踏上了这个让我惊讶的美丽城市，也是我们与父亲的根。我的“根在台湾”，和“根的源头”并不抵触。就是这个地处太行山东麓，有着苦难先民血泪移民史的地方，我和父亲的故乡——河南省辉县市，使我洋溢出浓厚的归属情结。

眼帘下的景致清新而有序，五月天五彩缤纷、绿意盎然，华厦矗立宽阔的街道两侧，万里晴空视野辽阔。除了在施工的路段，街道清洁平坦，还没有踏上更深一层的心灵之旅，我的心情就已经好透了。两岸奔波十余年，今天，我却是首度返回故乡，不论我们的先民从何而来，我都爱上了我的祖籍，这美好的家乡——河南省辉县市。不过，我也没把握，如果没有大姐冬冬一家人的同心同行，我对这个城市的爱，是否还有这么多？

日本作家黄文雄先生曾引用日本的一句谚语，说柏杨是一个看过地狱回来的人，指的是二十世纪七十年代台湾“白色恐怖”时期，父亲几乎被政府枪决的情形。实际上，父亲不仅看过，而是一生几乎都在地狱，他的眼泪远超过欢笑。当然，我认为他否极泰来，得以安享晚年：从一九七七年四月一日之后，他就一天好过一天，直到最后几年被病魔折磨以及最后一年长卧不起。

父亲病中，在我探望他时，多次紧紧地握着我的手，不但关怀我们儿女，还关心国家、社会和两岸的许许多多事情。但我知道，至终他都没能尽吐心中的牵挂与交代，而于二〇〇八年四月二十九日与世长辞，享寿八十九岁。

同年五月十四日，父亲安息聚会的纪念仪式上，当时的台湾地区领导人和各级首长，都亲来吊祭。父亲这一生是倒吃甘蔗——苦尽甘来，五位儿女的血浓于水，正是最好的见证。他过世时两袖清风，我们儿女也都淡泊无求，且能保持联系、没有争执，并体恤扶持，我相信这是他在天之灵最欣慰的事情。

父亲的生日，据说是一九二〇年，至于是几月，哪一天，就不确定了。在那个大混沌的年代，二十世纪二三十年代的内陆乡村，几乎还是原始社会，除了大人物或是世家子弟，鲜有家庭为孩子庆生，所以他不知道生日是哪一天，也不足为奇。一九四九年，父亲只身漂流到台湾，因为要办户口登记，就报了一个不容易忘记的日子：十一月一日。这是东北第一大城市沈阳，在国共内战中被解放军攻占的日子，因为当时父亲正在沈阳办《大东日报》，印象深刻难以忘却，所以就顺口报上这个日期当作生日来登记户口。如果当时他报的是十月十日，不知道能否趋吉避凶？

二十年后的一九六八年三月七日，父亲被调查局以“匪谍”和“打击领导中心”的罪名逮捕入狱求处死刑。其后，又改判有期徒刑十二年，从此，他就以三月七日作为新的生日，来纪念自己的苦难。

父亲的姓——“郭”没改过，但是名字，却因为自己的理想、人事的变迁和时代的动荡，改过好几次：一九二〇年出生时，正名叫郭定生，乳名小狮儿，后来被继母喊成“叫炮头”——开封土话，意思是被枪毙的头。一九三六年，他以同等学力考取开封高中时，更名为郭立邦，“立”是家谱上他这一代的排行用字。

一九四四年，父亲为了求学，伪造学历证件，再改名为郭衣洞，被分配到四川三台的东北大学读政治系三年级。从此以后，他就使用郭衣洞这个名字，直到一九六〇年“柏杨”的笔名在台湾诞生，以及一九六一年他以“邓克保”为笔名撰写《异域》。大多数人都知道柏杨和邓克保，却不知道郭衣洞是谁。

2 生母早逝 继母凶暴 /

在呱呱落地还没有记忆时，父亲就失去了亲生母亲，当然也就丧失了受到母亲呵护的权利和幸福。亲生母亲姓魏，家住辉县西关，其余一概不知，也不知年纪轻轻的母亲因何过世。

三岁那年，父亲有了一个漂亮能干的满族继母，但是继母心地却不漂亮，行为也不磊落。到底是没有血缘，母子是不可能连心的。如果继母稍有爱心，能视继子如己出也算幸运，可惜她既凶残粗暴又无知，再加上丑陋的心地，父亲的遭遇可就惨了。

结果还不只是一个“惨”字能形容这对母子的关系。父亲形容他的继母，根本就是精神分裂、泼妇骂街那一型的狠毒恶妇。她没受过教育、颐指气使，常像一头疯狂的野兽，对着我爷爷破口大骂，还牵连祖宗三代一块儿骂进去；家里叫骂不过瘾，还蹭着鞋到大街上，越是人来人往热闹的地方，越是让她兴奋；她一面走，一面挥舞手势，以高八度的嗓音高声叫喊，有一个成语“泼妇骂街”，可能都还不够诠释得贴切。

西方有一句话：“上帝不能跟每一个人同住，所以赐给他一位母亲。”上帝也赐给父亲一个母亲了，只是又夺了回去，换一个更“聪明”、更凶残的罢了。

一个能让人公认是聪明的人，必定在各方面的表现都很亮眼，也必定是反应灵敏、能言善道、辩才无碍、谦虚多礼的。但也有许多自负、自傲的聪明人，却只会表现强势凌人的嘴脸，实为夸辩之徒，坐议立谈无人能及，临机应变却百无一策，如果还仗着几分聪明或权势欺人凌弱，就足以显明，这个聪明人有多么肤浅和丑陋。我想，这种自认聪明的人太多，而没有智慧的言谈行为，至终一定遭人鄙视。

父亲的继母祁氏，正是个聪明、漂亮、能干的妇人，曾经拥有显赫的家世背景，但这种不是智慧的聪明，就让她彻底走样了。最疼爱父亲的嫡亲姐姐郭育英女士，大父亲六岁，在继母进门之后就被迫草率嫁人了，当时她才读小学二年级，因此被迫停学。

此后，父亲每次闯祸，都是由已经出嫁却不幸丧夫、同样贫苦的姐姐帮忙应付。父亲难过地说，当时他处于浑沌的年龄，不懂体恤姐姐的苦心，经常惹她伤心落泪。

父亲的姐姐是这个世界上最关心、最疼爱他的人，更是那个时代的受害者，因为缠着小脚、不太识字，她无法维持自己的生活。

一九四〇年，父亲为了逃避继母的陷害而匆匆离家。九年之后，他被内战的战火驱逐到了台湾，四十年后的一九八八年十一月，才得重返故土。回到河南老家辉县祭祖坟时，他的姐姐已于前一年逝世，临死还拿着不争气的弟弟写来的家书，叫别人念给她听。言至于此，父亲已经泪流满面。

父亲从小就跟继母所生的两个弟弟和两个妹妹在待遇上不同，亲生骨肉与继子当然不同，在吃喝生活上也当然多有分别。每天早上弟妹喝牛奶，吃荷包蛋，可见当时这户人家的生活水平不低，绝对是在小康之上。但是父亲什么都吃不到，因为没他的份儿，他就只能喝白开水。而唯一有份儿的，就是挨骂、挨打、挨饿。

父亲看着弟妹享用这些热呼呼、香喷喷的佳肴时，总是瞪着大眼，口水淌淌而下。只有那么一次，他喊道："妈！我也要吃。"只见继母冲进房门，一巴掌打在他脸上，小脸霎时留下鲜红的掌印。继母诟骂说："你这个没出息的叫炮头，你也配吃？"从此之后，他就断了这个要吃荷包蛋和喝牛奶的念头了。

每一次，父亲都用自己的衣服袖子擦干口水，边咽口水边走出房间，依旧饥肠辘辘。

父亲的继母就这么趾高气扬、毫无顾忌、目中无人。这个家庭也因此常常发生争吵闹剧，而且再三上演，愈演愈烈，却又歹戏拖棚，在父亲心中留下了深深的烙印。此时，他还不知道继母不是亲娘，仍跟别的孩子一样，充满了孺慕之情，多么渴望能在母亲的怀抱里享受片刻温暖，然而，在他童年的记忆里，从来没有发生过这样的事情。

终于有一天，父亲发现亲娘原来是继母，不但有前夫，还有一个女儿。父亲的性格敦厚，也没特别怨恨。在他记忆中，继母对他也有过和颜悦色的时候。一个夏夜，他光着脊背趴在院子里一张竹床上，迷迷糊糊地半睡半醒。爷爷郭学忠先生正出门，继母穿过院子时关心地说："快回去房间睡觉，这里会受风寒的。"没一会儿又轻声重复一遍："快回房睡觉吧，这里会着凉的。"听在这个几岁小男孩纯洁幼弱的心里，顿时全身暖和起来，这是他第一次在精神上得着了母爱的安慰。于是趴在那里，咀嚼这份母爱，渐渐地进入梦乡。

这真正的美梦,眨眼间就破灭了。继母折返时,突然劈头盖脸地朝着父亲一阵暴打。美梦还在做,父亲就被打醒了,脸上的血顺着继母戴着戒指的手指流出来。他根本没搞清楚是怎么一回事,只听到继母尖声叫骂:“你这个叫炮头,你爸在家你就仗势不听话,叫你回房睡,你就偏偏在院子睡,让你爸爸认为我不疼你是不是?现在你爸爸不在,你还仗势谁?看我怎么修理你。”这一阵胡打蛮打,他遍体鳞伤、头重脚轻地拖着满身的疼痛,逃回屋内。

父亲从小就爱看书,也爱买书来看,一些儿童读物,让他积欠将近两块钱的书款,当时学校的伙食费一个月才三块钱。这笔庞大的数字,逼得他只有暗自写信向许昌的父亲求救。然后痴痴地等着金钱的救援,没想到换来一顿更严厉的毒打。

原来继母收到丈夫来信,要她帮忙还债。有一天,继母将父亲叫到跟前,关上房门,面带微笑地用一根大拇指粗的麻绳,绑住他的一条腿,接着反绑两只手臂。他意识到事态好像严重了,可是继母又笑容可掬,不像要动粗的样子。他小脑袋瓜还在转啊转的一瞬间,一条细竹条劈头闪了下来。他的手脚都被绑着,哪有办法挣脱逃走,于是在枪林弹雨似的竹条闪光之中,他跪下来哀号:“不敢了!不敢了!”为什么挨打?他也根本不知道,只是借着“不敢”来求饶。继母脸上的笑容早就变成狰狞的嘴脸,说道:“你长大了,会给爸爸写信了,是不是?”求饶并不能让继母气消,紧接着竹条如雨下,噼里啪啦不定点地遍布在他的全身上下。

父亲双手被反绑无法抱头,只能将头埋到床下,让脊背和双腿承受所有的攻击。终于，呼天抢地的哀号声，引来了大家的营救，他们把房门撞开大叫道："太太！你会打死他的！"这样，父亲才逃过一劫。

父亲好几次跟我们一同回忆这段无法抹灭的悲惨童年时光。他还叙述有那么一次，放学时倾盆大雨，他知道不会有人来接，就冒着大雨冲回家，还期待慈母心疼地紧紧拥抱着他。结果只听到一声吆喝，暴怒的继母跳起来就是两记耳光，骂道："你这个叫炮头，你知道你爸爸今天回来，故意淋给他看是不是？那我就打给他看。"就这样，他又挨了一顿毒打，经过家人的劝解，继母才松开手。父亲逃回小屋，脱下湿透的衣裤，钻进被窝里不断地发抖。

3　慈母恩重　山高海深 /

父亲从小没亲娘，而我和弟弟，从小没亲爹在身边。但是感谢神的恩典！我有一位伟大的母亲齐永培女士。我的母亲，父亲的继母，这两个都是扮演母亲角色的女人，与我和父亲这两个男人。这是我们父子最不相同的命运，他就没有我这么好命。

我和弟弟本垣的亲生母亲齐永培女士，一九五九年与父亲仳离之后，就带着我和弟弟两个幼童迁居，与我的外祖父母同住。直至二〇〇一年因病过世，她一直都是孑然一身没有改嫁，为的是能够全心全意呵护我和弟弟，因为她认为万一继父对我们不好，我们这已经失去亲爹的孤儿，会更加可怜。就这样，母亲辛苦地带着我们兄弟俩，幼儿寡母相依为命。

母爱更胜父爱，因为父爱在我和弟弟懂事以后，就不曾降临到我们头上。母亲对父亲的怨怼，是身为长子的我独有的经历，也是任何有关柏杨的著作中，所无法分享到的。在大时代中，人是有权怨怼的，但是最终，母亲努力地将心中的痛苦和怨怼，转化为对我们兄弟俩无穷无尽、无匮无乏的爱。

母亲带着我们与外祖父母同住，这是我和弟弟的福分，我们又多了两位守护神，加上母代父职，使我们在成长中，完全适应了没有父爱的处境，也使我和弟弟特别感恩慈母的辛劳，学习到母亲坚忍卓绝、无私无我的爱与付出。

我们的母亲齐永培女士，一九二七年五月二十三日在北京市出生,她对自己的格言是:“若想做自己,一切要自己做。”

二○○一年三月二十八日下午三时四十九分,母亲因病逝世于台北市国泰医院。我们在悲伤和不舍中,献上我们最真挚的祝祷和怀念。

母亲一直是家里的支柱,从拉扯两个稚龄的儿子长大,到奉养年迈的双亲,整整二十个年头,全部的重担都压在她瘦削的肩头,不管她是不是愿意承担,不管她承不承受得了,在她最美丽的年纪,她硬是一肩挑了下来,四处兼课,一手撑起五口之家。

还记得那时住在和平西路的木制平房,冬夜里,她只裹着薄被而眠,为的是怕睡沉了,没法半夜起来换煤球。后来外祖母中风,外祖父两腿不便,母亲更是咬紧牙关,疲于奔命。直到双亲过世,两个儿子成家立业,她才在大家的坚持下退休。哪晓得做孩子的我们还没来得及好好孝敬她,只看到母亲一天天快速衰老,这才惊觉她的健康早已透支殆尽。

回想起来,在那段最艰苦的日子过后,母亲曾说,将来不愿成为我们的负担。母亲那两年两度住院,辗转床榻受尽煎熬,三月二十八日那天在例行回诊时走得却快,不知是否是为了那句话?

母亲是独生女,少女时期在父母和家庭的呵护下,即便在战火流离的年代,也没有经历过太多的苦难。我们都记得母亲说的故事:一九四七年来台后,有一次和朋友骑单车去看电影,因为担心自己的新车在电影院外面被偷,只好又一同骑回家,而避开了当天戏院外的一场暴乱。我们一直很难重塑那时母亲骑单车的模样，更无法想象，记忆以来刻苦持家的母亲，也曾经有过快乐的年轻岁月。

母亲生活简约朴实，家里从没有多余的装饰品，对自己更是几近苛刻，一套衣服可以穿十年，一盘菜可以吃上一星期，她把所有好的东西都给了孩子、学生和朋友们。逢年过节或生日喜庆，她一定不忘送份精挑细选的精致礼物；而在台大和师大语言中心任教的她，对在异乡求学的外籍学生，更是嘘寒问暖、关怀备至。学生们尤其感佩她能够不用英文，也不需翻译，就让所有的外籍学生学好中文。翻阅母亲留下的照片，泰半都是她和各国学生一起欢聚的笑容，母亲默默地做了好多好多的“民间外交”。

织毛衣是母亲最拿手的绝活，也是唯一的嗜好。一针一线编织了她的一生，也编织出她对亲朋好友无尽无声的关爱。家里的亲朋好友，每个人都穿过她织制的毛衣，好不容易第一轮织完了，第二轮又开始预约，仿佛她总有着织不完的毛衣，自然也没有轮到为自己织上一件。

母亲写的一手好字，大气而有个性，十足地字如其人。退休后，母亲每天研墨，写三大张书法，厚实端正的颜体，完全不似出自女性之手，这样持续了两年之久，直到她下不了床。

母亲一生劬劳，也一世好强，生活的担子、内心的孤寂，她绝口不提。在外人眼中，她一直是个谈笑风生又幽默十足的人。其实母亲很爱笑，笑起来甚至还有一点小女孩怯怯的娇羞，而幽默更是她的专长，开起玩笑来可以没大没小。或许生命的艰难教她学着要比别人更乐观。母亲坚忍卓绝的毅力超越常人，重听后她仍然坚持自己过日子，直到骨质流失，脊椎侧弯到无法行走的地步，才同意我们替她请帮佣。母亲一生处事明快、果敢风趣，晚年却一切不能自理，心理上的挣扎更甚于失去健康后的折磨。

母亲出身书香世家，在北京出生，在上海长大，童年在上海大院里的点点滴滴是她这辈子最快乐的记忆，而回上海老家也成为母亲最后的心愿。就是在最后半年卧床期间，她仍每天勉力活动手脚，期盼能够再次站立起来，走一趟上海。无奈年后母亲健康急遽恶化，就此不起，当时，做孩子的我们承诺，年内一定要帮母亲达成这个心愿。缠绵病榻最后三个月，母亲的胃口变得极小也极差。知道母亲爱吃红豆面包、荷叶排骨、炒年糕、韭菜盒子和腌黄瓜，我们四个孩子每星期轮班去探看陪伴她的时候，总不忘带些好吃的给她，她也挂出笑容特别努力地多吃一点。买久了，店铺里的老板知道是买给母亲的，总也不忘问候一声："老夫人有没有好一点呢？"现在回想特别令人心酸，亲爱的慈母已经永远地离开我们了。最后几天我们看到的母亲，身体虽不舒服，嘴里喊着身上到处都疼，神情却十分祥和，并且不时露出笑容。最后送母亲门诊当天，她坚持说："我不要再住院了。"她果真没再住院，而我们则再也没等到接她回家。一位坚毅的母亲走了，我们的母亲永远活在我们的心里，我们永远记得的，是她坚忍的身影，和浅浅的微笑。

母亲的骨灰安置在台北市忠孝东路的善导寺里，因为距离比较近，我们可以经常携带鲜花素果过去探望母亲，跟她说说话，以慰她的在天之灵。

当年,最值得一提的,是我们还有一位深爱我们的外祖父齐铁恨老先生和外祖母齐舒晨老太太,他们使我和弟弟的童年日子,真是备受呵护而无忧无虑、无牵无挂、无缺无乏,更是无病无灾。这些都让我们平静安详地度过缺乏父爱的童年,以及最需要父爱的青少年成长期。

4　外祖父母　呵护备至／

一九四七年，外祖父齐铁恨先生带着外祖母齐舒晨女士，以及刚满二十岁的母亲齐永培，奉派到台湾来推行国语。在台北居住在台湾省教育厅配给的宿舍，是日本战败投降撤离后，一栋幸存的日式地板平房，踏两个小阶梯才能进入客厅，花花草草遍布房子前后围绕着的庭院，院子里还生长着几株番石榴树和椰子树。自一九五九年之后，就在这个环境优美的住处，母亲带着我跟弟弟，与外祖父、外祖母一家五口，在这里安身立命，抚养我们长大成人。我的外祖父母，在一九五九年之前，是我父亲的岳父大人和岳母大人。

我们的外祖父每天早晚有一个极为重要的任务要完成，就是早上送我上幼儿园，下午接我回家。弟弟上幼儿园之后，外祖父就一只手牵一个，先把我送到国语实验小学的教室门口，再把弟弟送进幼儿园的大门，下午就先接弟弟回家，再等到傍晚接我回家，直到我们都升到中年级之后。

外祖母齐舒晨女士，也是北京人，是一位传统的北京老太太，爱护我们更是无微不至。外祖父的学生和朋友真多，常来家里做客，很多长辈都是很有名望的教育学者。外祖父是位宅心仁厚的长者，更是一位德高望重的语文学家。

外祖父本名勋，自号铁恨，是北京香山人，通晓汉、满、蒙文，生于一八九二年，殁于一九七七年，享寿八十五岁，是台湾省推行国语运动的先驱和元老，同时也担任《国语日报》的常务董事。当年,他曾在台湾广播电台中介绍并播放由自己主编的《古今文选》。

齐铁恨先生是知名的"老北京",有好几年每天清晨七点他都会在电台担任国语读音示范,播讲民众国语读本,国语会话,国民学校国语、常识、历史等各种课本,供听众收听以匡正语音。当时,许多学校教师每天早上都准时收听齐老师的教学播音,他们现听现学,然后马上到学校现教。齐铁恨老师当时可说是家喻户晓,直到现在,许多上了年纪的台湾人对于齐铁老那娓娓动听的"京片子"仍然印象深刻。但我外祖父在一九三〇年著作的《初级国语话》,年代已久早已绝版了。而一九六八年在台编著的《最新语文字典》与《普通社会国语会话》二书,前者是外祖父生前的遗作,直到逝世之后这本字典才问世发行。外祖父的这些编著,至今仍能在特定的书店找着。还有与梁容若教授合编的《古今文选》,是一套充实而珍贵的参考书,在台湾的许多大学都还有珍藏。

台湾财团法人"教育部接受捐助奖学基金会"成立于一九六三年,至今已近五十年的历史了。幸蒙许多热心人士的捐助,五十年来嘉惠了无以数计的优秀学子,对于台湾社会发展产生了积极正面的作用。而"纪念齐铁恨先生奖学金",在每一个学年度,都会拨发五千元至两万元不等的奖学金给品学兼优的学生,期勉所有得奖学生将来事业有成时,记得仿效前人继续回馈后进。

外祖父在生前就告诫我们说:"房子是政府免费给我们居住的,我们以后一定要将其归还,不可侵占。"外祖父在晚年摔过两次跤，也因此无法行走，终年卧床，在一九七七年因心脏衰竭而逝。当时的台湾地区领导人之一严家淦，还特赠匾额悼念。外祖母中风后没多久，于一九七二年先我外祖父而逝，所以在两位老人家先后过世之后，我们就自动放弃房子优先承购的权利，搬离这个从童年到青少年，我和弟弟在生命最起初的时期拥有最美好记忆，并能健康成长的优生美地。

外祖父母合葬在台北市木栅区的河北公墓，每年清明扫墓节期，母亲都会带领我们，爬上百层石阶，凝视两位老人家嵌在石碑上的遗像悼念。母亲过世后，我和弟弟也都会率妻携子，带着两份鲜花素果，先去祭奠母亲，再开车到河北公墓。近年上山阶梯多已塌陷，我们清理着墓地的杂草，追忆两老恩待我们的岁月，都不禁眼睛湿润、缅怀不已。

5 良师启蒙 恶师鞭挞 /

在我父亲的记忆中，一九三一年的某一天，他忽然被自己父亲送到省立第四小学读二年级。他没读过小学一年级，一下子就跳到二年级了。（今天的教育体制中，非有特别资优的表现，不能这样跳级。）入学不久，就发生九一八事件。那年他才十岁，而且刚开始接受基础教育，实在不知道什么是九一八事件，什么是东三省，什么是日本军，沈阳在哪里，北大营又在哪里。所有眼前发生的事，一概不知。但是他对当时的情景，仍然有着深刻的记忆。他说："当老师在课堂上告诉大家，日本军队侵略中国领土、屠杀中国人民时，全班小朋友随着老师的嘶哑声音，哭成一团。"当时老师用"千钧一发"这个成语来形容中国的命运，小朋友们个个都紧张得身体淌汗。父亲说，这是他第一次为国家付出重重的忧心，而"千钧一发"是他学会的第一个成语，也是使他为爱国付出生命的起步。

父亲求学阶段，一直不大顺利，可能是那个年代人民普遍穷困，也不是非常注重孩子的教育，加上战争的烽火绵延造成社会动荡不安，教育推广受到阻碍。

学校放假，父亲被接回许昌，有一天再从许昌返回开封要继续读三年级的时候，才发现学校已经开学好几个月了。这是什么概念？由这点可以看出，全家人都没把小孩受教育当一回事。于是，又运用关系，把他送到省立第六小学，而且是直接插入四年级——我的爷爷郭学忠，好像挺有特权的。

仇人见面分外眼红,反正继母只要看到这个“继子”就是不爽。有一天,继母又迁怒于他,暴怒的她拿着西瓜刀,从屋里冲了出来,口里一面谩骂不止,一面朝着父亲追杀过来,眼看真的要闹出人命啦!父亲拔腿就跑,在逃出门坎的时候被绊翻在地,继母挥着西瓜刀劈了下来,这一刀就落在他的耳际,地砖都被砍出火星来。这时已经劳动好些家人,才把这疯婆娘拦住,拖回房间。父亲全身瘫软,勉强爬起跑到街头的墙角下,蹲着痛哭。这次太疯狂了,父亲差点被砍死,这令我爷爷郭学忠震惊不已,他从许昌赶回开封,知道后妻无法接纳他和前妻所生的儿子,就托他堂弟郭学沄带领父亲回到老家辉县。

辉县距离开封三百公里,位于开封的西北方,在太行山的东麓。父亲对这次迁徙并没有特别的恐慌,反而因能够远离继母,感觉得到真正的解脱。辉县,对他来说,是个自由自在的世界,简直像是天堂。在这之前,他并不知道辉县是自己的老家。

我们的老家,在辉县县城东北约六公里的地方,名叫常村,再两公里之后又有一村,名叫沿村。这两个村庄约有五百户人家,就是父亲对我们所叙述的从“山西省、洪洞县、槐树下、摔锅片”逃难出来,在此安家落户的郭姓家族的一支。虽然远在六十年后,因为郭氏家谱的出土,才发现所有移民辉县的祖先,原来都是来自江西。

父亲被送到县立小学,仍然读四年级。此时,遇到了影响他一生最深远的恩师,一位名叫克非的犹太裔中国人。克非老师亲切和蔼又风趣,教的是国文和作文。父亲记忆最清楚的是,克非老师为他们讲解一本新文艺小说《渺茫的西南风》,有时坐在讲台上,有时又坐到学生的课桌上,时隔多年,他依然记得克非老师的笑容,以及随着故事剧情的起伏转变,显露出一脸的悲伤。

受到克非老师的影响,父亲开始有了阅读的兴趣,《三国演义》《水浒传》《七侠五义》《小五义》等,以及新式的武侠小说《江湖奇侠传》《荒江女侠》等,让他看得如醉如痴。

次年,父亲升上了五年级,班导师是一位名叫侯万尊的年轻人,他聪明能干却性情暴躁。算术特别好的老师,碰到算术特别烂、又不用功的学生,自然常会被搞得怒不可遏。以前的教育就是打,认为不打不成器,棒下出孝子。每错一题打几下手板,父亲就常常被打十几二十下,双手痛如火烧。不止是他挨打,所有算数不好的都难逃此劫。没想到,连打个篮球都会犯到这个太岁。有一次,大伙在校园打篮球,侯万尊也来了,并且连着投进两球。父亲捡起球来又传给他,并故意讨好地叫了一声:“侯老师! 再投一个!”不知道这句话有什么不对,侯万尊突然翻脸,真是比翻书还快,大声喝道:“你怎么敢对老师这种态度? 跟我来!”父亲顿时傻住,只好像囚犯一样跟在后面,走到侯老师的宿舍,只见宿舍门上钉着一块牌子,上面写着“仰民室”——仰民,是侯万尊的别号。

侯万尊一进房间,就抽出手板,露出狰狞的笑容说:“伸出手来,我不打你右手,好让你写字,我打你左手。”侯万尊端详着这个小男生恐惧的面孔,冷冷地问道:“你说,叫我打你几板?”父亲完全呆住了,想讨饶却又开不了口,想认错却也无从认起,实在不知道究竟错在哪里,一心只想怎么逃过这一场“浩劫”。

父亲一股被羞辱的恨意油然而起，虽然没说出口，却在心里咆哮着：“你为什么问我？板子在你手上，你要打多少就多少，你怎么会听我的？你这个没种的杂碎，只敢欺负一个孤儿罢了。”对不起！“这没种的杂碎”是我太情绪化，加上去的，父亲骂人是不会带脏字的。

虽然心中呐喊，父亲表面上还是把语气放得很软，轻轻地说：“随便！”“好一个随便，我就打你这个随便！”侯万尊暴跳起来，手板开始雨点般地打在这伸出来的小手上，并且愈打愈兴奋，愈不能停止。父亲告诉我们，在这一生中，他最后悔当时不敢拔腿逃走，痛恨自己畏缩，更痛恨自己居然没有胆量反抗。

应该反抗，甚至一拳打歪侯万尊的鼻梁，彩排三年后拳击他继母的剧情。像侯万尊这类型的人很多，情绪容易崩溃、仗着职权欺人。严格讲，就是严重的躁郁症、自尊缺陷症，甚至是双面人格分裂症，不敢欺强，只敢凌弱，总认为自尊受到伤害，也就是自卑感造成的自大狂。

父亲痛恨自己畏缩？对！太没胆了。不过小学五年级的人力气不够，要跟侯万尊对抗，可能有问题，不吃眼前亏是上策，多挨几下也得认命吧。

挨了十几板后，父亲才捧着渗出鲜血的小手离开。这是他一生之中，最早遭受的一次重大侮辱。这件事让他在七十年之后还记忆犹新。他将这件事，转化为一个强烈的诉求，就是坚决反对任何形式的体罚。父亲认为，凡是体罚学生的教师，都应受到严厉的谴责。其实，我们这些二十世纪四十年代出生的人，读中小学的时候，有几个孩子没被打过？手心、屁股甚至脚板,都因为犯错或红字,而被老师用竹条、木板,甚至皮带、水管猛抽。有的同学被打得唉喔唉喔地哀号、哇啦哇啦地痛哭,打完之后,饭照吃、错照犯、谎照撒,红字还是红字。

即使到了二十一世纪的今天,体罚学生的情形还是不断在上演。我也觉得奇怪,有些小孩还真是皮到劝不听、打不怕,也教不会耶。太多"爱的教育"造成"啃老族"的泛滥,台湾的教育,是出了什么问题?但是倚强凌弱的体罚容易失控,也容易造成身体和心灵双方面的伤害,的确万万不可。

一九三四年,父亲以同等学力考上了在辉县北方大约三公里、新成立的百泉初中,成为一年级的新生。那年他满十五岁,就住在学生宿舍里。他当时认为,能考取百泉初中,是一件惊天动地的大事:第一,可以彻底脱离恶师侯万尊;第二,他开始学习英文。只是,没有小学按部就班正常教育的基础,上了初中更是雪上加霜,因为初中除了英文和算术之外,还有代数、物理和化学,每一门课都是一个苦难。

6　两位父亲　背影不同 /

有一天,父亲突然看到继母出现,整个人立即被吓得魂飞魄散,变得痴傻。这个悍妇恶名昭彰,使大家害怕极了,仅有一墙之隔的二叔公郭学涛,立即把两家往来的唯一小门用砖块堵死,以免受到这泼妇的牵连或影响。这种强烈反目的措施,皆是因为我爷爷贤伉俪,双双染上了吸食鸦片的恶习,房地全都卖光,在开封不能立足了。

有一天父亲返家,还没进门,就听到他继母那歇斯底里的叫骂声,那种扯破尊严、下流的嘶喊和辱骂,那些不堪回首的往事突然又重现眼前。他看到继母又跳又叫,吓得躲在墙角不敢出声,害怕遭到流弹波及。接着,我爷爷郭学忠先生愤怒地冲出房子,披上大衣、拿起皮包,匆匆走出后门。很明显的,这位半百老人要离开辉县这个家,彻底摆脱这个失败的婚姻所带来的折磨。

父亲一路跟在爷爷后面,很想拦住却又不敢,于是一路紧随,穿过东大街,再过南大街,望着前面瘦弱疾行的背影,听到不断咳嗽的声音,他难过得流下了眼泪。他多么希望跟着一块离开,却无法如愿,最后,只能黯然折返回家。踏进大门的第一步,他就听到继母尖锐的叫声:“叫炮头!你仗势你老子在家,横冲直撞,现在你老子走了,我看你还仗势谁?”叫骂的同时,一方拳头大小、檀香木做的镇纸就飞了过来,击中父亲的胸膛,一个踉跄,他就栽倒在地了。继母随即冲了过来,又用一张小板凳砸下来。父亲抱着头哀号着赶紧逃出家门,一面哭一面跑,一直跑了三公里,跑回学校。

虽然回到学校,但是仍然有一堆恼人的问题纠缠着他无法摆脱,他受家庭环境的影响,功课自然低落。

父亲自认小时候是个坏孩子,因为没有接受什么家庭教育,没有累积下教养,个性又十分顽劣,无法做一个驯服的乖乖牌小白兔。他又喜欢看武侠小说,也正好和他潜意识中的叛逆性格结合。现实生活中,他没有享受过多少温暖,倒是经常享受到棍棒柳条的伺候。父亲当年也确实是够顽皮的,不过那个年龄的小孩,尤其是男孩子,人称浑小子,如果不顽皮通常就是生病了。

父亲在辉县小学读五年级的时候,喜欢作弄女生,常把毛笔放在桌边,让毛笔头露出半截。前座的女生往后一靠,就沾上一后背的墨,她总会大叫:"我非告你不可!""非者,不也,"父亲跟她说,"非告就是不告。"嘿!好个"非者,不也",结果当然挨告了,自然逃不过侯万尊一阵"噼里啪啦"。只有一位女同学,体型娇小、纤巧玲珑,这个可爱的小女生,命运似乎不太好,小学毕业后就过世了。是生病还是意外却不清楚,父亲只记得她的名字叫"邓克保"。

数十年后的一九六一年,父亲在台北《自立晚报》连载报导文学作品,原名是《血战异域十一年》,后来改名《异域》,就用"邓克保"做笔名,并成为小说及电影中男主角的名字。《异域》这本书,与邓克保一直紧紧地结合在一起。

父亲怀念这位他唯一记得名字的童年时代的女同学,虽然从没说过一句话，但是印象深刻。他承认，如果说这是一段美丽的恋爱，那就是他的初恋。可以肯定，这是一场单恋，情窦初开的懵懂少年，并不完全清楚爱情的定义，美丽少女的一举一动、一颦一笑，都会使人印象深刻。父亲将这段简单的童年往事视为初恋，足以证明“邓克保”在他心中的烙印有多深。

一九九〇年九月《异域》上映，并在亚洲缔造票房纪录。《异域》这本书或电影，我每次看都会不禁流泪——他们战死，便与草木同朽；他们战胜，仍是天地不容。全书叙述国民党政权失去大陆后，自云南撤退到缅甸北方的一支部队，穷途末路之际逃窜在一片险峻蛮荒、穷山恶水的异域之中，孤军绝域，弹尽粮绝。这支孤臣孽子的残军，如何在死亡的边缘中求生存、求胜利，就是《异域》这本书的内容。全书展现的孤苦悲壮，极为扣人心弦。《异域》是与当时复杂的政治处境和军事态势纠葛缠绕在一团，所产生出来的现实上的呈现。孤军的悲惨遭遇，远比不上台湾当局遗弃他们令人心碎。

《异域》一度成为禁书，因为书中抨击某些高阶长官在最危难之际，抛弃了部属偷偷地逃走，他们背叛了那些为他们流血效忠的部属，跑到台湾来。身在异域的伤兵衰弱地说：“他们是不愁没有官做的。”

就在一九六八年父亲入监，一九七〇年代人在囹圄之时，这本遭到国民党查禁的书，却在铁窗外狂销热卖。在当年只有一千八百万人口的台湾，十五年来，《异域》狂销一百余万册。直到出版后的十余年间，都还有人来信，询问如何加入孤军阵营。并且，有七种与《异域》同内容的书籍，有香港出版的，也有台北出版的。有的仍以邓克保为主角,有的则刊出作者与李弥将军的合影照片,照片中的邓克保却不知道是谁。父亲的《异域》,全书只写了前六年,并没有交代后五年的情景,所以与血战十一年的书名并不吻合。其实,我们都很喜欢“异域”这两个字。因为战争、奋斗、挣扎,亲情、友情,以及流不尽的眼泪,都抛洒在不属于自己的乡土之上。

父亲用笔名“邓克保”只写了这一本《异域》,既没有上集,更没有下集。而自出版到今天一直是在默默地发行,从没有一位大人物曾为它写过评介,也不曾在媒体登过广告,而是完全依赖读者的口碑在流传。

“邓克保”说:

> 往事如一缕炊烟由浓而淡,由淡而逐渐消失在渺渺的太空,无影无踪,不能捕捉。但每一回忆,却都触到好容易结痂的伤疤,鲜血点滴渗出。几个月来,我有时静坐在寂寞的斗室中,有时靠在马路旁的长椅上,有时在小溪畔呆立良久,看到墙角蜘蛛的结网,街头人潮的汹涌,以及不知道流到何处的像生命一样的溪水,我想到遥远的丛林,在那丛林之中,有我的爱妻爱子,和生死与共的伙伴们的坟墓,荒烟野蔓,狐兔鼯鼪。……我耳边似乎一直响着“杀敌!杀敌!”的呐喊。五月间,我曾向一位问及“异域”的海外朋友写了一首诗寄去,其中有一句:“战马仍嘶人未老”,人是老了,但为国家一片丹心,永远不老。我不知道我还有没有机会,再效命疆场。……我曾誓言永不离开边区,但我不得不离开。“老兵不死”,可是多么的孤独,不仅

是孑然一身的孤独，也是心灵的孤独。每当我笑的时候，我都感到一阵一阵的苍凉。

这是一九七七年，父亲出狱之后，以邓克保的笔名在台北《中国时报》刊出的文章。在《异域》一书的最后，还有另一篇附录，我摘录部分，这也是“邓克保”所说的话：

……将近十八年辗转沙场，提起笔有时候连字都想不起来，我想，如果我是一个作家，有文学素养该多么的好，我胸中积蕴澎湃着无限的痛苦、愤怒和忧伤，都无法写出，写出的只不过是我想写的万分之一。……但不要为我悲，也不要为我惋惜，可悲的是那些已经埋身黄土的弟兄，可惋惜的是那些已经撤退的弟兄，我还报国有日，还可以随时为我那可怀念的祖国战死，而他们不能了，他们或骨骸已腐，或投闲置散，困于生活，渐衰渐老。……在这些信中，我最感动的是牛寿益同学的信，请转告他，我永远记得他的鼓励。还有张雪茵女士的信，我把她的信在我的孩子坟前焚化。另顾纪卿先生愿告诉治疟疾蚂蝗的单方……我们又要撤退了……请转告顾先生，我们感激他，千万个带病作战的弟兄等待他的援手，告诉他，只要病不折磨我们，我们是坚强的。……基督重临人间的时候，他是悄悄而来的，而且轻轻敲着人们的大门，接待他的人就随着他升天，贪睡的人就丧失了这种机会了。是的！机会只叩门一次，李国辉将军当时的撤退使我们每一回忆起来都流下热泪，我们不但没有理会敲门的基督，而且还把他硬生生地赶走了。……我和我的伙伴们,对李弥将军和李国辉将军,一直都有崇高的敬意,李弥将军的高瞻远瞩是难得的,当初如果不是他教李国辉将军退出大其力和公路线,孤军一天平均有三个伤亡计算,我们早就全都丧生了。……现在,我们又要面临着第二次的撤退,听说赖名汤将军已经抵达曼谷,再也没有比这个消息使弟兄们惊愕了……孤军虽撤,来自各地的华侨和从云南逃出的青年,是取之不尽、堵塞不住的兵源……祖国啊!在我们生死呻吟的时候,你在哪里?在我们稍微能够站起来走路的时候,你出面再把我们击昏。“种瓜黄台下,瓜熟子离离,一摘使瓜少,再摘使瓜稀,三摘犹自可,四摘抱蒂归。”一摘已枯,现在我们面临的是无法抗拒的再摘。……如果我战死,我的儿女长大成人之后,也会在书中认识他的父亲。一灯如豆,举头遥望,月光皎洁,先生啊!再见!邓克保　百拜!

我在这里写出这两章由邓克保先生亲笔署名的文字叙述,主要针对“邓克保”这个笔名及其使用的源头在哪里。因为居然不是同一个来源。我作一些在重新温习之后的个人看法,因为在一九九〇年,已经九版的《异域》首页,有叶明勋教授作的序,并在内容上记载:有一位本报(《自立晚报》)驻曼谷记者李华明先生,于一九六一年从泰国写来一稿,对中缅边区基地建立的始末及发展,报导甚详,全文定名为《血战异域十一年》,原作者邓克保先生以生花之笔,写下他和他的妻子儿女以及伙伴们辗转入缅和历次战役的经过。

兹将李先生致报社原函,披露于后,可窥知全书的一字一句,都是英雄眼泪。

在一家旅客并不是很多的酒店中,记者(李华明先生)遇见本文的作者邓克保先生,他是记者读大学时的同窗,我们在千里异乡相逢,共诉别后景况,叹年华如水,相对唏嘘。但在互相明了对方现在的工作后,记者便请他谈一点中缅边区的事情。他是一位中级军官,这次正从香港办完了事,重返中缅边区的归途之中。他谈到心痛处,这位中年的游击战士,也不禁泪流满面。

一连几夜,月光如水,但他却深闭门窗,他对记者说:“我们最怕月光,在游击区,看见月光,便想起大陆上的家。在自由区,看见月光,又想起游击区里荷枪作战的兄弟姐妹。”记者将他的谈话速记下来,并整理完竣。在他动身的前两天,我们闭窗对酌,记者拿出来问他可否发表,他怆然不语,后来他即加以删正,他虽十一年之久未曾提笔,写字时略有困难,但文思依然流畅。他改了两天两夜,删了不少,也加了不少,然后应记者之邀,签上一个名字——邓克保,这是一个假名,是一个战死在他身畔的亡友的名字,而他自己的名字他不愿公开,他对记者说:“我们战死,便与草木同朽;我们战胜,仍是天地不容。”

此稿回到台北时,邓克保先生恐怕已重入边区了。希望本报能将它刊出,让读者在邓克保先生的谈话中,发现另一天地,在那个有台湾三倍大的天地中,哀兵转战已十有一载,我们能为他们做些什么?但请万勿将记者真实姓名刊出,因四国会议之后,与游击战士接触,便成非法,可能被驱出泰国也。

至此为止,“邓克保”其人,有两种不太一样的出处,也因为父亲和叶明勋教授都已经逝世,无法进一步考察。父亲曾表明他小学的女同学邓克保,是他的初恋,而初恋一般是最不容易忘记的。所以我产生一个比较接近事实的想法,我认为,在人类丰富而复杂的思维里,那些具体有感、活泼生动的联想,很容易产生“移情作用”,尤其对于文人、诗人、艺人这类感情特别丰盛、浪漫、热烈的典型人物,最能发生这种现象。我向张香华阿姨求证,她也认为如此。

只是,父亲用一个瘦弱女童这中性的名字,作为残酷战争的作者笔名,是否真为移情作用的产生,我很难有所定论。如果是叶明勋教授在序中所说的,邓克保是一个战死在身畔的亡友的名字,这将使《异域》这本书出自孤军本身,能使读者在移情作用的心理上,产生更多的投射和信任。

我仅是表达对这本奇书《异域》作者“邓克保”出身的看法,再回溯到一九三五年,那时候我爷爷郭学忠先生的家道已经中落,因为剧烈的毒品侵入了这个小康之家。从吸第一口鸦片开始,不到四年,就迅速地接近赤贫。

这么一个深宅大院,几乎全都被卖掉了,而后门也成了大门。当时,父亲还是懵懂的年纪,并不能直接感受到家庭的衰败,但是,他经常吃不饱,对贫寒就有感觉了。

父亲上初中时,有个愿望,就是当一名篮球健将,身着鲜明的球衣,在球场上奔驰,随时在人墙空隙中,漂亮地闪人、切入、上篮得分,或是远投长射,次次空心命中,观众不断地热烈鼓掌……有梦最美,可惜材料用错地方,始终得不着体育老师的赏识。于是，他又突发奇想，拿省吃俭用省下的钱，自己去买了一件背心，然后到裁缝店，前面缝上“泉中”二字，后面缝上一个“2”字——他很谦虚，只敢做第二号人物。平常还不敢穿出去，只有在放假的日子才敢穿上过过瘾，不过这种大胆的创意和行为，也是独特的。

父亲在百泉初中，丝毫不被约束而横冲直撞。就在二年级末期，校长梁锡山先生为了提升学生的成绩，规定假日要照常上课，由老师们义务为全体同学补习。这种循循善诱与教导的情谊，令人感动。但是那些小朋友都还年幼，有几个人能够体会老师的善良苦心？父亲当时认为，放假就是应该去玩的，为什么不准放假？不准玩？于是，他跟一位同学结伴跑回家去了。第二天一觉醒来无所适从，也走投无路，又没有什么吸引他去玩，只好再回到学校，就这样，事情爆发了。

父亲走进学校大门，正在上课的全体师生，全都聚焦到他的身上。他胆战心惊地走进教室，发现偏偏是梁锡山老师正在为同学补习英文。梁老师问道：“你跑去哪里了？”他轻声回答：“回家。”“你不晓得今天学校不放假？”父亲摇摇头：“不晓得。”然而口中没说，心中却在呐喊：“你明知道是星期天，为什么不放假？今天是应该放假的，你剥夺了我们的权利。”虽然那个年纪对“权利”二字没什么概念，但是他心底确有反抗的冲动。

梁锡山顿时脸色发青，在英文读本里挑出一段要父亲背诵。用不着算卦就知道结果，念都念不出来了，更不要说背了。结果支吾了半天，也吐不出一个单字。梁老师气急了，把书本猛摔在桌上，接着伸出手掌正要落下，父亲他的“英雄气概”爆发了,一举胳膊架开挥来的大掌。当时这是天大的反逆事件,梁老师也愣住了,喝道:“你敢动手?”父亲也反喝道:“你敢动手?”梁老师大怒说:“学校不要你这种学生,给我滚出去!”当时,父亲自己也被吓住了,可是又不肯讨饶,只因为害怕被罚跪。于是,也叫喊着:“走就走,你摔坏我的英文课本,你赔我的书。”梁老师气冲冲走出教室叫道:“赔他一本英文书!”不一会儿,工友拿着一张布告贴到布告栏里,上面写着:“郭定生冒犯师长,开除学籍。”这是个滔天大祸,父亲的“英雄气概”霎时间全都没了,可是仍作最后的挣扎,于是冲过去把布告撕下。

几个同学小声地对他说:“你还不快逃,他们叫警察去了。”父亲本来还想逞英雄站在那里表示毫不动摇,这下才发觉事情搞大了,于是,他就像土拨鼠一样,狼狈地跑出校门无影无踪了。

饭后,父亲坐在沙发上跟我们说,这是他一生中,第一件让他后悔终身的事。如果人生能重来一遍,他绝对不会冒犯梁锡山老师,因为梁老师性情温和,十分爱护学生,教学又很负责。可惜当时年轻气盛,完全不能体会,等到能体会的时候,梁老师已经逝世。

7　继母吸毒　倾家荡产 /

被学校开除后，父亲匆匆奔回三公里外的县城老家，不是天天睡大觉，就是到城外去抓螃蟹。幸好当时的荒僻小城，还没有青少年帮派，否则，依父亲的个性一定会陷入另外一个更凄惨的世界。

我的爷爷虽然写了长达三四页的来信，沉痛地责备他的儿子，但是父亲莽撞成性，根本不予理会。后来还是我大姑姑郭育英的眼泪，让她这个宝贝弟弟有了罪恶感而惭愧不已。接着，远在开封的爷爷郭学忠，写信叫这个闯祸的儿子前往开封。就这样，他才结束了在辉县老家这荒唐的四年，悄悄前来，狼狈离去。

父亲回到开封，我爷爷郭学忠已是卧病在床，最吃惊的是已经从原先的巨宅大院，迁到一个大杂院里了。辉县老家的几亩田地，也陆续卖掉来维持这个残破的家，眼前的生活已经接近赤贫，因为在这之前，继母已经由吸食鸦片，沦落到吸食海洛因了。

在一九三〇年代初期，鸦片横扫中国，几乎深入每一个角落。我没看过鸦片，也没见过海洛因。父亲叙述说："海洛因是有史以来最美的剧毒，像太白粉一样的细细粉末，吸食的时候，只需要一张锡箔纸，把雪白色粉末状的海洛因用小拇指的指甲挑起一点点，放在锡箔纸上，用火柴在锡箔纸下轻轻一烤，那一小撮美丽的白粉末，立刻化为一缕似有似无的青烟，冉冉上升。

这时候,瘾君子立刻把鼻子凑到青烟上,深深地吸一口气,毒品立刻进入全身的每一条血管,前后只要几秒钟。一个烟瘾来袭的人本来全身瘫痪,无气无力地两眼涣散,还能毫无克制地流出口水,这种狼狈的情况让人震惊。"他继续说:"吸毒的人没有羞耻心,女人就在这个时候卖淫,男人就在这个时候窃盗,只为了能得到一包白粉。仅仅是小小的一包到手,眼睛立刻发出贪婪的凶光,用发抖的双手把它小心翼翼地打开,开始吸食。海洛因真是奇妙,你会发现他在吸食之后,完全变了一个样子,眼中凶光化为亮光,智商也突飞猛进,行动起来矫若猿猴。"

我问道:"你还真的有研究呢?那你尝试过吗?"父亲没理我,他是懒得浪费时间回答我这愚蠢的问题,而继续说他的继母。"你们爷爷也一度参与吸食,最后是倾家荡产才被迫停止。但是继母却卖了儿子、卖了女儿继续吸食。父执辈不断地规劝她,警告她。"

父亲说自己真是幸运,还在少年的时候,就认识这位"言足以拒谏、智足以饰非"的典型人物。弟弟还傻傻地问:"是谁啊?"

父亲继续说:"每当大家规劝继母的时候,不用等到开口,她立刻就分析毒品的可怕性,甚至连海洛因的制造过程和经销过程,中盘、小盘的剥削情况,以及毒品对身体的严重伤害,都十分精辟,也知道海洛价格昂贵,并举出实例,某家某家曾是良田千亩的富户,现在全都卖光,女儿在街头任人玩弄。继母讲到伤心处,会泣不成声,发誓一定戒掉,否则就是没心肝的禽兽。"这个泼妇知道吸毒的坏处,比任何规劝她的人都多,而她从深层挖掘出来的更深一层的害处,让所有的人都傻眼,也震惊得无话可说,每一次都被深深地感动,认为家庭的灾难终于要过去了。然而,她照样吸她的毒。

父亲回到开封后,手中没有初中毕业文凭,也没有初中二年级肄业的证书,这才开始承受没有证明文件的煎熬。他最怕的是数学,初中的数学科目有算数、小代数和平面几何这三项,这时街上刚好开了一家“开明英数补习班”,就去求爷爷准许他去补习。那是一家野鸡补习班,只有一间破旧的教室,里面摆着几张桌椅,而学生呢,就他这一位。父亲回忆说:“教师一条腿微跛,我都不记得他的名字了,但是我认为他是一个伟大的教师。这辈子历次考试都像在流血战斗一样,就靠他教给我的这一点点本事。”

我好奇地问道:“这一点点的本事是什么,就能让你打遍天下?是怎么作弊吗?”呼!眼前这位老人家涵养真的不是很好,居然要翻脸了。

就在这位伟大教师的教导之下,父亲得意地认为自己确实有数学的潜力,因为从来没摸过的平面几何,居然在短短两三个月中,弄得滚瓜烂熟。我赶紧狗腿一下:“嗯!您老人家是大智若愚嘛!”

父亲要报考的省立开封高级中学,是一所青年学子都向往崇拜的好学校,入学资格也很严格,他什么证件都没有,结果还是靠爷爷的关系,才得以报名参加考试。

父亲从来都不怕考试,因为从不抱着寄望,这次为了报考这样的好学校,又去辛苦地补习三个月,而且激发出潜力,使算数有显著的进步。最重要的是,毫无退路了,所以,他就做这最后的奋力一搏。

十多天以后发榜了,校门口挤得水泄不通,父亲盯着榜单,终于看见榜单的一角写着“郭立邦”三个小字——他被百泉初中开除之后,就改名叫“郭立邦”了。这对他而言,是人类有史以来最大的骄傲,只读初中两年就被开除的坏学生,功课又是第一名的烂,竟然考取“全世界最好”的高中,他兴奋得到了极点。只有他认为“开封高中”是全世界最好的高中。

父亲因为初中的基础太差,虽然勉强考上,但很难跟得上进度。他被功课搞得苦不堪言,简直就奄奄一息了,他承认实在受不了那些“横行”的英文和数学的折磨。这使他终于悲哀地发现,读书是一件苦差事,那时候还没有招兵买马的行动,如果有的话,他一定早就从军报国去了。

在辉县沿村的郭家祠堂,在二十年代,曾经有过赏格:本族青年小学毕业的奖赏是二十银圆,中学毕业的奖赏是五十银圆,大学毕业的奖赏是一百银圆。那时候农村的雇工,一年工资才二十银圆。一百银圆相当于年轻人五年的劳力,这在乡下是一个令人吃惊的数目。父亲就曾经发誓要拿这笔奖金来减轻日渐衰老的父亲的负担,只可惜,有理想却没能耐。

那个时候的辉县,竟然这么重视学子,能有这么优渥的奖学金提供给学习有成的年轻人,直觉辉县应该是人才辈出才是。但是,这里不仅男性的知识分子不多,女性的知识分子更是少得可怜。不说能认识几个大字的女性,就是从没缠过小脚的女性,在三十年代仍是十分罕见的。父亲的一位堂兄郭立生先生，师范学院毕业，曾拿过祠堂五十银圆的奖学金，是最有前途的绅士，但是因为他排斥女人缠脚的“三寸金莲”，所以一直没法结婚，因为找不到没有缠足的女孩。五十年后，父亲重返家园，才知道郭立生后来终于在新乡娶到了一位没缠三寸金莲的妻子，不禁感叹地说：“在那个古老落后的传统社会，要让他们明白缠足是不人道的，竟是那么困难，所以，我从小就怀疑中国人对美和丑的鉴赏能力。”

父亲有自知之明，放弃了篮球梦，改打羽毛球了，还借着把球打出围墙跑出去捡球时，一窥路过的师范学校的女同学，并大为得意。有这么一天，他在捡球时，看到一个书包上的名字：何玉倩。

父亲跟我们描述当时的情景说：“背书包的主人是胖，是瘦？是高，是矮？是美，是丑？通通不知道，只惊鸿一瞥‘何玉倩’三个字，就开始魂不守舍了。”他回到学校，朝思暮想，何为玉倩？玉倩为何啊？

于是，父亲造就出了一封密密麻麻长达五张信纸、平生的第一封“情书”，他说内容已经不记得了。我认为不是不记得，是不好意思说吧？我认为父亲高中时随随便便，对着空气就能写五大张，真是从小看大。我认为这封情书应该称得上是短篇的爱情小说了。

写毕，父亲小心翼翼地贴上邮票、投入邮筒，然后天天晃到学校信箱旁边观望，这等回信真是漫长难熬的日子啊！期待加上盼望，终于拨云见日，他收到了回信。没错！秀丽的字迹写着“郭立邦”，也是师范学校的信封。不过，信口没封，只有一张信纸,拿出一看,上面写着:“你年纪轻轻不用功读书,却给女生写信,我们已把它公布在学校的布告栏里,看你以后还敢不敢?”被出卖了！那五大张呕心沥血的创作,没稿费也就不计较了,却换来一个迎头棒喝。

这是个既无情又残酷的打击,对一个才十八岁的青年来说,会觉得羞愧难当无法承受,尤其还被贴到女子学校的公布栏上。父亲当场把信揉成一团塞进口袋,沮丧地坐在墙角,好久都站不起来,心里懊恼极了,实在后悔写这封信,而且还非常害怕这封信会流传开来。

这时候,父亲恨这个叫何玉倩的女生,为什么要用这种置人于死地的手段,而只不过是为了炫耀她被男生追求过。

在半个世纪都过去的今天,父亲说起这段往事,虽然只是少年时期的小小经历,似乎教训的伤痛仍然存在。他告诉我们说:“这个打击,让我一辈子坚持一项做人的原则,就是绝对不利用朋友的真情善意,来达到自私的目的,因为我曾身受其害。”这句“绝对不利用朋友的真情善意,来达到自私的目的”,也是我们这些儿女的座右铭。

8　西安事变　联合抗日 /

拥有五千年悠久历史的古老中国，正在这段时间里，遍地沸腾——贫民饥饿的沸腾、日本侵略的沸腾、全国人民抗日情绪的沸腾，并且，都沸腾达到了极点。

这个时候，政府的中央军，跟共产党的红军，正在陕北对峙。一九三六年十二月十二日，西安事变爆发，第二天一早广播传出"西安发生兵变，蒋委员长被扣"的消息。全国立即陷入惊慌，蒋中正被扣，全国人民都好像失去了重心。父亲幼小的心灵，对这个巨变感到心痛如绞、悲愤不已。他跌跌撞撞，边走边哭，觉得天地就要崩塌了、中国就要亡了。路上行人都驻足，惊讶地凝视着他踉跄的步伐。大家都以为他生病了。当时几乎全民都得了这种"爱国病"，大家爱国的激情升到了极点，使蒋中正先生真正跃升为全国的最高领袖，民心士气一夜形成，无人能敌。

父亲告诉我们，这件事在历史运转的法则上，使他有很多的醒悟。人生挫败不可避免，处理得不好就造成灾难，处理得好，就更上一层楼了。这也印证了他曾经勉励我们的一句话："上帝背后的礼物。"

西安事变那天，东北军的领袖张学良先生，和西北军的领袖杨虎城先生联手，在西安发动"兵谏"，扣押了蒋中正先生，迫使蒋中正先生接受"停止剿共、一致抗日"的主张才获释，也使中国建立了形式上对抗日本的统一战线。

这个事件两个礼拜后和平解决，张学良先生亲自护送蒋中正先生专机飞返南京。在一年后的第二天，日军就攻陷南京，灭种性地大肆屠杀南京人民。

西安事变结束后，杨虎城被囚禁了十二年，在一九四九年被暗算身亡。张学良被判处十年有期徒刑，一九四六年以后被迁移到台湾，蒋中正先生下令继续软禁，直至一九八八年蒋家父子相继过世。一九九〇年之后，他才逐渐恢复人身的自由，随即迁居美国，于二〇〇一年病逝，享寿一百零一岁。张学良先生改写了中国历史和世界历史，也彻底地改变了自己的命运。

对于张学良，父亲批评说："没有一个非国家元首级的人物，能发挥出这么大的爆破力量去扭转历史，好像一个侏儒在玩弄原子弹发射器的电钮，在那里不断地按下红键。一个历史学者，最有兴趣的是探讨这个侏儒，启动毁灭性一击的红键时，他真的是一个白痴，还是不知道它的严重性，还是他自认有能力控制所有的后果，以及，他为什么按下红键。"

蒋中正被释放后，回到南京立即写了一本《西安半月记》，宋美龄女士也写了一本薄薄的小册子《西安事变回忆录》，然后合订成一本，叙述他们在西安事变中的英雄事迹。最重要的包括两项：一是张学良看了蒋中正的日记，发现蒋中正确实是爱国的，受到感召才幡然改图；一是蒋中正把张学良和杨虎城一块唤到面前，向他们晓以大义，训话致辞。

后来，几乎全世界的人都同情张学良，而对蒋中正先生软禁他三十年之久，产生了强烈的反感。

明王朝时代，有一位高级官员郑鄤先生，是位极有文学素养的人，也是真正满门朱紫的簪缨世家。他生于一五九四年，殁于一六三九年，他的继母吴氏不但对他百般虐待，也特别地对年轻貌美的婢女百般虐待，多位婢女甚至被虐待致死。郑鄤在山中结识了一位巫婆，当地的妇女对此人极为推崇，因此郑鄤想出了一个馊主意。他带着巫婆回家见继母，让其作法装神弄鬼，痛打继母二十大板。结果，郑鄤在一六三九年（崇祯十二年）被凌迟处死。刽子手把郑鄤的肌肉一条条地割下来出售，而京师的人们争着买郑鄤被割下的肉做药引子。这是中华文化传统礼教中野蛮的酷刑之一，让人不禁战栗。我不是介绍郑鄤的案件，而是指出一点，在中国的传统社会里，殴打继母是何等罪大恶极，它被全民谴责，尤其是被儒家知识分子谴责，也被政府当作残酷镇压的目标。

父亲在开封的家，虽然败落到只剩下三间破屋，可是他继母的脾气却因为吸食海洛因而更为急躁。她要钱，爷爷不给，她弄不到钱就去盗卖家里的煤块。渐渐地故态复萌，又开始经常咆哮咒骂，照样辱及我们郭家的祖宗三代。

父亲的愤怒从小累积，累积了十多年，这时已经是高中生，自认是大人了，不能忍受年衰多病的老父继续受辱。有一天，他的继母在院子里又暴跳如雷，露出狰狞和泼辣的样子，连珠炮似的诟骂躺在病榻上的我的爷爷。

父亲听了许久，实在按捺不住了，一个箭步冲到他继母面前，大声说："不要再骂了！"继母突然愣住，十八年来累积的威严，使她根本目中无人，于是变本加厉，声音愈变愈大，并挑衅地说:“你这个叫炮头,你们郭家都是叫炮头,男盗女娼,你要怎样?嗄!你敢打我吗?”这个“打”字,为父亲指出了一条明路。他既愤怒又害怕,浑身颤抖,在地上画了一条线,大声叫道:“你敢超过这条线,我就打!”只见继母额头青筋跳动,双眼射出火焰,气得牙齿咯咯作响。这个剽悍的女人不信有人敢这样对她呛声,何况是在她鞭子下不断哀号、匍匐、乞求饶命的这个男孩,竟敢如此无礼,于是她毫不犹豫地冲过了这一条楚河汉界。

就在这一刹那,被继母吃定的这个年轻男孩,挥出坚硬有劲的拳头,正击中她额头跳动的青筋上面。在当时,这是向“二十四孝”挑战的第一拳,也是向几千年传统礼教挑战的一拳。清脆的一声“砰”!继母就应声倒地,开始蜷曲在地上打滚哀号:“唉喔!唉喔!你敢打我啊?”这个男孩跳上去又是一拳,继母鼻孔朝天,喷出了一缕红光。

这时候继母才发现,十八年来的魔法已经失效,她面对一个无法想象的劣势局面。她只有改口大喊:“郭学忠!你叫你儿子打我是吗?我跟你们拼了!”这时,我爷爷在屋里发出焦虑而微弱的声音:“小狮儿!你在干什么?还不住手!”

父亲继续叙述当时的情况:“当时我又气又恨,一瞬间所有的怨怒都冲了出来,也不知道哪来的力量,脑袋一片空白,又狠狠补了一拳。”“喝!连三拳呢!你继母的脸不都变形了?她鼻子还在吗?”弟弟好奇地问。

这个凶悍的继母,在众目睽睽之下受到继子殴打,突然害怕起来,唯恐他拿起放在旁边的菜刀,于是一改嚣张的谩骂为痛苦的哀号:“救命啊!救命啊!”继母躺在地上耍赖,两腿乱踢,大声地呼救。父亲这时好像突然清醒了,眼见闯下大祸,心里也惊慌起来,又不知道要怎么善后,只有拔腿向门外飞奔,一溜烟地逃回学校去了。

过了好几天,父亲心情总算平稳下来了,才硬着头皮、畏缩胆怯地回家。一路上想着各种可能会发生的状况,也盘算要怎么来应付。如果继母扑上来打人,或是手上拿把西瓜刀?还是……继母已经逃走了?当然,这就太完美了。他蹑手蹑脚进到房间,坐在卧床的父亲旁边,居然奇迹发生了,没有发生任何事情。一路上所做的心理准备,都没用上,父亲也没再追究,继母也没逃走。“小狮儿!你妈正在房间给你做棉袄呢,你去向她赔个罪吧!”我的爷爷虚弱地说。

父亲心惊胆战地走到继母面前,并没有赔罪,因为他不知道怎么赔罪,只是绷紧神经准备随时应战。然而继母的表现又是第二个奇迹了,她微微地笑着,和蔼可亲地说:“来!比一比,看看合不合适,合适的话,妈再给你做。”

父亲跟我们说:“这是我自从有记忆以来,听到从继母口中吐出的最温柔甜蜜的声音了,当时几乎感动得要跪下恳求她的宽恕。但是没这么做,总感觉不大对劲。”

父亲并没有因为这件事情的平安落幕,而解开心中的结,不过,总是已经善了了,就这样都过去吧!他也就没再胡思乱想了。又过一阵子他从学校回家,继母就跟他说:“你等一下,妈给你去煮江米甜酒去!”刚好隔壁的蔡掌柜在旁边听着,悄悄地说:“你妈待你不错!”父亲尴尬地点点头。“傻小子!”蔡掌柜低声说,“你得小心你妈给你吃的东西,你看你妈的嘴角。”

父亲伸头看到继母的半个侧脸,发现她的嘴角向上撩起,不自觉地显露出心中正盘算着什么邪恶计划的得意。父亲打了一个寒战,可是没有理由拒吃继母煮的东西啊！他感觉自己又陷入了困境,唯一的办法就是不要常回来,少跟继母碰面。

我不认同父亲出手殴打他继母,因为郑鄤先生的故事太沉重。但是父亲告诉我们,直到今天垂垂已老,他都不后悔那次的暴力行为,恰恰相反,如果那次没有出拳,他一辈子都不会原谅自己的懦弱。

十八岁的大男孩血气方刚,在继母的霸凌下压抑了十几年,我也支持他的无法克制。这次的爆炸已非三日之寒,而且似乎也收到了意想不到的战果,起码让一个大男孩发泄了情绪和精力,也使他继母收敛了许多。但是,我仍然以为,这种“犯上作乱”绝对不是一个很好的教材或示范,因为这不是勇气,而是冲动,丝毫没有智慧的战略思考。万一他继母报案,岂不大伤?

9　丑陋帝国　掠夺侵略 /

一八八三年,中国清政府与法兰西第三共和国,为了越南主权问题而爆发战争。当时除了越南境内的第一战场之外,法国还派遣部队打到中国的云南边界,并取得了台湾海峡的制海权,先后占领台湾基隆和澎湖。在中法大战的过程中,中国在广西的谅山获得这场中法战争的唯一大胜,法军严重挫败,美国军舰则偷偷地向中国开炮支持法国,清政府也莫可奈何。后来在英国调停下,李鸿章于一八八五年与法国签订《中法新约》。

英国也是到处侵略,一六〇〇年侵入印度,一九〇〇年参与八国联军侵入中国,甚至澳大利亚最大的城市雪梨市(大陆译名为"悉尼"——编者注),都正式宣布英国移民一七八八年登陆澳大利亚是"侵略的行为"。

英国向中国走私鸦片,二十多年来残害中国人,林则徐于一八三九年在广东强营销烟,中英终于开战,而中国最后战败并赔款割地。所签订的《南京条约》,是近代中国第一个不平等的条约,除了赔款,还将香港岛让予英国,英国此后于一九九七年将香港归还中国。

第二次鸦片战争于一八五六年爆发,是英国与法国趁着中国太平天国暴乱之际,以亚罗号事件及西林教案事件为借口,联手攻打中国的战争,是第一次鸦片战争的延续,所以也称"第二次鸦片战争"。英法联军之役,中国被迫先后签订《天津条约》《北京条约》,以及俄国趁火打劫的中俄《瑷珲条约》等不平等条约,因此丧失了东北及西北共一百五十多万平方公里的领土。

而美国,虽然没有直接参与鸦片战争,却派出军舰帮助法国。一八四四年,美国派了四艘军舰抵达澳门,对中国政府进行外交讹诈,逼迫中国政府签订了《望厦条约》。这是中美签订的第一个不平等条约。

美国出兵的国家很多,包括了利比亚、巴拿马、格林纳达、伊拉克、索马里、南斯拉夫、阿富汗等国。美国都是以"国际警察"之名来掩盖"国家利益"之实出兵,当然也就"师出有名"。而英国通过侵略行为,建立的世界性的殖民地,后来却都成为拥护英国的友邦。美国能让中国人都相信中美之间的美好关系,基本上,中国人不会相信美国会颠覆中国政府,当然也不会相信美国会侵略中国。但是,中国人也都相信,大多的侵略事件,似乎跟美国都脱不了关系。

父亲跟我们说:"作为一个侵略者,日本真是世界上最笨拙的国家。也只有日本,军队所到之处,除了种下仇恨的种子之外,没有其他的任何收获。"而在战败无条件投降之后,还想篡改历史、掩盖罪行。

中国长期以来的腐败、落后,和内部严重的分裂,所造成的积弱不振,把日本诱惑得如醉如痴,仿佛不把这个软弱的邻居一口吞下,简直天理不容。日本早就在中国各地详细地考察研究,第一个就发现中国各地人民说的话不但千奇百怪,而且都不一样,所以各地的居民沟通不易。日本探子喜出望外,觉得这个现象表明:第一,中国人无法团结;第二,无法统一指挥作战;第三,国困民穷,又逢内部斗争的消耗,军队丝毫没有战斗力。

一九三一年九月十八日,父亲才进入河南省立第四小学读二年级,开学没几天,日本关东军就以中国军队炸毁日本修筑的南满铁路为借口占领沈阳,发动了九一八事变,开始全面武力侵华。这次事件爆发后的一年时间,东北三省就全部沦陷,被日本关东军占领。

一九三七年七月七日,日本军队在河北省宛平县卢沟桥,假装一个士兵失踪,向中国展开大规模灭国、灭种性的疯狂攻击。日本人经过“科学”的计算,已经算出中国多久必亡的结论。当这个七七事变的消息传出时,中国全国都陷入了疯狂,一种“誓死抵抗”的决心,在全国沸腾,而国民党和共产党已经达成协议,都以国家大局为重,联合抗日。

一九三七年十二月十三日,日军占领南京后,立即对手无寸铁的民众与放下武器的战俘进行疯狂的血腥屠杀,伴之以奸、掳、掠、焚。日军的恐怖暴行延续了一个半月,杀害中国的军民同胞,包括老弱妇孺,超过三十万人。南京成了一座“人间炼狱”。这是日本军国主义侵华战争中最具代表性的暴行之一,这个震惊国际的“南京大屠杀”事件,在世界文明史上,记录下最黑暗的一页。

父亲这时年满十八岁了。想当然耳内心激动澎湃,好想在战场上成为英雄,连做梦都在前线挥刀杀敌。于是,在七七事变后不久,他毅然决然地放弃这个“全世界最好的高中”,去投考河南省军事政治干部训练班，真正地投笔从戎去了。他这时是一腔热血，看到国家被鬼子欺负，这火炽的爱国心，驱使他投入这个大洪炉、大时代。还有，离继母远一点，也免得惨遭毒手。另外就是，开封高中一直在催缴初中的毕业证书，他哪里有？他希望能逃到一个不需要毕业文凭的地方，而现在正是大好的机会。

军事政治干部训练班设在南阳县，要训练三个月，毕业之后省政府负责派任工作，最高可当联保主任。

早在北宋时，王安石的变法内容里，对乡村的住户就有这样的设定：每五家组成一个保，五个保为一个大保，十个大保为一个都保；凡有两丁以上的农户，选一个人来当保丁，保丁平常时日耕种田地，空闲时要接受军事训练，有战事发生，就要征召入伍；以住户中最富有的担任保长、大保长、都保长，用以防止农民的反抗，并可节省军费。“保”是中国政府最基层的单位，就好像台湾现在的“里”，若干“保”可以组成“联保”，也就是九十年代的“乡”，联保主任就是乡长。这对当时这群十八九岁的大男孩来说，简直是天大的诱惑。这一群年轻人，都充满了信心和热情，也充满了高昂的斗志，认为正是他们丰功伟业的开始。

父亲就在这三个月的集训中，第一次接触到共产党那种神秘、温暖的触摸。

一天晚上，一个叫张纯亮的学员来找父亲，他也来自开封高中。父亲开始叙述这段故事：“他比我要高一级，因为功课奇好，大家都尊敬他。他把我叫到一个灰暗的角落，搂着我的肩膀，低声地告诉我，共产党在陕北有一个高尚的革命圣地，全国优秀青年从四面八方涌向那里，参加真正的抗日工作，问我愿不愿意也去参加。”他那时正崇拜着蒋委员长，自然不会相信还有其他的革命圣地。但张纯亮提醒说：“共产党也是拥护蒋委员长的，你没看报吗？”

张纯亮把陕北描绘成一个美丽的乐土，大家像兄弟一样相互照顾，那是一种革命的感情。不过生活很苦，平庸的年轻人总是寻找借口不敢参加。父亲当然不会认为自己平庸，就这样，他成了张纯亮精挑细选出来的优秀青年。

父亲继续说着：“不久，在一次聚会时，我们决定某一天晚饭过后，分别向队上请事假、病假，或返乡探亲假，然后在东门里集合，由张纯亮当班长，好像出操一样把我们带出城门，这样可以避开岗哨的检查。共产党自有他们的地下交通网，把我们送到陕北。”

南阳跟延安之间，直线距离一千公里，当中隔着高耸云天的秦岭山脉，沿途还有国民政府的军警和地方政府的岗哨，段段都有阻截，随时都会被逮捕枪毙。这一批年轻人热血澎湃，准备接受任何严峻的考验。然而，就在前一天晚上，张纯亮被逮捕，此事就无疾而终了。

也因此，父亲没去成这伟大的陕北革命圣地，而这是他一生中，唯一一次可能加入共产党的机会。直到一九六八年，他在台湾加入“民主同盟”。

三个月之后训练班结业了，父亲随着大多数同学，被保送到“军事委员会战时工作干部训练团”，这个单位设立在武昌左旗营房，简称“战干团”。跟他同样从河南去的同学，大约有五百人，被编成一个大队，番号是第五大队。他被编到第十三中队，中队长是吴文义先生，是中央军官学校十二期工兵科的毕业生，是位东北籍的军官。

父亲感恩地说：“在我人生中三个最大的关键时刻，都靠着他及时的出现，他是我生命史上最重要的一位恩师。”

“战干团”训练时间是六个月，前期是普通训练，后期是分科训练。父亲的好奇和好动，使他报考了谍报队。他从小就有着丰富的幻想，而且超乎一般的丰富，这为他以后的文学创作打下了基础，这个乐活的基因就是根基。

父亲希望当一位神出鬼没的谍报人员，杀敌立功。然后以一个平凡人的姿态在街上闲逛，没有人知道他是位对国家有伟大贡献的人，却在一个秘密组织中受到尊敬。后来他没当成为国杀敌立功的“〇〇七”，反而在三十年后做了共产党派来台湾的“〇〇七”，九死一生。

英雄理想没实现，父亲又返回吴文义的十三中队——政工队。

“战干团”是当时国民政府为阻截风起云涌奔向陕北的青年潮所设立的收容机构，主要的训练课程就是“思想教育”。其中有一个课目为“领袖言行”，他还记得有位教官是这样说的：“全国军队，以团为单位的动向，什么时候在什么地方行军，或是驻扎，什么时候在哪个地方作战，我们英明的领袖都了如指掌。”从同学脸上的表情，可以读出那种对伟大的领袖，从心底深处涌出的崇拜与尊敬。等了好久，终于等到要出光荣的任务了。有一天,蒋中正要到“战干团”来训话,十三队被派出当仪队,父亲以第一排第一班排头的资格,昂然地站在营房大门的内侧,这个位置太好了,使他能清楚看到国家最高领袖的威严。父亲叙述说:“记得当天,整个营区鸦雀无声,两千多位学生,像豆腐干一样排在司令台前,宁静得连风都停止了,这种氛围令人窒息。正在大家紧张得濒临崩溃的时候,营门号角响起,两位少将轻轻地从营门跑进来,站在仪队旁边。接着听到阅兵号启奏,是一曲鼓舞沸腾的军乐。”他也不敢大胆地盯着,只敢眯着眼偷偷地瞄瞄,于是,只有在照片上看过的大人物,缓缓走了进来,后面一群随从。

蒋中正先生穿着全副军装,英挺端正地走到仪队面前,仪队向他举枪敬礼,他也举起戴着白手套的手,向仪队还礼。父亲当时既兴奋又紧张,脑子想着,哪天回乡要如何夸耀亲眼看见领袖。结果居然傻傻地没注意敬礼的口号,也就没举枪向领袖敬礼。这下惨了,检阅结束后,区队长李龄认为他是故意侮辱最高领袖,于是送办军法。结果被关了三天禁闭,才憔悴不堪地被释放出来。

我叫父亲别懊恼,就是二十一世纪,军中对这种错误的处罚,也不会太轻。我说:“当兵哪!耳朵不好怎么打仗?”父亲的耳朵一直不好,对一些“忠告”始终听不清楚,以至惹来十年牢狱之灾。

紧接着,日本已经开始轰炸武汉,学员们每次听到这刺耳的空袭警报响起,就会疏散到对面马路的蛇山躲避空袭。有天大早,日军又来轰炸,大家奔向蛇山,都趴在地上,只见日本飞机稳定沉重的吼声从南向北移动，逐渐逼近，瞬间大地如死，大家的心脏也都凝结住了。

父亲借着手势，叙述这惊心动魄的场面。他说："我看到九架轰炸机，机身上大大的红色日头极为刺眼，就在我头顶正前方出现，那是最危险的角度。突然，像是从地面拔起东西似的，原来高射炮开始反击，日本飞机旁边布满炮弹爆炸的白烟。那九架飞机像个整体一样，稍微往上一扬继续往前飞行，这就更接近我们了，我们肉眼都能清楚看到，在机腹下洒下几十个黑点，顺着飞行方向的带动，我们正是它的目标。"

炸弹摩擦空气的啸声把整个蛇山罩住了，每一个学员，都用标准的伏地姿势，双手抱着后脑，恨不得把头都埋进土里。大地不断地震动，只听到一片哀号。这要命的十秒钟，却好像几个世纪。

我曾服役陆军两年，历经各种野战训练，但是这两个状况差别太大，我们无法想象，这生死一线的瞬间，是什么样的惊恐。而我在接受手榴弹投掷训练时，发觉有的新兵一拉开插销，就腿软昏倒了，这也是生死一线间，真是夸张！

日机远离，父亲抓住水壶想喝水，拿到眼前一看，竟是一只没手臂的断手，吓得大叫："队长！队长！"赶紧往旁边一甩，两腿发软，往山下跑，还被一个面目全非、全身鲜血的尸体绊倒，直到跑回营房，又看到一条腿挂在营房门上。

如果要问："什么是吓破胆？"这就是吓破胆，全体团员都吓破了胆。父亲对我大声说："你们那个叫什么？叫蠢才、叫白痴！"骂得好！这吓破胆的故事还有续集呢，没几天，一位大官莅临,全体学生都集中广场听候训话,大家被吓破的胆子还没康复,突然间警报又凄厉地长号起来,全体同学一哄而散,冲出营门,四处乱窜,队长吆喝怒骂、恐吓枪毙都阻挡不住。

有几个人一直跑到矮堤旁边趴下,父亲当时吓得全身颤抖,害怕会被炸死,其实真正害怕的是变成残废。这个时候,他希望能有一个钢盔。

父亲对自己像大家一样仓皇逃命,觉得非常惭愧,责备自己不配当一个革命军人。

其实这很正常,身历其境不会有人不害怕的,在我拉开手榴弹插销,还没掷出手之前,我的脑袋只有一个念头,就是用最大的力气,把手榴弹丢得越远越好,然后赶紧伏倒在地,等到爆炸之后飞奔跑回列队,而两腿仍在发软。

“战干团”这六个月的训练，就在日军空袭的警报中结束了，大部分同学被派到部队担任政工的干部，父亲则和少数的同学被送去参加“三民主义青年团”工作人员训练班的考试。这“工作人员训练班”简称为“青干班”，设立在武昌珞珈山半山腰的武汉大学里面。父亲这年十九岁，是最年轻的学员，虽然受训时间只有短短的一个月，却对他的终生有极大的影响。

在那一种自认受领袖宠爱、受国家重视，身负救亡图存、肩担重责大任的雄心勃勃的氛围里，每个人都豪情万丈。父亲说：“当时最让我们兴奋感动的，就是委员长蒋中正先生每隔几天就来作一次训话，使我们感觉到，和最高领袖是那么的接近。”他就是在这短短一个月里，与其他人集体宣誓加入国民党的。

一个来自乡下才十九岁的大孩子，根本不懂自己的定位。可是长官告诉大家：“你们是英明领袖的子弟兵！”父亲听了，既兴奋又惊讶，不敢相信会有这么大的荣耀，决心要效忠领袖，愿为领袖活、愿为领袖死。从他当仪队的那时起，就有了这种赤胆忠心，假若这时有人行刺蒋中正，他一定会用血肉之躯跳出来挡子弹，以保护领袖，甚至会趴到要爆炸的炸弹上面去。

武汉大学是最美丽的大学之一，一侧是一望无际的东湖，父亲高超的泳技就是在这个透澈的湖水中练出来的，甚至还学会了跳水。那时候还学会了一首歌，是李叔同先生的《送别》：

长亭外，古道边，芳草碧连天。
晚风拂柳笛声残，夕阳山外山。
天之涯，地之角，知交半零落。
一斛浊酒尽余欢，今宵别梦寒。

长亭外，古道边，芳草碧连天。
晚风拂柳笛声残，夕阳山外山。
长亭外，古道边，芳草碧连天。
孤云一片雁声酸，日暮塞烟寒。

伯劳东，飞燕西，与君长别离！
把袂牵衣泪如雨，此情谁与语！
长亭外，古道边，芳草碧连天。
晚风拂柳笛声残，夕阳山外山。

这首歌一九一四年问世以来，被传唱了将近一百年！至今仍是广大的学生用以唤起离别的愁绪、触动心灵深处的“送别歌”。父亲直到这么多年后，还能记得歌词，他说：“每当歌声响起，我就回到那一去不返的青春年龄，三四百位青春洋溢的小伙子，在武汉大学的体育场上席地而坐，由那些年轻的女同学领导着教唱，草绿色的裙子随风飘荡。其中一位女同学，名叫钱纯，大约二十二三岁，歌声温柔甜美，而她主持小组会议时，又是那么有条有理。”父亲记忆犹新地说：“钱纯是南方人，既漂亮又大方，大家都惊为天人，只敢偷瞄，不敢直视，连靠近她都不敢,就别说是跟她说句话了。"可惜,后来钱纯被派到二百师,在衡阳火车站上被日本飞机炸死。

一缕芳魂消散,父亲似乎仍思念不已。唉!他自小就爱美女,所以我保证,"邓克保"绝对是个小美女。

在训练快结束的时候,日军逐渐接近武汉,"青干班"同学被送上火车,向南方开拔。有一天,大伙儿正坐在敞篷火车的车厢里,无忧无虑地歌唱欢笑着,突然之间大家一起发出惊吓的叫声,一架日本军用侦察机飞得低低的,两个巨大的太阳标志,从头顶上擦过,呼啸着一掠而过。火车立即停了下来,队长叫大家四处疏散。大家立即躲进北伐时留下的战壕,外边杂草密布,几乎看不到太阳。紧接着,两架日本战斗机飞过来开始扫射,大家挤在战壕里各个角落,趴在地上憋住呼吸,生怕飞机上的驾驶员听见。

父亲叙述这一场突击,他说:"将近二十几分钟的密集扫射,竟然没有一个同学受伤,可是火车头已经变成废铁了,我们全体只好徒步行军走向长沙。"从湖北武汉到湖南长沙,直线距离大约三百多公里,这群年轻人走了五六天,终于抵达了长沙。

到长沙之后,被安顿在一家空荡荡的民宅住下。公家提供伙食,父亲并不为吃饱烦恼,只是身上一文不名,如果没赶上开饭时间,就得挨饿到下一顿了。尤其九月以后天候渐凉,身上穿的还是单薄的短裤军装,已经无法抵抗寒意了。他每天都呆滞地坐在寝室的地板上,双手抱膝一言不发,寒意袭人,内心又感觉空虚。有一天,一位年龄相仿、名叫赵蓉的女同学,悄悄递来一件黑色的外套,微笑地说:"穿上吧!"父亲是个还没开化的北方野孩子，也忘了跟她致谢，就立刻穿上，感到无限的温暖。

父亲说："可是我没有胆量找她说第二句话，却对她终身不忘。"我开玩笑说："你不是高中就会写情书给何玉倩吗？你可以写情书给赵蓉啊？起码，不会比那次更惨吧？"父亲"哼"了一声，腼腆笑笑又摇摇头"唉"了一声，继续说："有一位女同学和她感情最好，名叫周伦，她以舞剑受到大家注目。后来迁台之后，周伦也到了台湾，住在台北县五股乡，我曾经去看望过她，周伦知道赵蓉在大陆没有出来，却不知道她最后的下落。"

父亲他们在长沙不到一个月，感觉气氛愈来愈紧张，家家户户都紧闭门窗。这一批年轻学生整天没事干，就天天逛大街。长沙市中心有个名胜，叫天心阁，里面还有个动物园。慢慢游客愈来愈少，动物也都开始发出凄凉的哀鸣，这才发觉它们已经挨饿好几天了，原来喂食它们的工人都跑光了。没几天，大楼的柱子上出现耀眼斗大的日文标语，没人知道是什么意思。只知道这是个不祥之兆。果然，这是中国人向日本军人所做的心战喊话，长沙显然要放弃了。

当天傍晚，一辆吉普车把父亲和另外三位同学——范功勤、李淼和刘浥尘载到中央团部临时的办公室，当时办公室已经凌乱不堪了。组织处秘书汤如炎先生，派遣父亲当"三民主义青年团"中央直属豫北分团主任，其他三人都是干事。每个人又发了一笔钱，命令他们立刻动身从长沙南下，然后绕道回到已经被日本占领的豫北地区——河南省北部，展开工作。

我问："他们为什么要选你当主任？"父亲说："不知道！不过从此我就成为国民党的'干部'了，多少年再回想当时，真是一个草率的派遣。事实上,哪是什么干部,不过就是临时配搭罢了,既没教求生本领,也没教宣传技巧,就把我们四个傻乎乎的热血青年送到日本占领区,像驱羔羊到虎口一样把我们打发上路了。"我看他声音变大了,就没追问当时发给每人多少钱。

此时,国民政府为了阻挠长驱南下的日军,居然炸毁黄河堤岸,一个人工的黄河决口,造成空前的悲惨事件。黄河花园口大决堤事件,发生在一九三八年的六月九日。为了阻挡日军的追击,蒋中正效法诸葛亮的白河用水,下令炸毁黄河大堤,希望来个水淹日军,并且让附近所有铁路全部泡在水里,使日军无法运兵追击。并以军事机密为由严密封锁消息,老百姓全然不知自己的政府即将毁灭他们。黄河自古有"天河"之称,河床比两侧的农地还高,一旦大水决堤,后果不堪设想。

一九三八年的五月底,兰封会战兵败如山倒,屡战屡败已经完全绝望,蒋中正就下令,于六月九日那天,在郑州与开封之间的花园口,用炸药炸开大堤。连眨眼都不及的一瞬间,几十层楼高的洪涛暴急冲下,二三十公里以外都能听到这怒涛奔腾的巨响。大洪水不分低洼、高地,一视同仁一概覆没,再直奔东南方两百公里以外的淮河。整个平汉铁路以东全部被大水淹没,一千二百万亩农田也都泡在水里,走避不及的百姓全被大水活活淹死。

诸葛亮是以水灌敌,而蒋中正是以水淹民,据想当日遇之谁不魂飞魄散?这是一件人为制造的,震惊全世界、惨绝人寰的大浩劫。

当时正值麦收季节,农民正在收割小麦,猝不及防全村灭绝。

黄河怒涛所经之处,瞬间房屋倒塌、尸体遍野,一片惨不忍睹的景象,令人惊心动魄。

比起二〇一二年日本三一一大地震引发的大海啸,还要凄惨百倍。浪涛数十丈,淹死、活埋者不计其数。浩劫余生的百姓成千上万,扶老携幼沿路乞讨,饥民哀号痛哭,惨不忍睹。在联合国与世界各国的灾难统计中,明确记载着这次人为的灾难浩劫,有八十九万中国人死亡,以及无以数计的百姓倾家荡产、流离失所。

这个用近百万无辜生命所换来的喘息时间,也仅有短短的四个月。一九三八年十月,距花园口炸开后第四个月,武汉仍然失守。这么大的代价,并没挽救武汉失陷的命运。开封城本来在黄河以南,这一淹竟然到了黄河以北,抗战胜利后黄河再度改道,开封城才再回到黄河以南。

父亲一行四人,徒步离开长沙,沿着铁路南下,这一路他们看到国军增援部队沿着铁路北上。到了易家湾,忽然背后红光冲天,历史上著名的长沙大火,就在他们几十公里的背后冲入天际。

这是一九三八年十一月发生的事,距离黄河大决堤事件不过半年,这是国民政府的"焦土策略":在长沙无法守住之时,将其重要设施全都烧毁,以免资敌。

于是,又一场人为的劫难发生了。这迅速而凶猛的无情大火,一瞬间便吞没了两千多个睡梦中无辜市民的生命,城里的弹药库也遭波及,有如万炮齐轰,大火连烧三天三夜才被扑灭。

这场由人放的大火,造成五万多栋房屋变成焦土,几十万人无家可归。父亲叙述说："一连数周整个长沙余烟飘绕，散发着人肉烧焦的臭味和土地焦烤的异味。蒋中正先生赶赴火场视察，都不得不承认，这次事件，不是属于哪一个人的错误，而是整个团体的错误。"

然而，长沙烧成一片焦土之后，日军距离长沙，至少还有二十公里。

国民党在内战期间兵败如山倒，被处于"水深"和"火热"中的中国百姓赶出大陆，不是没有原因的。

长沙大火与黄河决堤两大惨案，都在对日抗战期间，是国民政府错误的决策导致的三大惨案之二。还有另一惨案，是一九四一年六月五日重庆较场口大隧道的惨案。这些在台湾的历史课本里，根本读不出真相。所以，我们要谴责的不只是日本人残害中国人，并篡改历史；国民党一样残害中国人，也一样会掩盖自己的罪行、扭曲历史的真相。

父亲一行四人绕道新化、益阳、沙市、襄樊、南阳，最终抵达洛阳，这是第一战区长官司令部的所在地。就在洛阳，他们脱下军服，换上便服，四个人分别先行潜回各自的家乡，约定一个月后，在林县会合。这是当时国军唯一还没失守的乡镇。于是，父亲辗转跋涉，归心似箭地回到了家乡豫北，他自从被百泉初中开除之后，就没回过这个老家。

父亲并没进自己的家门，直接就投奔常村的五叔郭学慈先生的家了。这里虽然是日军的占领区，但日军仅集中驻扎在县城，中国庞大得像大海，日本的军事力量是无法彻底控制的，只靠一些愿为外国走狗的汉奸——皇协军来维持秩序。

11　婚丧喜庆　逃离故乡 /

父亲的五叔告诉他："你爹为你定下一门亲事。亲家是县城南关人家的女儿，名叫艾绍荷，比你大三岁。"父亲虽然反对，可是，这整个大家族，都坚决支持我爷爷郭学忠先生的决定。

我大姑姑也赶了回来，哭哭啼啼地规劝。父亲说："好几回，我都冲动地想半夜开溜，但因抵不住姐姐的眼泪，于是在一九三九年，我过了十九岁那年就成亲了。"这是父亲的第一次婚姻，依他坚强、顽固、永不顺服的个性，当然只有他姐姐柔情的眼泪才奏功效。但是他又不承认有这样的个性，还说自己这一生之中，有太多时候都是放弃坚持己见，接受别人的支配，他认为这一次的婚姻就是一个例证。

父亲一直惭愧与懊恼那次对礼教的顺从。他说："假设人生能够重来一遍的话，我绝不会再犯同样的错误。而这次婚姻，带给我终身的歉疚。"他伤感地补充说："绍荷有旧式女子所有的美德，如果我能安于种田的生活，我们会白头偕老。"

在这次让父亲终身歉疚的婚姻之后，我们有了一位值得尊敬与爱戴的大姐冬冬（郭素萍），也跟我们后来其他的四位儿女一样，从小就没有父爱。我很怀疑，父亲后来的四段婚姻，是否都是放弃坚持己见，还是接受别人的支配？是否都曾让他终身歉疚，还是他仍然认为"假设人生能够重来一遍的话，绝不会再犯同样的错误"？

眼前见父亲银发苍苍、垂垂老矣，我早已不在意这些问题的答案。因为,我在内心深处已早有定见。

有一天,突然传来一个噩耗,父亲即仓促赶赴开封,抵达之后却只看到冰冷的棺木。这是我的爷爷——郭学忠先生的棺木,爷爷已经逝世。这个乡下出身的知识分子,以一个农家子弟的身份,闯进复杂的城市世界,不久就被腐化,以致潦倒以终。

我爷爷身跨两个时代——清王朝和中华民国,却无法抗拒当时官场文化的主流,就是鸦片和海洛因,终于弄得家破人亡。爷爷逝世时才五十七岁,太年轻了点,我猜,被毒品毒死占三成,被悍妻泼妇气死占了七成。

就在棺木旁边,父亲看着他继母用香烟盒里的锡箔纸吸食海洛因。当时日本人在占领区内,执行毒化政策来摧残中国人,所以吸毒在当时是合法的行为。

父亲说:“五十年后,直到九十年代,我才发现中国人并不信神,而只信鬼。”他这项伟大的发现,就是在我爷爷郭学忠先生的祭典大礼上发现的。他说:“这是我又一次硬碰硬地向儒家的传统礼教屈服。我那次被搞得腰酸背痛外加晕头转向,跪下又起、起来又跪,跪跪起起、起起跪跪,不知道已经有多少次的循环,三拜九叩的次数和跪下的诡异,让我百思不得其解。”而这种儒家学派如山如海的仪式,实在让人会冒出无法遏止的愤怒。

虽然祭典令人烦厌,但总会结束。让父亲惊恐不安的,还是他的继母,因为,继母绝不会忘记被他殴打的奇耻大辱。

这几天,父亲就常常看见继母微微扬起的嘴角。第三天,他护送着爷爷灵柩返回祖籍辉县之后,为了逃避继母持续迫害的潜在危机,决定还是暂时远离躲避。于是,他跟新婚妻子绍荷道别,匆匆逃离了辉县,这一离开,就是四十年。

父亲伤感地说:“四十年后重返家园,绍荷已经过世。重拜父坟,往事历历。”此刻,阳台的玻璃窗,已经映出镜中苍发老人的眼眶泛出了泪光。

父亲匆匆离家连夜北上,经过山区,两天后赶到林县,就在河涧镇跟范功勤、李淼、刘浥尘会合,加速成立早就应该成立的“三民主义青年团”。豫北二十五县,这时只有林县仍由新五军据守,西边是太行山,是共产党的大本营,北面则是共产党的游击队。

一行四人找到一间民宅,就挂上招牌,布置成了办公室,白天办公,夜晚也就席地而眠。

这四个人的顶头上司在重庆,远在天边,四个人都不曾受过任何专业训练,“军干班”三个月、“战干团”六个月,再来就是在珞珈山上,短短一个月“青干班”那美丽夏令营的生活,前后相加不过十个月。现在都待在办公室,除了愿为英明的领袖战死之外,不知道要做什么,甚至连要怎么效忠战死都不知道。

他们太年轻了,父亲当时才满二十,那三位不过二十二三吧?这种年纪嘴上无毛,能做什么?现在却把组训青年、对抗日本和共产党的沉重任务交在他们手上,岂不是太儿戏了吗?其实,他们不过是被牺牲的棋子,中央团部潦草塞责,敷衍了事地随便派遣,表示又成立一个分团,如此而已。这使我想起,我因为服兵役,为了日子好过而宣誓加入国民党,退役之后还必须参加各区的小组会议,结果不过是听听训示、闲聊散打,有时还得忍受官腔官调，其实都是官僚官场，很快看破就不去了。

“在那瞬息之间千变万化的沦陷区后方，不知道明天会是什么样，想混日子可不是你所想的那么容易。”父亲的意思是说，我们的小组会议是在混日子。当然，所以我才知错能改、悬崖勒马啊！

一天下午，河涧镇上的军队突然增加许多，人喧马嘶，显露出不寻常的气氛。父亲去打听，原来是据守林县的国民党新五军已经溃败。在对日抗战开始之后，政府军各战区纷纷失利，日军士气高涨，扬言“三月亡华”。幸亏祖先们留下这片广袤的土地，使日本军筋疲力尽。

黄昏以后一片寂静，户户紧闭门窗，不见一丝灯光。父亲他们随着零零星星的残兵败将向东撤退，完全不知道情况，也不知到目标在哪里，只知道随着大家摸索着、一步一步地往前走。不久，这支残败的队伍进入了另一个山区，天上没有月光，地上没有灯光，伸手不见五指，只闻低低的虫鸣。山径狭窄又崎岖，旁边又有悬崖，栽下去一定粉身碎骨。几经辗转山间，这支队伍走进一个村落，遇见了流亡的安阳县政府，大家这才知道，已经离开了林县，进入了安阳县境。

父亲跟我们说：“主任秘书韩彬如先生命令我们四人前往洛阳报到。这个突变让我们如获重释，因为我们自知年纪太轻，难以负担重责大任。”于是，这一行四人，就在不知名的险山恶水中，朝着目标摸索着前进，最后，进入日军占领区，又被皇协军勒索个精光。就这样历经了千辛万苦，终于渡过黄河，抵达洛阳。

12 大隧道案 惨绝人寰 /

到达洛阳之后，父亲被派到偃师县分团当干事，“主任”头衔没了，他并不在乎。他说：“一个革命军人不应该计较任何名分，但是不久，我的内心就开始转变，并不是让我重视官位，而是发现上进的重要。”人生最大最新的诱惑，在引导着父亲踉跄地迈步。

当时，战时的陪都重庆，有一个中央训练团，这是国民党培养干部的基地，分别由全国各地选拔党、政、军优秀干部，到重庆参加一到三个月的政战训练，使他们能和中央的高级官员接近，而产生敬畏之心与向心力。不久，父亲就被保送去受训。于是，他又历经四五天的火车、汽车的行程，终于抵达了重庆。这对他来说，又将是一个全新的开始。

重庆是战时的首都，是对日抗战时中国人的圣地，街道像旧金山一样，高高低低顺势修筑，一年有半年是大雾迷漫，对健康比较不利。可是在抗战初期，这六个月的雾季，日本飞机不会来轰炸，而在另外晴朗的六个月里，则是“跑警报”的季节，所以雾季反而成为这个山城的保护网了。

在重庆的居民，家家户户都有一个防空袋，里面装着一天的民生必需品，单位职员甚至还携带紧急的公文。每天早上都先仰望山头挂的警报气球，当挂起一个球时，表示日机已从武汉机场起飞；当挂起两个球时，表示日机已进入四川省境；当挂起三个球时，就是日机已接近重庆，或是已经飞到头顶了，就要赶快进入防空壕洞躲避日机的轰炸。

从一九三八年二月十八日起,日本航空部队遵照日本最高统帅部的指令,为摧毁中国人民的抗战意志,对战时首都重庆进行了史无前例的大轰炸。铺天盖地的重庆大轰炸,从一九三八年二月到一九四三年八月,历时五年半。

往往天还没亮,一个球已经升起,空袭警报就发出像受伤的野狼一样的那种哀嚎。接着,全城的人都逃出家门,奔向附近的防空壕洞。重庆是山城,建筑物几乎都在山脊两侧,所以防空壕洞既普遍又坚硬,从来没有被炸塌过。

就在父亲到重庆的那年六月,恰巧碰上了大隧道惨案。这大隧道是指重庆山脊唯一的一条防空壕洞,几乎是把山掏空,从西方的入口到东方的出口有好几公里,每隔一段距离开一个洞口,供民众进出。惨案发生的那天,日本飞机一早就来轰炸,全城都在震动。当时的中国,面对日本人野蛮的屠杀和疯狂的轰炸,根本没有防御的能力,日机只须保持一架飞机在上空盘旋,就足以让山城变成死城。

这是一九四一年的六月五日,日机突然又夜袭重庆,缺少准备的市民闻警后仓皇涌向就近的防空壕洞。父亲回忆说:“当晚,较场口这段仅可容纳五千人的隧道,顿时蜂拥挤入上万人。”

这次空袭,日军出动二十四架飞机分三批轮番轰炸,在这长达五个小时之久的“疲劳空袭”下,由于隧道内避难人数超过容量,里面又潮又湿,空气难以流通,避难的人拥挤不堪,干渴饥饿加上氧气不足,到了午夜时分民众开始发出呼号,可是把守洞口的士兵却都不予理会。每一个洞口又都放下栅栏，防止民众闯出乱跑而引起日机攻击。

就这样煎熬到解除警报之后，人们劈开栅栏，看到里面的尸体重重叠叠地已经堆到了洞顶，而隧道深处的人大都窒息而亡，其状惨不忍睹。

官方公布有二千五百名民众窒息，但通常官方数字保证不实。这个震惊中外的"较场口大隧道惨案"，也是中国防空史上一个最大的耻辱，事后卫戍司令刘峙遭到免职。父亲说："刘峙是国民党政权有名的饭桶将军兼捞钱将军，但依照传统的官场文化，他不久必定升官。"果然，一九四八年五月，蒋中正高升刘峙为徐州"剿总"总司令，结果在淮海战役全军覆没。

一九五四年，刘峙在台受聘为"总统府国策顾问"，一九七一年病逝于台湾。而刘峙的曾外孙女刘洁女士，却是在"美国将军摇篮"之称的西点军校，以第一名的优越成绩毕业，这是近年来首位获此殊荣的华裔女性，相较之下，华人之光令人钦佩。

父亲的回忆，都是令人伤心和悲痛的往事，但是他也有荣耀的经历，就是曾和蒋中正躲在同一个防空壕里。有一天上午，警报突鸣，中央训练团的所有团员，都被带进一个庞大的隧道中躲避空袭，这个防空壕洞应该有几十个足球场那么大，三面是天然岩石，侧面开向山谷。当大家坐定之后，蒋中正在护卫之下也走了进来，坐在一张藤椅上，卫士们四周站立。没多久轰炸开始，大家都听见远远的重庆市区轰轰的爆炸巨响。

父亲回忆说："我仔细地观察领袖，发现他镇定如恒。忽然，我突发奇想，如果这次把他炸死，历史上不知怎么描述这一幕？又怎么描述我们这些陪死的无名小卒？”

那个时代，最高领袖的权势，是大到没有极限的，蒋中正把他的签名照片送给中央训练团的每一位学员，这张身着戎装、威严英挺的人像，确实使人动容。当时能有这张照片，不但是无上的光荣，还能把照片当作护身符避邪。

蒋中正会亲自校阅、一一点名，还注视打量学员的脸庞、身躯，一两秒之后又微微点头，在名册上打一个勾。这种点名方式比赠送相片更能产生预期效果。有的学员喜不自胜地喃喃自语：“点名之后，领袖对我有了印象。”然而，父亲接着说：“放心吧！领袖对你不会有印象的，点名是叫你对领袖有印象。”大家听了这话都愣住了。父亲自己也警觉又失言了，赶紧低下头，立志不再多话。他只是想一语点破那位同学的冥顽，全没想到它的危险性。

显然，这次并没有让父亲记取教训，后来遇事，不但不吐不快，甚至还用笔写出来，让自己铁证如山、罪证确凿。

在重庆的这一个月，父亲的思想发生了急遽的变化。他们有一位同学，年约三十，是一个大学毕业生，当时婉拒被派到沦陷区，坚持留在中央团部工作，大家都暗中讥笑他是一个懦夫。这次父亲到了中央才发现天地之大，不是一个地方性的小干部可以想象的。

那位同学因为资历好，已经当上组织处的副组长，手握全国工作干部的升迁调补，现在趾高气扬，不太认识以前的同学了。而其他的同学，有的保送到复旦大学，有的保送到四川大学，还有的保送到武汉大学。他们一个个前途似锦、神采奕奕，而自己只是一个高中二年级肄业的地方性的土包子小干部。

父亲非常后悔当初听从长官们勉励大家献身革命、“革命就是大学”的训话。这使他改变了志向,一定要上大学,即使是上一天大学,也比高中肄业有出息。

父亲在离开重庆前的那几天,疯狂地寻觅上大学的途径,因为他非常注重自己的文凭,最后发现根本不可能。因为他没有高中毕业或高二的肄业证件,即使有,中央团部也不会无缘无故保送数千里之外的一个地方低级干部。

父亲既沮丧又悲哀,不甘心这样被低学历所吞没,于是决定参加第二年“西北区大专院校”联合招考。他重新收拾起残破不堪的功课,却不知道,连报名最基本的资格,他都没有。

13　买假造伪　遭除学籍 /

经过朋友介绍，父亲终于在一个遥远的村落里，花了五块银元，买到一张甘肃省立天水中学二年级肄业期满证书。对于这远在天边的地方，也顾不了那么多了，就用这个买来的假证件完成报名，参加一九四二年“西北区大专院校”联合招考。之后又是一番煎熬等候发榜，结果居然录取了，父亲被分发到位于甘肃省兰州市的省立甘肃学院（一九四六年与西北医学院合并，改为国立兰州大学）法律系。

父亲喜极而泣。兰州是甘肃省的省会，在大陆西部千里之外，那时候还没有铁路运输，坐长途汽车要超过四天。他没有选择的余地，于是决定抛下一切，西奔前程。其实是因为证件的缘故，哪敢太强求。这一年，他二十三岁，又开始了崭新的旅程。

到了甘肃学院，就在办理注册登记时，一位组员翻阅察看“肄业期满证书”时，露出浓浓的困惑眼神，问道：“你在天水中学念过书吗？”“念过！”父亲肯定地回答，心脏也跟着跳动起来。“民国二十八年有二年级吗？”“有！”他仍然肯定地回答，全身却跟着发起毛来了。那位组员继续低沉地问：“我是天水中学毕业的学生，那一年……好像还没有二年级吧？”“有！”这时候，父亲全身已经僵硬。“好吧！等我查查看。”很显然的，假证件还是有些破绽。

父亲把行李提到宿舍，坐着发呆，心里甚是苦恼。这个挫折是他不能克服的,只有等着被开除了。不过同时也安慰自己,这事最快也要一年以后才能查出来,一年之后又会是什么局面?谁也说不准。父亲为读书受尽折磨,许多往事又历历浮现。

这一年很快就过去了,父亲大学生涯的一年级也结束了,同学们都返回家乡,闲来无事,他一个人就去闲逛打发时间,心里深藏着假证件被揭穿的担忧。

父亲信步而走,恰巧遇到几位百泉初中的同学,现在都是辎重兵团的驾驶,要运送新兵到新疆。邀请他一块到新疆兜风旅游,父亲毫不考虑,立刻就跳上车了。他心想:“我真希望深入新疆,永远不要回来,永远不要受到证件的压迫。”

这是父亲第一次进入河西走廊,也看到了大西北最贫穷的一面。这个地区多是戈壁滩,都是乱石,而不是很细的沙子。他对于完全匮乏的农民生活,心中阵阵绞痛。后来车子到了酒泉就转到玉门油矿,没再去新疆了。

酒泉位于甘肃省西北部,河西走廊西端,因传说泉中有金,故又名“金泉”。父亲也是第一次到这“城下有泉,其水若酒”的城市。车子又继续往北开了约一百五十公里,到了玉门县西南二十公里的万山丛中,有座水坛冒出原油。中国人忙于做官和内战,没人理会这个天然资源。直到一九三八年国民政府资源委员会在重庆设立“甘肃油矿局筹备处”,才开始开采油矿。这次旅游让他目睹当时中国唯一的油矿。父亲说:“就在大隧道惨案的第二年,也是我去年到甘肃学院报到的八月份,蒋中正也来到这里参观玉门油矿。”可见,这个玉门油矿在当时战略和经济的重要性有多高。

几天的旅游结束了，一行返回了兰州，父亲一走进校门，就有一位同学悄悄地跟他说："你被开除了！""学校可能已经报警了，你要小心！"该来的跑不掉！他心中有数，知道是那个天水中学假证件惹的祸。于是，他赶紧溜进宿舍。大家都放假去了，父亲悄悄收拾行李溜出大门。心想，幸亏有趟玉门之行，不然可能已经被抓走了。

父亲千辛万苦远奔边陲，就是要圆读大学的梦，现在美梦又破碎了。他垂头丧气地走在街上，暂住一间小客栈，躺在床上发呆，真不明白那位卖他"天水中学二年级肄业期满证书"的朋友，为什么让证件轻易地破功？

父亲回忆说："我想哭，但是哭不出来，太多这样的遭遇，想哭一场的时候却没有眼泪。"这样熬过几天，真是千丝万缕，而且一团混乱没有头绪。在飞机场检查站，他有位朋友叫张辛伍，提供了一张飞往重庆的机票。于是，就在一九四三年夏末，父亲从离开重庆到兰州这短短的一年，又重返举目无亲的重庆了。

这时，日本空军对重庆五年半的"疲劳轰炸"刚结束。六年后，国民党在跟共产党的内战中完全地崩溃，父亲在上海遇到落魄的张辛伍先生，就请他随行一起到了台湾。

重返故地，眼下全是残垣断瓦，街头巷尾没有一处建筑是完整的。所看到的人们，也个个面黄肌瘦，惊恐未定的表情溢于眉间。这些人都是日本五年多来的轰炸，并投掷燃烧弹后，幸运的生存者，有的一家五口只剩一个孤儿，有的缺手断腿，有的全家尸骨无存。这惨不忍睹的凄凉,让他感叹万分,也对当时国家的贫弱,而自己却不能分担与奉献,心头针针刺痛。

没人可以投奔,父亲就经常信步在街道上,或是独自到处徘徊流连,想着人生就像十字路口,往左?往右?还是直走?还是回头?但是四方的路,好像都是大雾弥漫。眼前虽然是一片残破,但他觉得重庆起码比兰州有盼望,起码换个环境,也会有新的机运。

就在一个十字路口,父亲浓厚河南腔调的问路口音,引起一位从消费合作社下班的崔秀英女士注意,发觉两人是同乡,就格外亲切,从此,埋下了两人的情缘。

父亲这一年二十四岁,正是向往爱情滋润的年龄,尤其乱世更易激发儿女之情。在无限的惆怅和孤独、寂寞的生活之下,两人产生了感情,进而赶时髦同居在一块了。崔秀英当年二十一岁,毕业于河南省息县的师范学校,是一位才华洋溢、能歌善舞的女孩,也是位愿意为国家民族奉献的热血女青年。这段暂时彼此依靠慰藉的日子,并不能让他放弃上大学的决心。

14　再接再厉　复制证件 /

父亲上大学的决心，事实上早就已经到黄河了，甚至已经见到黄河波涛中即将灭顶的棺材了。但是那颗赤子之心不但未死，反而愈挫愈勇。他一面找工作，一面准备功课，要参加次年西南各院校大专联考。

父亲勉励我们说："人生有很多难以预料的际遇，只要你不放弃，上帝一定会为你开门。"的确，在距离重庆大约五十公里的青木关，有一个教育部设立的"战区学生招致委员会"，主任岑文华先生是熟识，于是，父亲决定去拜访，看看有没有什么机会或出路。这位德高望重的长辈，就把他安置在"重庆登记处"担任助理之一，做一些校对、审查的工作。

此时，父亲虽然看不到未来，也不敢回想过去，但终究能暂时栖身、有份收入，也能在稳定中求发展。然而，机会总是在瞬间，给有企图心和已经准备好的人。

沦陷区的学生前来登记时，要在表格上填写个人数据，包括原来就读的学校、科系、年级等，经过考核再签署意见之后，转报给教育部高等教育司，再分发到各大学继续就读。没有证件或证件不全的时候，由岑主任亲自口试盘问。

有时候岑主任不在，父亲就代理签注意见，而且签上自己的大名，教育部也不问究竟，只要有签名就一律分发。业务接触久了，就懂了其中的蹊跷，一个奇异的灵感突然钻进父亲的脑海："我为什么不能分发我自己？"

有一天，父亲正在整理这些登记表时，看到一位从南京逃来的学生的登记表格，他是中央大学政治系肄业三年期满的学生，有全部的成绩单，都是货真价实的真证件。突然眼睛一亮，这位同学的大名是郭大同，父亲当时突然感觉脑充血，竟从椅子上摔到地上。

真是如获至宝，他赶紧到照相馆把郭大同的证件全都翻照下来，再把原件改成“郭衣洞”，再拍下照片。他既兴奋又紧张，回到办公室，先把郭大同复制的文件贴回照片，再签注意见呈报上去，等过了两个月，估计教育部已将郭大同分发完毕了，再请朋友用“郭衣洞”的名字填写一份登记表，最后自己签注考核的文字：“经过严格盘问考查，该生数据正确无误，建议分发同级学校。”最后下款再签上“郭立邦”三个字，就宣告大事笃定了。至于照片，就签上“后补”两字，以后当然没有补，这种例子太多，教育部从不追究。这次，父亲居然能同意我，觉得“郭奉桐”比较好听，但这不是重点。

又是一段难熬的日子，等了又等、盼了又盼，别的学生两个月就能接到分发令，而“郭衣洞”这位学生已经两个半月了，还没有回音。父亲终于按捺不住了，他向同事借了一套中山装，把破皮鞋擦亮，搭巴士前往青木关，到教育部高等教育司，代表岑文华主任，前去查询沦陷区学生郭衣洞的分发事宜。

官员们对父亲的辛苦和负责的精神十分嘉许。查卷后告诉他，郭衣洞已经分发到国立东北大学，要他回去安慰那位从南京流亡到重庆、名叫“郭衣洞”的可怜大学生，分发令日内就会寄出。

这是一件令人难以置信的大好消息,父亲一度还怀疑自己的耳朵是否听错。于是一路都眉开眼笑在心头、情歌小调在口里,喜滋滋地返回重庆。

从兰州回到重庆这一年,总算有了突破,人生瞬间充满了亮光。这时,日本对重庆的大轰炸已几近停止,没有空袭就没有流血,没有混乱,生活就会平静。父亲这时与崔秀英住在一块儿相互照应,也结识了更多的朋友。

我说:"你真了不起,一路买伪作假,到老还坐进'总统府'里了。"我这是找骂挨,但是他老人家知道我有遗传他的幽默。

父亲求学的过程真的很辛苦,酸臭苦辣咸,唯独少个甜。换了意志不坚的人,一定早就放弃,另起炉灶了。

此时,父亲抑制了心底的兴奋,不敢宣布这个消息,生怕又是一场空欢喜。终于不久,教育部的分发令寄到了,他向岑主任辞职,说了一大堆理由和谎言之后,岑主任露出慈蔼和关切的笑容,说:"你搞的鬼我全知道,快上学去吧!"

父亲从小是个没有母亲的孤儿,从小也很少享受父爱,而是在继母淫威之下、鞭打责骂中长大的,有人夸奖他无所畏惧。他解释说:"其实不然,我最惧怕的,是加在我身上的温暖和恩惠。岑主任像父兄一样的恩情,使我深深感动,并永远不会忘记。"

父亲这一生不遗余力地鼓励和帮助年轻人,无论在国内或是国外都能继续升学读书,一方面自己的遭遇让他深深体会了求学的艰难,另一方面是深受岑文华的感召。

父亲要起程继续去读大学了,崔秀英和朋友们送他去搭巴士前往三台。东北大学创建于一九二三年四月，张学良曾于一九二八年八月兼任该校校长，直至一九三六年底西安事件结束。九一八事变后，东北大学被迫先后迁徙北平、开封、西安和四川三台等地，可见战乱造成学子求学的困难，是多么严重。

父亲被分发的东北大学，就在四川省的三台县，位于重庆西北方约三百公里，这跟要到沈阳，直线距离就超过两千多公里来比，实在是近得太多了，日后与崔秀英和朋友们见面，也近多了。

"郭衣洞"是个新名字，即将踏上新的旅程，父亲一路上默念这个新名字，也充满了新希望。他回忆当年报考开封高中时，由郭定生改为郭立邦，结果差点忘了自己是谁。

几个小时就到学校了，父亲先到教务处报到。教务长亲自检查证件，翻来覆去地看，他又开始冒汗。还好一切都顺利过关。于是住进宿舍，准备甄别考试，这是他第一次面对没有英文和算数的考试，心情轻松多了。他说："虽然政治系的书籍从来没摸过，完全没有一点概念，但是我并不害怕。"他对政治系下了一个定义：那是一个识不识字都可以读的系。天哪！他这张嘴巴，随时都会得罪一船人。

父亲笃定地说："我是从南京沦陷区来的流亡学生，深受政府关注，只能使我降级，不能把我开除。"

一个星期之后，父亲被编到政治系三年级就读。他大叹说："人生真是奇妙，我在甘肃学院法律系只读过一年级，现在合法地升到东北大学政治系三年级，二年级是一片空白，我无法想象这些年来各样的转折冲击，会让我这么的惊喜。"

教育部那位科员，怎么会将他分发到东北大学，而没有分发到重庆的中央大学、重庆大学，或是成都的四川大学、华西大学，以及乐山的武汉大学，还有郭大同分到哪儿了？都是根据什么样的逻辑分发？没人搞得清楚。父亲说："一件无心的作业，带给人很大的变化。假如我没读东北大学，以后发展的轨道，可能不会走向台湾。"

"是无心的作业吗？不是处心积虑的吗？"我这样问着。父亲回答说："任何能提升自己的机会都不能疏忽错过，也就是说，要处心积虑的是提升自己上进，而不是欺负别人打压别人或利用别人。"的确！太多聪明人，有点权势嘴脸就丑了，神气活现不可一世。其实，谦虚的态度可以看出成功的深度，狡诈毒辣的舌头最终都要被撕碎。

父亲终于开始享受这迟到与难得、劳而不累、幸福与满足的大学生活了。秋去冬来，气候迅速寒冷，基督教会在三台设立一个学生公社，提供很多粗布的棉大衣借给贫苦的学生御寒，因为四川的冬天绝不是没有棉衣可以熬得过的，于是他赶紧也借了一件。比较糟糕的是，父亲染上烟瘾，多了难以负荷的开支。那时候买香烟，不是一包一包地买，而是一支一支地买，类似小铺在学校附近设立得最多，这种香烟一支一支买卖的方式，直到一九七〇年，在台湾也有，也都选择在学校周边。他几乎每天要去拜访一趟，把一张揉着的钞票放在桌上，伸出食指大言不惭地说："司令牌，一支。"然后回到学校，吞云吐雾一番，好不得意。

教育部每个月都会发给学生代金，就是贷款的意思，是国家借给学生的学费,将来毕业之后要分期偿还。可是这个动乱的四十年代中期,人心动荡,物价飙涨,每个月才三个银圆的政府代金,基本上连伙食费都不太够。何况,父亲每天都得“润肺”一下。

“东北大学”在当时,就已经是中外驰名的大学了,学生分为两大族群,一是本省同学,就是来自四川各地;二是外省同学,来自全国其他各省。外省来的都是流亡学生,本省同学皆是有家有室,生活比较富裕,自然在一般的生活供应方面,显出落差。其实父亲并不在乎这些,吃什么、穿什么,都是身外之物,这条小命能留到现在,还能读大学三年级,何况在“吞云吐雾”中乐趣无穷,夫复何求呢?

15　国仇家恨　日本投降／

父亲喜欢安静地沉思，常常让自己的思维很淡静地漫游，不设定任何边境和范围，看见了凌乱，思绪也跟着纷扰；宁静的生活，让他更有阅读的效果和扩大知识的追求。就在进入东北大学之后，他开始阅读大量的文学作品，包括鲁迅的小说创作。在他考上开封高中的那年，鲁迅先生因病过世，当时他并不知道鲁迅是何许人也。而现在，他却对鲁迅先生相当的敬佩，立志要像鲁迅一样，以后能够有能力写出一个现代的“我们中国人的魂灵”来。

父亲在学校，经常阅读许多现代的杂文和小说等作品，包括后来抗战胜利、揭露国民党腐败统治的现代作家张恨水，一九四五年日本投降后被日本宪兵秘密杀害的郁达夫，以及不堪忍受红卫兵暴力批斗、在北京太平湖投湖自尽的老舍（舒庆春）等人的文学创作。这时，他对文学创作的观点是十分开放的，对“纯文学”和“通俗文学”都没有什么成见，他最欣赏的，还是揭露社会现实问题的优质杂文创作。

读书不能当饭吃，可是读书可以排遣空虚和寂寞，父亲的大三生活很平静，也因为没有多余的银子，就不太容易作怪。仅仅这一年，他觉得自己在阅读上的锻炼，已经使他产生能够独立思考的能力了。

父亲告诉我们，从那个时候开始，他的思想，从文化到政治，都在不断地蜕变。同样的，他带有政治色彩的一些行为，也更显明地表达出来了。他说:“多少年来,‘感觉’常使我‘洞烛机先’,但也常使我备受伤害。”而在屡屡备受伤害之后,他的反思、分析和批评的立场更加明确,也更有深度和广度。所以,他对眼前所读的政治系,觉得有些简单了点,包括国际公法、国际私法,还有一些现在都已经还在教授的课目,只需考前重点复习就完全解决了。

仿佛所有的事情都在好转,课业没压力,前途充满着亮光,又有时间阅读,这半年多的新生活,让他的心灵满足得不得了。这个时候,仍在重庆中央团部合作社工作的崔秀英,为他生下一个小女娃,就是我们的二姐毛毛(崔渝生)。

从一九四二年开始,中央政府就成立了第一次出国作战的远征军,进入缅甸对抗日军,以及保卫中国西南大后方补给线安全。第一次远征失败之后,从一九四三年开始,第二次远征军立即开始招募与训练,并于次年在印度开始反攻,国内滇西的中国远征军也在一九四四年中开始反攻。除了正规军队之外,中央军事委员会也在各大专院校招募爱国青年参加。

直至一九四五年轴心国集团全部溃败投降,第二次世界大战才宣告结束。父亲在离开甘肃学院的时候,就有人劝他参加远征军,可以真正地远离这个需要文凭才能通关的社会,但是此时不比当年了,父亲的意志比以前更为坚定。他说:“打死我,我也不会离开这好不容易才挤进来的大学,我一定要货真价实地读到毕业。取得大学毕业证书,是我这一生奋斗的唯一目标。”

这时,日本的败相已逐渐显露,同学们看报的风气相当浓厚,每个年轻学子,都有一颗强烈的爱国心,关心国事、关心战况,太平洋战争打得天翻地覆,阅报室也挤得水泄不通。

意大利和德国的无条件投降,是天大的震荡。德国继一九一八年第一次世界大战战败向英美投降,仅仅二十一年后的一九三九年九月又举兵入侵波兰,引爆第二次世界大战。不到六年德国又再度战败,并于一九四五年五月八日,历史上第二次无条件投降。

喧腾国际十二年之久的希特勒感性宣言:“我一辈子都不结婚,因为我爱德国,已和德国结婚。”而现在,却和他的情妇躲在防空洞里,一面自己结婚上床,一面声嘶力竭地呼吁德国人民为他战死。

父亲说:“这些都是很严肃的教育,相信政治人物的承诺和誓言的人,不是转用它欺骗别人,就是已经成为无可救药的白痴。”

第二次世界大战的元凶、意大利法西斯党魁墨索里尼先生,是蒋中正先生的老友,他最大的错误是站错了边,下场也最为凄惨:一九四三年被罢免首相职务,一九四五年四月二十七日他和他的情妇在逃亡途中,被游击队生擒活捉,枪毙后倒吊示众。

德国和意大利投降之后,轴心国只剩下日本了。谁都知道日本已是穷途末路,而日本仍然强硬地宣布说:“日本还要再战,直到帝国人民全都战死,三岛化为一片焦土。”没有人知道日本为何而战。为争自由而战,为抵抗外辱而战,还是为侵略别国而战?至死都要并吞别国?

这个暑假过后，父亲就要升四年级了，天气酷热难当、心情沉闷无聊，时局也发生了巨变。

一九四五年八月十五日，学校正在放暑假，同学们有的返乡省亲，有的窝在宿舍，有的茶馆泡茶，有的切磋棋艺和牌技。艳阳直射冷清的校园，闻不出来气氛有什么异样，一切都是一样的懒洋洋。就在夕阳西斜的傍晚时分，由县政府分送给有关机构的新闻简报，一张十六开大的纸张，贴上了学校的布告栏，标题的大字写着："日本宣布无条件投降！"

这时候，屋里屋外的同学，像疯子一样地全都跑到了街上，一片欢腾的景象。日本投降？简直不可思议！可能吗？还有人半信半疑，一直在问着："真的吗？是真的吗？"原来美国于一九四五年八月六日，在日本广岛先投下一颗原子弹，这是人类历史上第一场核空袭。三天后又对日本长崎投下第二颗原子弹。这两颗强大杀伤力的武器震撼威慑了日本，使日本遭到毁灭性打击，更打击了日本军方的作战意愿。日本在被核武器攻击的六天后，宣布无条件投降。

当时，所有东北大学的师生，和所有街道上的民众，每个人都疯狂了，都难掩满脸的喜悦，互相传递着兴奋的情绪。国仇家恨，终于有了天道。

日本的崛起、傲慢和武力的先进，前三个月还在宣称"还要再战，直到全都战死，三岛化为焦土"。声音还在空气中回旋震荡，才满百日就无条件屈服，简直令人难以置信，这果真是历史上最震撼的一页。

日本则称此日为终战日，意思是终止战争了，是谁终止战争？无条件投降就是战败了才会无条件投降，而且是万分凄惨的战败，死了多少无辜的百姓？用“终战”这种让人搞不懂的名词，掩饰杀人无数、侵略别国的丑行，以及最终战败无条件投降的事实。日本杀人无数，战胜国都放弃了对日本的赔款要求，这是非常宽大的政策，战败却不用支付庞大的战争赔款，这使日本提早得到复兴，它却把自己塑造成二次大战的受害者。日本从不曾感激对他们“以德报怨”的中国，反而臣服对他们投掷原子弹的美国。然而，离日本投降不到七十年的时间，这个国家又开始想染指我们的领土，二〇一二年一月三日，日本冲绳县议员等四人，搭乘渔船强登钓鱼岛，这个行为搅乱了东海原来平静的形势，足以显示出日本已经快速地朝向军国主义道路迈进。

日本是一个天生好侵略的民族，优越感长期欺压着中国。日本的侵略历史，就是屡次挑起领土争端，不仅国际社会谴责，连日本着名作家、诺贝尔文学奖得主大江健三郎也严厉地批评指出，钓鱼岛是日本在侵略或殖民过程中所获得的，敦促日本政府正视侵略史。

自从明代以来，中国各种地图和文献都把钓鱼岛、黄尾屿和赤尾屿标记在中国版图，而且自古以来就有中国渔民在这块海域捕鱼。日本是借甲午战争胜利之便趁火打劫而占据了钓鱼岛。第二次世界大战结束，根据《开罗宣言》和《波茨坦公告》等国际法律文件，日本战败投降，就必须依照国际法，吐出所侵占的，包括台湾、钓鱼岛及其附属岛屿在内的中国领土。

一九七二年美国将钓鱼岛移交给日本行政管辖，日本并没有实质的主权。假如钓鱼岛真的是日本的话,那么,日本人为什么还要大费周章、刻意彰显,另外花钱去买呢?

历史可以翻案,但是国际公理和人类的良知不容挑衅!日本永远改变不了侵华淌血的历史事实,而这次制造钓鱼岛风波,再一次显露出掠夺者的侵略本质,是何等丑陋。

这次的钓鱼岛事件,中日之争喧嚣尘上,我们绝对不相信,背后没有美国为了政治和经济利益而主导或驱使的行为。检讨起来,许多事件都是美国的推波助澜,才助长日本的气焰。

随着亚洲战事的停息,第二次世界大战终告结束。两个月后联合国亦宣告成立,期望能够促进各国合作,并防止未来的军事冲突。我们不会怪罪日本年轻的这一辈,这是他们的父亲和祖父的罪恶。但是如果他们仍然不坦承罪行,将会继续遭到世界的蔑视,他们温和谦恭的内涵气质,也将染上侵略别国的血腥。

父亲认为:战争让人家破人亡,才知道和平的可贵!但人类总是无法记取历史的教训,有野心的国家,总会觊觎别人的东西。豪取强夺的掠夺者,是何等丑陋,因此掀起战争,造成民生凋敝、生离死别,甚至祸延子孙,着实令人痛心!

听到日本溃败崩盘、无条件投降,同学们都兴奋极了,开始议论纷纷,讨论着如何迁校、如何返乡。东北大学原址在沈阳,学校当然是要迁回沈阳,东北对所有的学生而言,是多么地新奇和刺激,使大家产生一个更美的憧憬。

天已入夜,大喜若狂的学生们,在学校唯一的大广场上燃起了营火,找来很多木柴、破板凳、破桌椅,都投掷了进去。熊熊火舌舔向天空，舌影闪烁地掠过每位同学的脸颊。这是多少年的盼望如愿了，心中极度的喜悦全都写在脸上。

父亲当然也坐在其中，可是没多久，大家都沉默下来了，呆呆地坐着。除了隐约传来喜极而泣的哭声，和营火堆中木柴燃烧焦裂的清脆响声之外，大家都成了哑巴。全场不像胜利的欢聚，倒像生离死别的场面。

这样奇特的景象，猛地敲打父亲敏锐的大脑。他说："德国投降时，美、英两国全国人民，通宵达旦地欢歌热舞，而我们这群大学生却都呆坐着。为什么没有人高歌？为什么没有人跳舞？我这个怀疑立即就找到了答案。我们是一个没有歌声、没有舞蹈的民族。"

父亲叹声"唉"，继续跟我们说，"传统文化是个大酱缸，不要说不识字的小民，即令是高级知识分子的大学生，一个个也都被酱成干屎块。因为中国的文化里面，完全没有鼓励人们活泼开朗的一面，反而都是几千年来封建社会的国粹主义"。父亲后来反传统文化的思想，就是被这次的营火所启蒙。

中国人深受儒家影响，是真正的爱好和平，尤其喜欢粉饰太平，所以，从不曾想过侵略别国，当然，地大物博也没必要侵略别国，所以就处处忍受日本的侵略残害。日本人投降了，终于结束了日本和中国这百年来的恩怨，日本也吐出了从中国巧取豪夺的东北四省和台湾。他们在东北所创造的伪满洲国，树倒猢狲散，也结束了十四年来尴尬的角色。

两颗原子弹让日本彻底地崩盘，日军也撤离了中国这片广大的土地，回到原先属于他们自己的几个岛上面去了。但是对中国人民而言,却是比投下原子弹还要可怕,因为中国立刻陷入了残酷激烈的内战,中国人民再度陷入哭天不应、喊地不灵的惨境。一个国家对外战争胜利后,总会有一段和平的日子让国家重新建设,让百姓调整喘息。父亲感叹地问:“中国人是受了什么咒诅?”

一九四六年炙夏,父亲总算是平安顺利地读完大学,毕业典礼才刚结束,他就飞奔到照相馆拍了一张方帽子的学士照,心中暗暗庆幸,虽然用了旁门左道的方法,但感谢上帝垂悯,让他终能拿到文凭。父亲充满自信地说:“大学毕业是多么荣耀,我有些趾高气昂起来,不过,这使我严重暴露了性格上顽劣的缺点。”

毕业之后,父亲跟着学校前往东北,和一些同学准备另创江山,并不考虑一个外省青年,跑到万里之外的东北,没有任何依靠的问题,因为他有独特的思维。因为当时,他和几位志同道合的同学,在学校组织了一个“祖国学社”,拥有五六十位同学,自以为形成一股力量。东北这个跟祖国隔离了十四年的地方,绝对是块值得开垦的沃土,他勇于挑战的性格再一次显露出来。

于是,父亲决定先回重庆,和崔秀英见面。战后余生还能重逢,国恩家庆又是双喜临门。他抱起两岁的二女儿毛毛,心疼爱怜之情无以言喻。这是在一九四〇年,他的大女儿冬冬出生之后的第六年,第一次抱起他的二女儿。

而现在,两位姐姐冬冬和毛毛,早已子孙满堂,含饴弄孙,合家平安,幸福圆满得不得了呢。

但是,两位姐姐和她们的母亲,也曾在一九六六年“文化大革命”时,因为父亲(或丈夫)是“国民党的余孽”,而遭受很多羞辱残酷的斗争。两年之后在台湾,父亲则因为是“共产党的余孽”,遭受国民党很多羞辱残酷的斗争。

没有“国与国的战争”真好,也希望从此没有“人与人的斗争”。父亲希望中国能够赶紧强盛起来,才有能力保卫自己的人民。他更希望自己也赶快茁壮起来,才有能力守护自己的家庭。而眼前的一切,都在朝着这个伟大的目标前进。

于是,父亲决定去东北,崔秀英坚持先回河南息县老家探望寡母和幼弟。这一趟千里迢迢的返乡之行,一家三口终于在几回公路、铁路和人力车的转乘后,千辛万苦地回到了距离开封至少还有四五百公里的息县。

父亲回忆说:“秀英母女见面的场面使人动容,难分难离的母女深情,使我感受到亲情的温暖。”几天后,他准备要回辉县看望当时匆促离开的结发妻子艾绍荷,以及已经六岁的大女儿冬冬。

始料未及的是,时事发生了突变,一天清晨仿佛有枪声传来。谣言说大别山的人民解放军已经进入县城了,城里紧张得一片混乱,城门上也多了武装的岗哨。

父亲当时就顺着人潮,跑到西关打探消息。城门已经关闭,城外的枪声更接近了,这是解放军夜战的序幕,又见店铺开始关门,真是糟糕透了!不久就看到解放军陆续进入城里。此时枪声也逐渐密集起来,城里守军开始反击,在夜色朦胧之际,双方的兵力开始集结。父亲既饥饿又忧虑地躲着,筋疲力竭地一直忍到第二天早晨，听说解放军已经攻占息县，不禁惊慌失措，最后跟随一些同学奔向南京。

南京是个以六朝繁华闻名于世的古城，一连六个王朝充当首都；更因抗战初期受到日本人灭种性的大屠杀，成为一个悲情城市。日本因为人口太少，就用屠杀的方式灭绝中国人，严重违反人道，实乃天地不容。只是让人们大惑不解的是，德国已为纳粹的暴行向世人道歉，世人尊敬日耳曼民族是一个光明磊落、高品优质的民族。反观日本，始终拒绝承认他们曾经侵略的暴行，日本文部大臣大言不惭地把“侵略中国”改成“进出中国”，日本人认为中国人贫穷、愚笨，总不把中国人摆在平等的地位。你们没事进出中国干吗？真是令人作呕！

根据藤家礼之助所著《日中交流二千年》可知，两千年来中日都在交流往来，中国从没有侵略过日本，反倒是日本不断地侵略中国。自从中日甲午战争，中国赔偿日本二万万两白银后，中国就变得贫穷，贫穷自然就落后。这笔钱存在银行，最起码也值两千多亿美金了，这与二次大战结束，日本没有分文的战争赔偿相比，这“里外里”相差了多少？如果我们中国也进出日本，说是为了保护日本不受韩国侵略，讲得通吗？如果要选择敌人的话，我们不屑选择这样窝囊的敌人，我们尊敬的敌人是胜得漂亮、败得也磊落。

“天下有道，却走马以粪；天下无道，戎马生于郊。祸莫大于不知足，咎莫大于欲得。故知足之足，常足矣。”这是老子阐明知足主义的重要性。意思是，大道行于天下的时候，便不会发生战乱，因此，只好将驰骋疆场的战马，驱赶至农村辅事农稼。但天下无道时,所有的人都贪得无厌,国与国之间兵祸连连,因此所有的战马都用来作战,连母马都要上战场。由于久战不归,母马只好在郊外生产。天下的灾祸,没有比不知足更大的;天下的过错,没有比贪得无厌更大的。最大的不知足,莫过于盗窃他人的财物或入侵他人的国家,因此战祸延年。只有知足的人,才能永远感到满足。

在南京,父亲遇到了许多昔日东北大学的同学和"青干班"的老友。大家对眼前混沌的局势感到忧心,也失去了家乡的消息。他说:"每一想到秀英盼夫归来,那天匆匆外出,毛毛还拍着身边的小凳子,叫着:'爸爸!坐坐!'而更远的结发妻子绍荷,和长女冬冬,又是如何度日?"心头不禁绞痛。

16　回到东北　福祸并至 /

父亲虽然如愿以偿大学毕业了，可是在南京仍然一筹莫展。于是大伙决定前往东北，等待时局平静。就这样，几位同学结伴先到了上海，发觉各省的话、各地的话都不一样，外地人根本听不懂。他说："我讲的河南土话，他们也听不懂，这让我很感慨，一个国家为什么不能有一个共同的语言？政府官员每天好像都很忙，难道与他们的国民无法互相沟通，毫无感觉？"语言不通，就像一盘散沙，很难团结，也会造成很多的误会，是政治纷争主要的原因。日本侵华，不也是看准这一点吗？

这一行人搭轮船从上海起航，到了天津，再转北宁铁路，好几天下来终于到了沈阳，住进了沈阳市北郊的东北大学。这沈阳的东北大学和三台的东北大学相比，简直是雄伟壮丽得像一个独立王国，仅工学院就拥有一个修理火车头的庞大工厂，如果要绕校园一圈，可能要走上六七个小时吧。大伙看得目瞪口呆。

东北大学是父亲千辛万苦求学的终点，在一九四六年毕业离开，半年后他又回来了。只是从三台的东北大学离开，回到沈阳的东北大学。不久，杨德钧找到一间日本商社的空房子。于是父亲、苗景隆、廖衡就搬了进去，在门口挂上"祖国文化馆"的招牌。他们要开一家书店，在这个被日本隔离十四年的地方，传扬中国的民族文化和精神，以及民族主义的思想。

一九六〇年以后，在台湾，当时我的父母已经离异，但杨德钧、苗景隆这两位父执长辈,还是常来探望我的外祖父母和母亲。而一九九八年,我在香港探望廖衡先生时,他已经是一家港资开发公司的董事长了,是一位德高望重、毫无架子的成功企业家,他全家热忱地接待我数日。

时局依然动荡,人心依然涣散,内战的烽火依然蔓延。在经营书店都没经验的情形之下,斗志还是屈服于现实,大家陆续地离开,各自为五斗米折腰去了。书店没能宏图大展,却让父亲一夕之间,成为一名木材商人。

这当然不是真本事,而是因缘际会,运用一些关系担任中介,也必须启动一点机智,克服被倒账的风险。果真,在最后结账的时候,对方的脸孔变了,出言恐吓说:“我告诉你,你是一个外省人,我们把你丢到野地活埋,你就永远消失了。”父亲镇定地回答:“我如果二十分钟没有出去,同学就会报警,指出你们的姓名。我不怕死,如果怕死,我就不来东北了。你们想要赖账,我马上打电话报案,拆穿你们的骗局。”这样才把他们镇服,成功地赚到人生中的“第一桶金”。他的第一桶金,居然是个天文数字——十两黄金。

这桶金拯救了祖国文化馆,于是大家重整旗鼓,再度燃起了斗志。果然面包比爱情重要。突然,一个晴天霹雳,父亲假证件的事件又东窗事发了。原来,日本人投降后,学校把毕业生的证件送到教育部,教育部查对南京中央大学档案,怎么都找不到郭衣洞的名字,才发觉是明显的伪造文书,于是下令开除学籍,还通令全国院校不得收容。

这么久了,父亲仍然痛心地说:“只有兽性发作的人,才会发出这种置人于死地的通令。想想这一生为上大学所付出的辛酸，全都成了泡沫，我伪造证件固然触法，但何以赶尽杀绝不留一条生路？”我安慰他说：“你手上的毕业证书是自己印的吗？不是吧！那你担什么心呢？你手上拿的是如假包换的正本啊！再说你造假证件的前科累累，如果警方再来个追查通缉，岂不更糟？难道你还想读研究所吗？”就在父亲左手拿到第一桶金时，右手也丢了毕业文凭。

不过，父亲做梦也没想到，六十年后，居然能在台湾，他被授以比东北大学“学士学位”还要高出两级的“荣誉博士”学位呢。

这个噩耗没让父亲消沉，因为也没时间消沉，有一位东北籍的教育家徐延年先生，在沈阳成立“私立辽东文法学院”，这又是一次幸运之神的眷顾。徐延年先生看父亲是重庆来的校友，又相当成熟活跃，就邀请他当政治系副教授。这个正在向教育部申请立案的草创学府，还没赶得上看到教育部“开除”的文件。真是苦尽甘来，好事成双。没多久，“青干班”的同学徐天祥，又把他带进设于北大营的陆军军官学校第三分校，两人一起当少校政治教官，每个月有主食和俸禄。

忙碌教课、双份薪饷，使父亲的生活质量也逐渐好转，他也极其乐意伸出援手，帮助其他落难或清苦的朋友。

徐天祥取得一位军中将领的支持，每个月提供一个连的补给品，要找适当的人选办一家报纸。好事不但成双，更是接踵而来。当然这些人选，就落在他们这几个人的身上了。

四十五年后，父亲在台北接到一本《辽东文法学院师生小传》，在世的师生仍有二百余名，卷中还刊出一段《柏杨小传》记载说：

> 一九八八年十月二十九日下午三时许，中国文联组联部主任、中国书法家协会领导小组负责人佟书，代表我们同学在北京饭店房间，拜望了阔别四十年的老师——台湾著名作家柏杨先生，和他的夫人张香华女士，互相寒暄之后，柏杨老师请佟书转达他对同学们的问候，并表示下次回大陆探亲，定要看望大家，同时也问候徐院长安西、匡扶教授和几位同学。此时，佟书将徐竹影作诗、由他书写的条幅《遥寄台湾柏杨先生》——"隔海凭栏无限情，元宵佳节忆先生。杯中一两相思月，饮到三更映到明"——赠给柏杨老师。先生极为高兴，连说："字写得好，诗也作得妙。"表示返回台北，一定挂在客厅正中壁上，以示留念。

想不到一个轻轻的脚印，让父亲留下如此深远的温馨。他说："有意栽花花不开，无心插柳柳成荫，人生多波多折，三起四落，失之东隅，收之桑榆，所以要心无加减，得失随缘。"

这几个年轻人，就在沈阳市中华路找到一栋房子，高高挂起《大东日报》的招牌，买了一部印刷机，结束已经弹尽粮绝的祖国文化馆，他们几个志同道合的同学，就一起住进报社，开始筹备出报，并且向中央政府申请登记。一段时间过去了，《大东日报》始终没有批准下来，而更大的挫折却是整个中国时局上又发生了急剧的大变化。

一九四五年到一九四八年,这三年正是时局变化莫测、动荡最剧烈的三年,从抗战胜利的喜悦,到国共内战的爆发,百姓也就仅仅这两年有和平的社会。国民政府军败退的信息并没有传扬,而大家却都知道,国民政府军在东北拥有最精锐、最现代化,而且远征过印度的武装部队"新一军"和"新六军",他们从军服到武器,全都是美式装备。可是,经过两年的内战,局势日趋恶劣,国民政府军屡战屡败,全国各乡镇、县市及南京,都陆续落入人民解放军之手。最后,偌大的东北只剩下沈阳和锦州。而沈阳街头的人数也日日减少,高官富贾纷纷搭机逃离,贫穷小民也纷纷步行逃亡。

在一九四四年八月,日本投降的前一年,湘桂战役开始后,日军突飞猛进,湘、桂、黔三省出现数千万民众逃难的悲惨场景:这是抗战期间最后的一次逃难,也是世界上最惨的一次逃难。现在在沈阳,也要揭开同样的序幕了。一九四八年十一月一日上午,父亲还贸然地跑去北大营第三军官训练班,探听能不能领到薪俸,才发现北大营全然一空,官兵都已经全部撤退到沈阳市区。

父亲脑海浮起两年前在息县被隔绝的影像,内心大为恐慌,于是急忙折返沈阳,感觉到大街上气氛诡异。第二天解放军大批车队鱼贯而入,一辆辆地从《大东日报》的招牌前奔驰而过。这时国共内战已经接近尾声,而东北第一大城市沈阳的易手,也是国民党政权最具代表性的溃败。

勇气可嘉的这几个年轻人,从祖国文化馆,到《大东日报》,从满腹的理想,到一切归零,还得赶紧逃亡求生,回到东北这一年,真是福也双至,祸也不单行。于是,他们决定放弃一切,廖衡要先回他的故乡哈尔滨,接着辗转来台,稍后到香港定居。而这次他们跟以前逃亡的方式并不一样,那就是脱下平民便服,穿上临时买的国民政府军的军服,但是要拆掉军帽上青天白日的国徽。为什么要改穿军服呢?那是共产党所施行的既往不咎、心战统战的宽大政策,凡是国民政府军,只要手中没有武器,就可以大大方方地“还乡生产”。

父亲他们这几个人都是文职人员,刚好抓住这个机会,如果再迟几天,共产党政策一变,就可能插翅也难飞了。当时,每个人还都拿着一张“通行路条”走到沈阳车站。偌大的车站人山人海,本该是喧哗沸腾,此刻却鸦雀无声,好似一个古老的废墟。每一条线都很有秩序地排队等候买票,有的已经排到车站外的广场,有的像“S”形转来转去。令人震惊的是,没有一个人大声说话,更没有一个人吵闹插队。而排队买票的长龙之中,大部分都是平常不可一世的国军官兵。一夕之间,全变成了守纪律、第一流的国民。

看着眼前的景象,徐天祥说:“共产党真行!”父亲却认为这是恐怖下的产物,因为中国人没有约束自己的能力。

四十年后在台湾,父亲和孙建章在调查局里面,调查员李尊贤把笔愤然地摔在桌上,磔磔冷笑并大声地斥骂:“你们竟然能穿国军的衣服走出‘匪区’?这就够了,你们已经证明自己就是‘匪谍’。”父亲后来坐在揽翠楼“柏杨居”的阳台上,回忆与现实纠葛着,他说:“在调查局里,手握生死大权的特务,有几个有能力约束自己?而这些都是腐败的征兆。”能说出“你们已经证明自己就是匪谍”这句话，足见客观的智商已经被主观的权力完全蒙蔽，使愚蠢的思维更加蔓延膨胀，永无止境而不自知自己的堕落。

抗战末期，政治就腐败到极点，军事是政治的延长，军风、军纪皆荡然无存。这是我们这一代永远不会了解的地方。

从历史中可以看见，在战乱的地域，国军跟土匪、强盗没什么分别，有力气的就横行霸道，没力气的就沿路乞讨，军人从不排队，挥舞手中的权力，甚至消费从不埋单。如今巢穴倾覆，只好规规矩矩，失去靠山，连胆也碎了。

父亲这一行三人，从上火车，到下火车、出站、过街、雇马车南下山海关，跟大家一样都是安安静静的，每个人都是沉重的脸色。这是一趟奇异经验的危险之旅，入夜之后冷风飕飕，马路两旁涌出大批全副武装的解放军，紧夹着马向前进发。这批解放军是林彪的第四野战部队，正要南下攻击北平，这趟马车上的亲眼所见，父亲对于解放军当时军风的严明，不禁咋舌称奇。

在黑暗中，那些骤马疾奔的战士，常常高声发问：“你们是哪个部队的？怎么有车可坐？”马车这边总是回答：“我们是国军。”甚至加强地说：“我们是蒋匪。”那些纯朴的战士们就会一言不发，从没有人刁难。马夫有时还吆喝他们：“让路！让路！”他们也都踉踉跄跄地让路。见惯了国民政府军队的凶恶，对眼前的亲眼所见，正是“妇孺与王者之师争道”。

父亲对当时所眼见的情况，产生了沧海桑田的感觉，把解放军这种质朴和军纪，与国军官兵相比，实在有人位演替的感慨，虽然不至让自己的基本信念破碎，但是也有了动摇。

后来在台湾就有人责难："把共产党说成王者之师，那国军成了什么？"我觉得针对亲眼所见的现象，与自称仁者之师的国军相比较，长久享受权力自然就腐败，观感上绝对是个强烈的对比。这是定律，可想而知。如果我们自己都还不能彻底反省，一味地只追求自我感觉良好，傲慢地强辩，里子全失，讨点面子也爽，或死的鸭子嘴硬、巧言狡辩，这种意识形态，恐怕更加愧对牺牲在战场上的三军将士了。

解放军的行动跟传统行军恰好相反。他们都是夜间上路，天微亮就进入村落，分别住进民宅，门口从不站岗哨，一个村落里虽然驻扎了大军，表面却毫无异样。他们的岗哨都藏在屋顶上，居高临下，一览无遗。跟父亲这批人同样方向前进的，除了解放军，就是成群结队的国军将士。经过一夜坐在马车上紧张地行走，在接近山海关的时候，他们看到一位国军军官，断了一条腿，鲜血一滴一滴地滴在路上，他双肩架着支架，一步一跌，跌下去再艰难地自己爬起来，然后再一步一跌。他是湖南人，父亲回忆说："他告诉我们他要回家，家里还有母亲、妻小。他在新六军当少尉，清澈的大眼睛流露出坚忍的意志。我从口袋找出一块大头，塞到他的手上，他收下来说将来定要回报。"战争的残酷，无论是军是民都会遗留无限的伤痛。多年后，海峡两岸终于开放，许多来台的军民也都重回家园探亲，这位军官下落不知如何，恐怕已成春闺梦里的人了！

千辛万苦，终于穿过山海关，抵达唐山，这个位于河北省东北部的城市，仍是国民政府在控制，三个人再转乘火车前往北平。回想这次长途而艰苦的奔波，一路上失魂落魄又提心吊胆，看见许多跟着政治风向走的“变色龙”，也在稍后遇到仍然趾高气扬的国军上校组长。

他们决定以第三军官训练班教官的身份，投奔设在北平的陆军军官学校第一军官训练班。孙建章另行投奔友人，父亲和徐天祥就直接到了目的地。一位上校组长一看到这两个人狼狈的样子，还没听完就拉下脸来，用手掌拍打桌子，大叫：“你们为什么不抵抗？”哇！两个年轻人吓住了，也不敢坐下，因为对方官阶太高了。上校又叫一声：“你们为什么不抵抗？”吓！好大的气势！这种架势应当派到最前线去冲锋陷阵才对，在后方是埋没人才，实在可惜！

类似情形屡见不鲜，有些政府高官，当然也包括低官，即使是退休下来，仍然官架十足、声势慑人，坐领双薪再拿奖金，都是民脂民膏，让小民望之兴叹。现职更是作威作福，种种腐败，焉能不败？

“我们是文职人员，不是带兵的官。”两人轻声回答。一只食指已经戳到他们两人的鼻梁了：“哎！你们还强辩，革命军人就是准备随时牺牲。”看这“三颗梅花”大义凛然的态度，父亲回嘴说：“北平已经朝不保夕，你去干吧！”说完两个人就走出办公室。

人要有尊严，就要付出代价，然而，即使是付出惨痛的代价，也必须维护一个人最基本的尊严。也就是委曲是为了“求全”，没法求全，就不必再委曲了。

两个人走出办公室，也同时走入绝境，只有四处流浪，有一餐没一餐地维持生活。父亲对饥饿和贫穷充满了憎恨,不能原谅自己的无能。

这个上校,不知道最后他是否也逃命?到台湾升官,还是留下来“抵抗”?挂星星的可能性比较大,因为他是绝顶聪明的,叫别人去送死,他自己第一个逃命。

当一个大时代的儿女,是何等艰辛,当一个战乱里的百姓,更是何等不幸。这是一种苦刑,中国人民就在这个无期徒刑里,日复一日地煎熬。

有一天,父亲忽然遇到百泉初中的同学朱光弼,当时已经是北京大学四年级的学生。他乡遇故知,两人意外又惊喜。父亲就常到北京大学,跟朱光弼彻夜畅谈、对床而眠,听他讲些无产阶级革命的种种故事。

朱光弼在西南联大读书时,已经是一个狂热的共产党员,是北平地下党的重要人物之一。他劝父亲如果肯洗心革面,他答应由地下管道,将之送至城外人民解放军总部。父亲说:“我愿意洗心革面,但是我不愿意到人民解放军总部。”此时,国民政府的江山,大半已经落入共产党之手,全国知识分子的“左”倾程度,跟宗教的狂热一样,一个人是不是向共产党靠拢,成为检查他是不是进步人士的唯一标准。

可是,父亲觉得共产党缺乏个人自由,自己又最注重自由,不喜欢任何的拘束。他认为人性的尊严和温情的扶持,是人类共有的美德,“党性”只是“英明领袖”巩固自己权力所加到群众身上的私刑。他们两个年轻人在意识形态上有很大的差异,但是感情上却更加深厚,每天同进同出,早上吃早点,也都由朱光粥付账，患难见真情，让父亲十分感动。

突然有一天的傍晚时分，收音机在诡异悬疑的气氛中，慢慢地广播："华北总部、人民解放军联合公报：第一……""华北剿匪总司令"傅作义将军，与共产党签署了一个政权转移的秘密协议，解放军不费一枪一弹，就进入了河北，接收了北平，结束了著名的平津战役。

霎时间，城内的百姓倾巢而出，他们不敢相信一直所依赖崇拜的傅作义将军会抛弃他们，百姓到处流窜打听消息。直到第二天早上，北平出现了另外一种气象。每一个路口都有三个哨兵，一个是已经将"剿匪"两字拿掉的华北总部战士，一个是人民解放军战士，一个是北平市警察。朱光弼在刚成立的人民大学门口，拉着父亲的手，要推荐他去读研究部。"国民党会毁了你，你有志难伸。"朱光弼说，"共产党有无穷的天地，爱才如命，你要留下来，新国家需要你。"父亲支支吾吾，未置可否。两天后，人民解放军堂堂皇皇地进入了北平城。

这一年，是历史上一个特殊的转折点。一九四九年一月，国民政府在大陆的基业完全地崩盘。这时候北平只剩下一家报纸，就是《世界日报》，它的老板是成舍我，后来在台北创办世界新闻学院，保护了不少被蒋家父子迫害至走投无路的知识分子。这份报纸正在连载张恨水的一篇小说《开门雪尚飘》，描写抗战胜利后，回到北平的一对年轻夫妻，丈夫是一个低微的小职员，太太美丽非凡，丈夫的同事和长官们，都向她展开攻势。有一次，妻子应邀参加舞会，丈夫尾随着进入警卫森严的大院，从外向里偷窥，只见妻子美如天仙，而那些自己平时都要哈腰鞠躬、他们连"哼"都不会响应的高级长官们，现在正一个个笑容满面，奉承谄笑地围绕着他的妻子，做丈夫的心都冻结了。宴会后，妻子半夜返家，丈夫叹息说："我们不应该这么早结婚，你不属于我这个阶层。"妻子说："太晚了，睡吧！"这样的对话真是传神。第二天一早丈夫起来，妻子已不在身边，桌上留了一封信，写着几句简单的抱歉的话，向丈夫告别。丈夫惊慌地打开屋门，发现已下了一夜的雪，雪花片片仍在飘着，连妻子的脚印都看不见了。这是抗战胜利后的故事。父亲说："大概因为我太早尝遍世态炎凉，所以会感到特别地荡气回肠。"

受不了这让人窒息的氛围，父亲决心继续逃亡，朝向几千公里之外的南方未知世界逃亡。我不解地问道："逃亡能上瘾吗？"其实当时父亲是坐困愁城，因为身上完全没有钱了。

一九四九年二月，正是阴历年的除夕，徐天祥来了，握着父亲的手，说："国民党已经完了，你已经被遗弃一次，不要再被遗弃了。"父亲有一个极度向往自由的性格，受不了任何制式的捆绑和约束。徐天祥知道他去意已决，神色凝重地掏出十四个银元，说："这是路费，拿去吧！一路平安！国民党气数已尽，没有生存的希望，我就留在北平。"其实最让他们悲痛的，就是从沈阳逃到北平，一路上被国民政府抛弃的经历，令人不寒而栗。

父亲感激地收下这份金援，约了几位东北大学的同学，匆匆结伴南下。

这是一九四九年二月十日，跟几个月之前，从沈阳出走的情形一样，晨曦朦胧中悄悄上路，挤上全是伤兵残将的火车，汽笛阵阵哀鸣，刺入心脏，也震动耳膜。他们从北平坐火车到天津，从天津坐汽车到济南，再从济南坐火车到坊子，从坊子穿过无人地带到青岛，再从青岛坐船，如此辗转数日之后，终于抵达上海。沿途，父亲他不断地思念着那远在辉县的妻子绍荷，和未曾见面的大女儿冬冬，以及息县的秀英，和牙牙学语的二女儿毛毛。寒风刺耳，思乡锥心，面对茫茫前途，孑然一身，都化成模糊的眼泪。这一年，父亲二十九岁。

17　横渡海峡　登陆台湾 /

抵达上海，繁华依旧，然而形势更乱。望着浪涛滚滚的黄浦江，看着人潮汹涌的黄浦滩，父亲又到了人生路途上的十字路口。偌大的中国第一大城市，就在自己的脚下踩着，却不知何去何从，孤寂和落寞侵袭全身。十四个“袁大头”只剩下两个了，而下一段的人生还没开始。他一个人拎着小包包徘徊流连、走走坐坐，焦灼愤怒又羞愧难当，连游子回家的权利，都被剥削个精光。一股勇气冲脑，他走向江边，心想索性一跳，不是所有的恩怨情仇和忧心烦恼都让浪花掩埋了吗？通常人在患难的时候，还有坚忍卓绝的意志，到了黎明前的最黑暗期，反而容易意志溃散。

父亲正在犹豫，是跳，还是继续苟且偷生？希望又在哪里？突然听到背后有一个东北的口音在呼喊：“东北来的同学，赶快上车，我们要去四号桥。”他一听，立即转身朝着一辆大卡车飞奔过去。事后，父亲回忆说：“这个巧合，把我从鬼门关给拉了回来。”我想如果他这一跳，我又会是谁呢？

父亲攀上这辆满载东北学生的大卡车，驾驶员把他们都送到了难民收容所。这个收容所的位置还真特别，是在警察公墓的墓园里面，搭了一排草棚，大家睁眼就能清楚地看到墓碑的刻字。

父亲就在这个活人、死人杂居的大庭园中，好吃、好喝、好睡地停留。这十几天内，时局又有了大的变化。

这时,国民党军被人民解放军彻底地击溃。这是意外,也在意料之中。当时国军腐败,已经全失民心,军队不知道为何而战,也不知道为谁而战。淮海战役这一溃败,上海完全混乱了,总统蒋中正宣布辞职,由副总统李宗仁代理。

父亲躺在竹床上两眼发呆,突然听见旁边的同学说,设在台湾左营的海军士官学校,正在上海海军码头招生,招生主任是东北人吴文义先生。父亲矍然而起,确定这吴文义曾是“战干团”的队长之后,就带着这七八位同学赶到了上海海军码头。

父亲一个立正、一个敬礼、一个问好,吴文义愉快地跟他说:“跟我去台湾吧!明天一早就开船。”此刻,就好像是梦中之梦,也好像是戏中之戏,柳暗花明、曲折迷离。

父亲紧急返回四号桥,找到东大同学熊镇父女、堂弟立熙,又巧遇旧识于纫兰女士一家子,于是这一行数十人,都上了登陆艇。第二天清晨,登陆艇缓缓驶出吴淞口,正是“长江浩荡、心思万端,默默无语、渐行渐远”,终于碧涛晴云、海天一色。以这样的缘分,父亲离开了上海。当他再回上海之时,已是垂垂老矣的四十年后。

二十八年后,父亲再一次死里逃生,在台湾黑狱十年,至一九七六年的三月七日,要从绿岛被释放出来,于纫兰女士就是他的保证人之一。父亲感恩地说:“虽然那次没有被释放,但朋友的珍贵情谊将永生难忘。”

父亲从小丧失亲生母亲,又不见容于继母,连哪一天是自己的生日都不知道,就像动物族群中的一只小狗,诞生在茫茫的天地之间,没有任何人会去留意。小学只读了二年级、四年级和五年级,别人六年,他三年,其他三年完全空白。初中只读两年就被开除学籍。一九三六年改名郭立邦,以初二同等学力考上开封高中,读到高二又因七七事变而投笔从戎。之后就读兰州学院一年级,以及以“郭衣洞”之名,从东北大学政治系三年级继续读到毕业,都因为假证件而被开除。

父亲从出生、求学到从军,一路跌跌撞撞,都在离乡背井、闯荡异乡,从“干训班”到“战干团”,从“青干班”到“三青团”,从“重庆中央训练团”再到“祖国文化馆”,最后在东北担任政治系副教授以及军官训练班教官,两度拒绝共产党温情的触摸和邀约,历经十数年的颠沛流离。所有的经历、思想和行为,都足以证明,他是一个爱国、爱乡、不折不扣的国民党忠贞分子,是这个时代的悲剧、战乱下的幸存者。最后,他孑然只身、远渡重洋来到台湾,一切又必须重新开始。但昔日许多同学、朋友的结伴扶持,让他们都感到希望无穷。

登陆艇在台湾左营军港登陆,大家晕乎乎地接踵下船,父亲认为台北是台湾的“首都”,首善之区应该机会较多,于是只身前往台北。直到此刻,他才开始真正地深入台湾本土。

父亲看见只有童话书里才有的那种高耸云际的椰子树,感觉就像进了童话王国。家家户户院子里都有一口小井,井旁的水池满满的水,明澈而清凉,舀一瓢浇在头上,每一个毛孔都舒畅起来。还有到处可见的潺潺溪流,极其幽静安详。香蕉和菠萝,这两种仙果父亲从没吃过,所以有一次,他就猛吃猛吃直到口吐酸水才停。

一九五九年之后,我的双亲离异,母亲就带着我们跟外祖父母同住，我们也就是在这种有庭院、花园、小井，井旁有水池，装满了明澈又清凉水的优美环境里长大成人。后院还有一颗五层楼高的椰子树，夏天夜晚，全家都在院子里，坐着小板凳乘凉，看月亮、数星星，听外祖父讲故事，全家团圆，独缺一人。

很快地，父亲就爱上了这个岛上的居民，以及这番薯形的岛屿，即令后来在岛上受了很多苦，甚至几乎被枪决。

台湾省教育部门在台北火车站前设立了流亡学生招待所，父亲一听说，就赶紧跑到那里，只见有数百人挤在里面，听候分发学校。他不是在校学生，所以也不能登记，只有靠坐墙角，又回到上海四号桥警察公墓招待所那种绝望的日子。就在这个时候，台北报导南京失守，接着报导上海失守，台北人心慌乱。

于是，父亲去找"立法委员"李荷先生，李荷是"青干班"年纪最大的学长，于是经过他推荐给教育厅人事主任霍绍华先生。一纸派令，父亲走马上任，成了屏东县农业职业学校的人事管理员，这样他来台之后的年尾，就幸运地找到了工作，也是第一个稳定的工作。

屏东在北回归线之南，是台湾全岛最南的，也是最接近热带的城镇。父亲刚从南到北，才几天，又得从北往最南的地方跑了，但仍难掩兴奋之情，也打算就在这里终老天年了。可是，怎么也没料到，坎坷的路程不但没到尽头，而是才刚开始，比起在大陆所受的折磨，他未来的路更是魔鬼炼狱、生不如死。

很单纯的，没有任何动机，父亲买了一台收音机，只不过晚上无聊，听听北京人民电台的京剧，也附带关心华南一带的战况报导。其实这真是一种宁静的享受，能让自己完全放松，他习惯性地每晚都收听,顺便燃起一根香烟,让自己在吞云吐雾中,回忆与思想着许多不堪回首的往事。

回顾一九四七年,父亲在中介木材,赚进第一桶金的同时,台湾发生了二二八事件,国民政府宣布戒严令,至五月中解除。然而父亲疏忽了,就在这次抵达屏东农职学校任职半年前的五月十九日,由当时的“台湾省政府主席”兼“台湾省警备总司令”陈诚,再度颁布了戒严令,直至一九八七年七月十五日由蒋经国宣布解严为止,共持续三十八年又五十六天之久,这是全世界最长的戒严期。

目前国际上还在实施戒严的国家,多半是第三世界国家。而现在的年轻人,泰半不知道什么是“戒严时期”,什么是“白色恐怖”。

戒严令的颁布,对台湾社会后续的发展,产生极大的负面影响。这是一个严重错误的历史事件,人民丧失了所有的自由与基本人权,不能集会、结社,没有言论、出版、旅游的权利,所有的都被剥夺,还有报禁、党禁,甚至歌禁、宵禁,在这段时期言论自由受到严格的限制。

国民党当局用相关法令条文,对共产党人、政治意见不同的人,进行大规模的逮捕、军法审判、收押禁见、判刑监禁或软禁、枪毙,台湾省警备总部彻底地执行,甚至已经超越了权限。此间台湾常有人突然失踪,情治和调查单位的刑求逼供,不时传出冤死和冤狱,这就是“白色恐怖”。

这长达三十八年的戒严时期,迄今仍然造成台湾政治上的猜忌、矛盾和冲突,间接对解严后的社会,产生许多对立的后遗症,形成沟通困难、合作不易的局面,尤其是在社会认同方面。

这就是人性与兽性、民主自由与独裁专制的差异,国民党的白色恐怖时期,是宁可错杀一百,不可放过一个;现在的民主时代,是宁可错放一百,不能错杀一个。而那时大言不惭、大胆妄为错杀了九十九人的刽子手,是否会害怕遭到冤魂索命?

以前在沈阳、北平,同学们都可以对国家大事高谈阔论一番,自然习以为常。所以,来到台湾之后,父亲对国民党官员或军警许多不合乎情理、骄纵蛮横的作风,也会常常指责,并且还跟当时新兴崛起、军纪严明的共产党解放军相比较,但是他并没有忽略,凡是新兴的政权,刚开始都呈现清新的气象,权力握久了难免出现腐败。

有一则消息报导:一个军人没有车票,硬闯出车站,收票员尾随要求补票,结果招来一顿毒打,这件事让父亲深感羞耻,当然少不了"恨铁不成钢"地"深恶痛绝"一番。

父亲对戒严令毫无警觉,对被特务盯上也毫无知觉。每天晚上,仍然在烟雾缕缕之中,听着神州的广播,他悠闲极了。

一天晚上,两个穿中山装的男子,踏进了宿舍,很客气地邀请父亲前往谈谈。父亲疑惑地问:"去哪儿谈?谈什么?""你去了就知道。"就这样,他既紧张又惶恐地被押上火车,一直驶到台北。在火车的摇晃中,气压凝结地没有言语,他被夹在中间,愤怒加上无奈,一点都不知道事态的严重。

这两个陌生人将父亲送到台湾"保安司令部"军法处看守所,大门里面有一排木制的栅栏,里面关着有十多个赤背短裤的囚犯。"欢迎新客人!"囚犯们还很热情。父亲真的不知道自己犯了什么罪。“你明明是个匪谍,还说不知道?”“抓来这里的人都是匪谍!”他这才知道事态严重了,心里不禁担忧害怕起来。在一九八七年之前,“匪谍”成为台湾人民最可怕的巫蛊,只要沾一点边,有的甚至连“边”都沾不上,都会立刻身败名裂、家破人亡,保证让你死无葬身之地。

父亲跟一位年龄相若的年轻人谈得非常投契。他叫杨启仲,是一位中学老师,因为同事检举他有一本艾思奇著的《唯物论辩证法》,就被关在这里两个月了,却没问过一次话。

艾思奇是中国著名哲学家。毛泽东对他所做的贡献给予极高的评价。所以,杨启仲被抓进来,不只是马克思主义的问题,作者的问题更大。

押房拥挤不堪,只能容纳十几个人的兽笼,被塞进三十多个人,有的蹲着,有的站着,大家只能轮班睡觉。从每天塞进来的囚犯口中,得知外面正在大肆疯狂逮捕,有人在身上插着红花被捕、一个士官掉了帽徽被捕,更多人因“偷听共匪广播”被捕。

父亲这才真正胆怯起来,爱国爱党、抛妻弃子,万里逃难、远渡重洋,难道却到台湾来冤死?特务要的是业绩、奖金和升官,管谁冤死?你没听过这么一句话:“没有吸到血,魔鬼怎么活?”

蒋中正溃败逃到台湾,不但对“共匪”深恶痛绝,更对“共匪”胆破心惊。这种独裁的统治者和特务的高压手段,完全凌驾在人民百姓的自由和生命之上,蹂躏尊严、摧残人性。他们对敌人束手无策,一败涂地,对自己百姓却是心狠手辣、毫不留情。这些高官们，都是踩着无以数计的鲜血、尸体和冤魂，继续升官。

父亲说："当时我无法安静下来思索，落得这样的下场，陷入这样的困境，究竟是怎么回事？呼天不应，唤地不灵，也没人指引应该怎么自救。"终于有一天，他被带到法官面前，法官满脸的不耐烦，一句话也没问，就开始宣判说："阅读非法书刊，为匪宣传，处以有期徒刑十五年。"

父亲一听顿时如五雷轰顶，哀声叫道："法官明鉴，我从来没有阅读过任何一本非法书刊，就是在北平的时候也没有。"法官拿起《唯物论辩证法》问道："你没看过？那这又是谁的？""法官大人！那不是我的书。"法官不屑地说："不要狡辩，带出去。"父亲急忙挣扎苦苦哀求说："法官明鉴，那真不是我的书，我从来都没看过。"法官显然生气了，怒道："不是你的书，难道还是我的书？"一个书记官走近法官耳语，法官才自言自语说："杨启仲的判决书怎么放在这里？"这才问姓问名，然后嘴里嘀咕："又是一个没有判决书的人，带回去候审。"

多少人的冤死，跟法官的人性、良心、素质和敬业态度有关，直至五十年后，已经是自由民主、人权至上的台湾社会，仍有很多重大的刑案，在恐龙法官轻率的误判、冤判之下，造成人民永生的噩梦和永远无法弥补的伤害。而这种法官，也绝对升官。

于是，父亲又回到押房，而杨启仲再也没有见到，时至今日不知生死。终于有一天，父亲再度被带到军事法庭听候宣判："窃听共匪广播，处有期徒刑六个月。"而在当天，他已经被羁押了七个多月，于是“买”了一个“保人”，终于走出这个没有人道的“兽笼”。

在戒严时期，特务的权力大到可以登天，这是蒋家王朝恐共之下的产物，个人情绪铺天盖地，公报私仇更是屡见不鲜，比在抗战时期还要人心惶惶。随便扣个“通匪、资匪”的大帽子，就算无凭无据，轻则身陷囹圄，重则尸骨无存。父亲不知道特务的厉害，往后的日子，还有得受呢。

依当时戒严时期的白色恐怖，任何人被逮捕押走，又蹲了好几个月莫名其妙的牢房，应该都是凶多吉少。可是连判决书都没有，却被草草释放，这和国际局势有关。这半年中，就是一九五〇年六月二十五日，朝鲜战争爆发了，这是内战，也是国际战争。美国曾发表白皮书，本来是要放弃国民党蒋中正的，因为朝鲜战争，又重新抱起台湾。美国第七舰队进入台湾海峡，台湾从弃婴变成宠物，国民党的声势一下子从谷底翻盘，信心也随着倍增，将那些人山人海的政治犯，一些不足轻重的案件迅速地清理掉，父亲不过是搭到便车的幸运者之一罢了。

父亲幸运地恢复自由，却失去了工作。他神秘失踪七个月，早就被屏东农专开除了。于是，他只有收拾起溃散的意志力，继续在台北寻找机会。

父亲出生、成长在当年那种纷乱、畸形的家庭里，从小就不信任何的装神弄鬼，而在一九四二年，有一次在河南偃师躲避日机的轰炸，大家都跑到附近的防空洞里。父亲回忆说：“紧靠着我的，是一位中年妇女，手里拿着一本《圣经》，安静地跪在地上，举手朝天不住祷告说：‘主啊！愿你祝福我们偃师的百姓，求你保佑在这里躲避空袭的每一个人。'"当时父亲听了很惊讶,这种时候还有人能为别人来祈求。

然而,七八年之后在台湾,因失业徘徊街头的时候,看到一群基督徒出入教会,父亲脑海瞬间浮现防空洞的那一幕。他看到年龄稍长的女圣徒,都像是那位虔诚的师母。于是,他不自主地随着脚踪走进教堂,安静地坐在一角听着牧师讲道,也买了一本《圣经》,独自沉湎在其中。也深信一句话:"上帝为你关一扇门,一定会为你开一扇窗。"

果然,就在台北不断地碰壁之后,"青干班"的同学范功勤来信,介绍父亲到自己担任人事员的学校当历史老师。这是省立台南工学院附设的工业职业学校。当时,父亲对历史一窍不通,不过也没有什么选择,于是再度南下,就凭着一年法律系、两年政治系的学习经历,还有凭着一本历史教科书——当年真是够乱的,到处都在误人子弟。

父亲本来就喜爱阅读,六年前在东北大学时,爱看现代的杂文和小说,现在因实际需要,就开始阅读专业历史的书籍,《二十四史》都是他的最爱。读史是种享受,有助于提升人们观察和思考的能力,能从历史中学习经验和智慧,循着成功的法则思考及行动。

唐太宗李世民是唐朝第二位皇帝,他虚心纳谏、以文治国、厉行节约,开创了中国历史著名的贞观之治,曾作《金镜》曰:"暗主护短而永愚,明主思短而长善。""以铜为镜,可以正衣冠;以古为镜,可以知兴替;以人为镜,可以明得失。"以古为镜,就是以史为鉴,才能长盛不衰。

父亲研究历史的兴趣,应该就是从这个时候开始,也是他对于正统王朝修身治国供奉的儒家思想产生怀疑的时候。

这一年,也是父亲最平安、最安静的一年,并且父亲与担任教务主任的戴瑞生、文兰华夫妇成为好友,成为他们家庭的常客。父亲漂泊半生,终于尝到家庭的温馨。他回忆说:"三十年后,我从绿岛被释放返回台北,戴瑞生夫妇立刻给我寄来一个月的薪俸,使我既讶异又感动。"第二年,因为父亲有屏东农校开革的记录,所以学校不再续聘。

于是,父亲收拾简单的行李,再次踏上流浪的路。在光复初期,一个外省人只身漂泊异乡,又曾入过狱,还有被开革的不名誉记录,基本上是找不到工作的。好友们不断地给他实质上的支持和鼓励,这也验证了患难之交的情谊与义气。

以前在沈阳"祖国文化馆"的杨德钧,正在南投县政府当教育科长,就介绍他到草屯初中当国文教师。

草屯是一个温馨的小镇,就在这个小镇和小规模的学校里,父亲认识了当时的同事——后来成为历史学家的朱桂先生。三十三年后的一九八四年八月,父亲在美国爱荷华参加国际作家写作计划,并演讲《丑陋的中国人》之后,朱桂先生在洛杉矶报纸发表一篇《伟大的中国人》,以反讽的角度支持父亲的论点。其文章中说到:基于实利主义的观点,中国人没有宗教狂热,没有殉道的教徒,也不会爆发宗教战争。因为中国人只要有好处,什么神都信,没好处,什么神都不信。还说,商鞅有"诬告反坐"之法,中国人什么都保留下来了,却唯独遗漏了这一点。

最后朱桂先生以“总之，中国人是个伟大的民族，伟大得令人无法理解，她在地球上，怎么能生存五千年的？”这个问句作结束，留给我们好大的思考空间。

“诬告反坐”的意思就是：“故意捏造事实，向司法机关控告他人，使无罪的人被判有罪，或使有轻罪的人被判重罪，告人者要按其所诬告他人的罪受到惩罚。”中国从秦、汉以来，历代法律都有这项规定。

父亲很伤感，对国家一腔热血，现在却糗在外乡有志难伸。好在眼前的曙光，照耀在晶莹剔透的朝露上，草屯初中的教员宿舍，就建在这个小山丘上，有花、有草、有阳光、有清风，还有引人入胜的闪闪朝露。

这一年，父亲白天跟孩子们共同享受与追踪历史巨轮的痕迹，夜晚，他就守着孤灯，以各类的创作为伴。这是多么悠闲的日子，只是不知道又能过多久？这一年是一九五一年，是国民党来台的第三年，就在前一年的四月二十六日，蒋中正修订颁布了“惩治叛乱条例”，严格限制台湾民众与大陆人民的联系，接着发表《告台湾同胞书》，提出“一年准备，两年反攻；三年扫荡，五年成功”的口号。从此之后，台湾与大陆就彻底地隔绝了，父亲没敢再收听广播，连收音机都不敢再买了。

第二年，父亲接到胡蒂棻老师的来信，邀他北上，介绍他认识一位名叫齐永培的女性。

这就是我和弟弟本垣的母亲，也是父亲在台湾的元配。这一年齐永培女士芳龄二十六，郭衣洞先生三十三。父亲叙述这一段经过，他说：“和齐永培女士第一次见面的时候，齐家有位客人在座，是一位台北市浸信会的长老，兼‘国际青年归主协会函授学校’教务主任，发现我对《圣经》很有心得，就邀我到他们的学校当教师。”这是一个远离证件的好机会，不需要毕业文凭，当然也没有核薪、开除或革职这类的风险，而且待遇很好。月薪美金三十元，按当时汇率折合新台币是一百二十元，而中学教师每月才七十元。于是，父亲决定再度北上，离开了草屯的阳光、朝露和芬多精，奔回台北，投向美金和佳人。

第二年，郭衣洞先生和齐永培女士花烛筵开，结为连理。次年长子诞生，就是我郭本城也。第五年，弟弟本垣也诞生了。

父亲认为《圣经》是西方文明的基础，如果不了解《圣经》，就无法了解西方，而整本《圣经》也就是以色列人的历史。所以他很喜欢研读《圣经》，研读耶和华的经纶。直到二〇〇六年，他不只一次地跟我表示，对于“方言”的翻译，他认为不够明确和贴切。不过，《圣经》归《圣经》，他认为函授学校不是一个久留之地，因为那里不能避免种族歧视，还有更严重的阶级存在。

父亲第一次跟外国人共事，也许特别敏感。就算现在二十一世纪，我不相信就没有种族歧视。一个华人在国外，就等于是在“异域”，很多地方都会“排华”。你真有实力，还能有些舞台，否则，一定被打压、被排挤、被歧视，哪个在外国的中国人没有一肚子的心酸和血泪呢？何况中国人又不团结，内讧最行。我们不能只看到成功人士的飞黄腾达，其实背后都是血泪的堆砌。

至于阶级，一个团体生活观念的存在，阶级也许只是凭着经验、能力，赋予每个人不一样的工作性质。我觉得，父亲当时年轻,在这方面的经验或历练也不多,而计较与怀疑的心思太多,不是一个良好的榜样。

许多时候闯祸,并不是别人逼迫的,而是自找的;不是环境逼你造反,而是:第一,自我意识太强;第二,想出风头;第三,想当英雄。首先,父亲认为待遇不公平,台湾人跟外省人有差异,跟美国人差异更大。接着元旦到了,这是“开国纪念日”,政府规定要放假三天,学校却宣布照常上班。中国籍职员都不敢反应表示异议。我听了父亲的意见感到惊讶:哈!什么时候他这么遵守政府的规定了?

父亲说:“七月四日美国国庆,美国人都放假,只有中国人上班。十月十日我们‘国庆’,美国人也放假,中国人仍须上班。再加上这次元旦,没人敢有异议。我决定用自己的方式表达出来,表面看似反抗种族歧视,实际上,我是愤怒这些中国人的畏怯和奴性。”他又疏忽了,他没体恤到别人有家庭的负担,别人要对妻儿担起责任,忍辱不是为自己,而是为家庭。委曲是为求全,当然,如果求不到“全”,就没必要委曲了。父亲自己也承认,刚吃了三天饱饭,就向外国人挑战。

向谁挑战都没关系,只是非要用自己的方式表达出来,就是过于自信了。过于自信就会怎样?就会膨风、就会爆炸,然后,炸到自己的身体。

就这样,父亲自己放自己三天的元旦假期,然后,每天都像幽魂一样东踱西逛,心中也是十分懊恼,这是何苦来哉?三天总算熬过去了,元月四日,他假装没事走进归主协会。校长司帕克先生已经下达通知,说:“你不适合这里的工作,会计室已经结账了,请你离开。”父亲回答说:“我接受!但是明天早上的晨兴祷告,我可不可以来主持,作为最后的告别?”这是他临时想出的反击的诡计,校长司帕克先生立即答应。

第二天一早,父亲提前十分钟到归主协会,跟大家团团坐定。他先跟大家道别,然后开始大声地祷告:“主啊!感谢你!我们聚集在你的膝前,明天我要离开这里,到别的地方侍奉你。我已经被开除,只因为元旦三天是我们的‘开国纪念日’,主啊!我相信你会允许你的子民庆祝他们的‘国庆’。我们千辛万苦、颠沛流离,逃亡到台湾,深知我们既危险又脆弱,在世界万邦中微不足道,可是我们总算有个‘国家’。你已经应许你的子民以色列人复国建国,因为你爱他们,难道你不允许你在台湾的子民爱他们的‘国家’吗?我们多么庆幸还有一个家园,即令是弹丸之地,喔!主啊!……”祷告到这里的时候,已经有人在哽噎,他自己也跟着哀伤感动、泣不成声。一时大家自悲身世,哭成一团。

父亲这段惊人又感人的祷告,归主协会的会长郝益民先生听得一清二楚。会长要他立即复职,还有两个礼拜的假期休息。父亲受宠若惊,但是,他不要把悲愤变成威胁,已经传达出去就够了。当他走出校门,校长的秘书追出来,说:“基督是无国界的,你不要太坚持。”父亲回答说:“无国界吗?看看摩西是怎么出埃及的?”

于是,父亲离开了青年归主协会。后来,父亲告诉我们:“虽然离开时有些不愉快,但是我对协会和会长,一直心存感谢。”能侍奉神,还有美金能入账,我不晓得父亲最后证明了些什么。证明他没有中国人的畏怯,还是证明他没有中国人的奴性?协会不会因为他离开而倒闭,那些他认为有畏怯和奴性的中国人,也不会因为他离开而改变,而以后的元旦,我相信依然不会放假。

这一年父亲已经三十四岁了,却没为着家庭应担负的责任三思而行,最重要的,我不相信他已经熟读《圣经》。

父亲在少年时期,着迷于武侠小说,初中看中国的旷世名著《红楼梦》,因为内容没有打架,读了一半就把书扔了。高中之前,他最崇拜的是现代作家张恨水先生。尤其是一本《啼笑姻缘》,男主角樊家树和女主角沈凤喜、何丽娜的传奇式恋爱,让他怅然若失。

这是感情丰富的表征。我确定,父亲是个感情万分丰富的男人。但是,这是投入剧情太深,还是文人本性浪漫?甚至泛滥成灾淹没一切?

父亲读《啼笑姻缘》《金粉世家》《大江东去》《虎贲万岁》,只要是张恨水的著作,有见必买,并以张恨水的知音自居。

父亲在高中之后,才开始接触完全采用外国形式的新文艺。他在看过很多的名著中,还是最喜欢鲁迅小说里那种沉重和积郁。他认为鲁迅小说里那种每一个字,都像石磨一样在心灵上转动的压力,能够冷峻地把问题刻画出来。父亲强调,自己受鲁迅先生小说的影响最为深远。

包遵彭先生是父亲在珞珈山"青干班"的同学,担任台湾"青年反共救国团"文教组组长,他邀请父亲到"救国团"工作。它是一九五二年,蒋中正先生在"反共复国"方针下,为了做好青年人在政治思想上的工作所成立的青年组织。由蒋经国先生承担主任,是个"太子门下"的单位。而现在,团务的精神提升了许多,全年举办各类青年文艺营或战斗营,不再蒙着神秘的色彩、不再跟政治沾边，也契合为年轻人服务的实质，自昔至今，都吸引了很多热情的青年男女参加。

父亲在这里有两件喜事发生：一是拿到了东北大学的毕业证书，而且保证是真的；二是成功大学聘请他去授业解惑，当上了大学教授。然而，也有两桩悲哀的事件发生，一是“婚变”，一是“被俘”。

当时有一份半月刊杂志《自由中国》，发起人为雷震、胡适、杭立武等人。杂志批评国民党的贪污问题、党纪问题，并传播着民主自由的思想，从时事分析到政治评论，不断揭露社会的弊端、官场的黑暗和特权的蛮横，导致国民党开除雷震先生的党籍。《自由中国》在五十年代是台湾社会唯一的一座灯塔，刊出的内容不断地呼吁国人，要从腐败、独裁、封建中觉悟，要有被批评的度量才会进步，官员要能接受诤谏，国家才能强壮，才能完全呈现现代社会的文明与道德的标准。因此，父亲对《自由中国》的言论，从头到尾都由衷地认同。

父亲在“救国团”的时候，《自由中国》对国民党政权的抨击更加激烈。有一次，他发表了《那是什么东西？》一文，质问学校旗杆上，除了随风飘扬的“国旗”，下面有一面绿色的旗帜，那是什么东西？蒋经国为此大为震怒，并且严厉地指责说：“这是反动的行为，要自负后果。”因为那是“救国团”的团旗。

一九五六年十月，各机关、学校跟往年一样，开始筹备庆祝蒋中正先生七十一岁华诞。他忽然颁布一道命令，就好像古代帝王“求直言诏”一样，要各方各面都不需顾忌，尽量对政府提出批评。一个民主政权的元首，永远不会下达这种要人民批评的命令,由此可看出蒋中正的心理状态,和当时舆论窒息的程度有多严重。

《自由中国》“服从”蒋中正的命令,出版了一本厚厚的《祝寿专刊》,海内外知识分子雷震、胡适、陶百川等人分别向蒋中正提出建言,要求确立内阁制、军队国家化、裁减军备、杜绝贪污、回归宪法、停止党化教育、领导人任期不得超过两任等,几乎是对政府作全盘的批判。引起权力核心分子和既得利益分子的不快,这让《自由中国》惹出大祸。国民党于是发动四面八方、全方位的围堵。胡适先生建议蒋中正应该总揽大局,不必在每一件小事上分心,也就是提议分层负责、信任专家。于是,国民党抨击胡适包藏祸心,目的在剥夺领袖的权柄,使领袖成为无权无能之辈。另外是《自由中国》主张推行民主政治,建立法律尊严,要求给人民一个明确的言论轨道,国民党又抨击这是一种可怕的“思想走私”。

一九五四年有一部相当轰动的电影在台北上映,是由马龙·白兰度与珍·西蒙斯合演的《拿破仑情史》,剧情是一七九九年拿破仑在莫斯科战役当中大败之后,被流放到厄尔巴岛,后来潜回巴黎,法国再度掀起内战。最后为了避免手足阋墙,拿破仑接受黛丝蕾劝告,被放逐到圣赫勒拿岛郁郁而终。剧中有一段女主角给他送换洗衣物的情节。这部电影在台北场场爆满,却突然下片了。原因是,蒋经国先生认为这部电影剧情,是在讽刺国民党败退到一个小岛上,孤立无援,只剩下一个女人送来破旧的衣服。蒋经国责备大家没有深度,没有政治警觉。其实那是一九四九年以前就有的剧本,跟谁输了、谁赢了、谁败退到哪里，八竿子扯不到关联。

这让我们得到了一个启示，愈是有权力的高层，神经绷得愈紧，盲点也愈多。任何有权力的人，古代现代、官场商场都是一样，权力会让任何人自以为就是神，会让任何人自认无所不能，会让人忘了自己是谁。尤其手握生杀大权的人，更是蹒顸地将眼耳鼻通通遮住。有权的就有理，并能自己制造理论根据，不但没人敢哼一声，更能为有权势的人制造理论根据。

父亲认为，专制集权不只是政治问题，更重要的是文化问题，特别是中国这种有五千年之久的古老文化。他痛切地感觉政治改革的困难，都是因为文化上恶质的发酵。

这一年开始，父亲除了在“救国团”上班之外，都在专注于铺陈大时代背景的小说构思和创作。一九五四年出版了长篇小说《蝗虫东南飞》，这是他参加“文奖会”得奖的作品，一九五〇年代初期，台湾对“反共抗俄”是全民教育，今日我们回顾历史时，有无限的伤感与同情。

另外还有以台湾上世纪五六十年代青年人的爱情悲剧为主题，探讨爱情与人性、人生的长篇小说《莎罗冷》，以及已经由大陆改编拍摄电视剧和电影的《旷野》。

短篇小说集《凶手》和《秘密》，是描述在社会底层的小老百姓，从他们人生的悲剧中，可以让读者了解五六十年代台湾社会实况的短篇小说。在《秘密》的自序里，父亲以一种感慨万千的语调道出了“人生中最惆怅难遣的莫过于爱情”的刻骨铭心的人性主题。他笔下的爱情小说，大多是悲剧性的调子，并且这些悲剧爱情又往往和金钱与贫穷联在一起。他在故事中明显地描绘出,爱情可以支配人生,但也有可能依附于权势和屈服于金钱。

父亲认为:“没有爱情的人生是一种浪费,太多爱情的人生是一种灾难,爱得越重痛苦也越深。”尤其“太多爱情的人生是一种灾难”这句话,更是让人省思。父亲几乎都是以现实主义的方法,来构思与创作与人们生存命运相关的小说,是对社会最底层的平民百姓,所持同情态度的最有力证明。在他的小说创作中,现实主义风格的作品,占了绝大多数,采用这些手法创作的小说中,描写社会最底层和弱势族群的小老百姓,他们颠沛无告、坎坷多舛的生存命运,这些篇章特别引人注意。

《怒航》以发掘人性为主要内容,对于人性的善恶有相当深刻的探索。《挣扎》是反现实的小说,深刻揭露台湾社会黑暗的一面。父亲说:“挣扎是一个人应有的最基本的权利,也是唯一的活下去的道路。”以上这些都是在五十年代所出版的作品,也在那个时候,父亲开始在文坛崭露头角。

父亲的小说创作,也有很多是揭示女性在婚姻中弱势地位的,这种弱势的地位,通常促使女性采取一些方式自我保护,有的方式并不恰当,所以会演变成很遗憾的结果。我不相信作家的创作都有自己的经历,但是我相信,作家思路泉涌的逻辑,跟很多演艺明星一样,在现实生活中,通常也会角色错乱、迷失自己。这不是一句“创作要有热情”或“热情才能创作”就能掩饰的错乱和迷失。

父亲在“救国团”的时期收获很多,尤其在“青年写作协会”担任总干事的时候,经常服务于协会会员的环岛访问,认识了当时的许多作家,也亲临金门和马祖两个军事重地。而且每年寒暑假,“救国团”的学生战斗营,特别成立一个战斗文艺营,大致分为小说、诗歌、戏剧和文艺理论,由青年写作协会主办,他是总干事,自然是不可或缺的要角。

父亲在“救国团”的工作顺心如意,但是偶尔也会遭到歧视。有一次在《自由中国》雷震家里聚会喝茶,来宾中有一位台湾大学担任教授的殷海光先生,一听到“救国团”几个字,就露出不屑的面孔,原来他把“救国团”归于异类。当时的年代,在一些高级知识分子眼里,“救国团”确是异类,现在进步了,是深受好评的服务业了。

当时,“救国团”的每一个人,包括蒋经国先生,都把《自由中国》视为寇仇。所有的人都受到警告,不得与雷震他们往来,然而父亲并不以为然。他心里喜欢《自由中国》这样直言进谏的风格,也尊敬雷震先生高尚无私的品格与精神。当“救国团”发动四面八方围剿《自由中国》时,他并没有写一个批评的字,反而写过一篇短篇小说《幸运的石头》,描述一个人一辈子靠运气,步步高升爬到高位,而本身却没有什么能力。

父亲承认《幸运的石头》这篇小说写得并不好,却被认为讽刺到某些大人物了。这时就有谄媚的小人打小报告说,他在东北沦陷时,曾被俘过,并且被关在集中营里受过训练。当时在台湾有一个让人莞尔的故事:

蒋中正在办公室召见重要将领,张飞晋见,警卫说:你是行伍出身,没有学历,不行!诸葛亮晋见,警卫说:你有民主思想,不行!马超晋见,警卫说:你是地方军阀,不行!关羽晋见,警卫说:你“被俘过”,不行!袁世凯晋见,警卫问他是谁?袁世凯回答说:我是袁大头!警卫惊喜地说:袁大头?走后门!

于是只有袁大头可以从后门进入。

“被俘”这个流言的诬陷,是父亲中年以后挥之不去、避之不及的巫蛊。他表示:“我无法证明没有被俘过,甚至更无法证明曾经被俘过。”巫蛊是一种看不见、摸不着,却无所不在的病毒,只有被咬过的人,才知道它杀伤力的巨大。

回顾中国千年历史,多少皇亲国戚、忠臣名将,都被这巫蛊的剧毒侵害而含冤莫名、家破人亡,甚至灭门九族。中国伟大的历史中,一直充满了这种昏君庸臣在玩弄巫蛊的把戏,使得“自古忠良无下场”不断地重复上演。

李焕先生和包遵彭先生都曾询问过父亲:“有人检举你在东北被俘过,还在集中营受过训。”父亲大惊地否认,两位长官也都分别再三地嘱咐、叮咛他,凡事要谨言慎行、不要随便去得罪人,也不得让任何人知道有人询问这件事。这是千钧的压力,独自承受却不能说出。父亲并不清楚“被俘”是一项严重的罪行,最高可判处无期徒刑。

一九五八年冬天,父亲参加“救国团”在风光明媚的日月潭举办的青年文史年会,这是一个以大专学生为主的冬令营,以团结自强教育为主,包括品德教育、生涯规划、文史交流等。就在这次年会的活动中,他认识了不该认识的人,也追求这不该追求的人——静宜英语专科学校的学生倪明华,种下了日后“妻离子散”的因子。

倪明华的双亲强烈地反对,除了向成功大学警告,还发电报给蒋经国先生，指控他的部下利用职权勾引他们的女儿，要求严办。许多长官、好友都劝告说："拿得起、放得下，才是大丈夫。""前途重要，怎么可以这么胡闹！"当时，父亲已经完全灭顶在爱情的漩涡里，不爱江山爱美人，对任何的劝阻都听不进去，对任何后果也都弃之不顾，他不顾任何强硬激烈的反对和阻挠，坚持跟倪明华交往。

父亲的个性耿直，平常就树立了不少敌人，现在，更成为大家攻击的箭靶。

父亲怎么也想不到，这个绯闻事件，以及足以置他于死地的"被俘"传言，星火燎原、愈演愈烈，使他完全被孤立。

蒋经国叫李焕转达他最后一次的警告："主任说：郭衣洞不是被俘过吗？他如果再继续闹事，我就叫调查局调查这件事。"我想父亲并不是无知，也不是那么单纯跟白纸一样，而是让爱情淹没而窒息。他自认与共产党相关的事情是问心无愧的，所以，他居然回答说："调查就调查，我根本没被俘过。"李焕沉默了一会儿，说："好吧！你辞职吧！"当时父亲已经四十岁了，虽然历经诸多灾难、艰辛和坎坷，却不知道"调查"的恐怖含意。直到十年之后，他被逮捕，才发现一旦被"调查"，即便是以皇太子之尊，也会被"调查"出叛国的罪行。

父亲回忆说："虽然蒋经国当时已经十分不耐，但他却不为已甚，并没有实际下令调查，而李焕先生，以他当时的影响力，如果不包容担当我的荒唐，蒋经国一定会被激怒并付诸行动，而发生在十年之后的逮捕事件，将提前十年发生，这才是我最大的悲惨。"于是，只有辞职，恢复当年的孤独。其实他并不孤独,只是他没有选择回到拥有贤妻和两个可爱儿子的家庭,他选择了不该选择的抛妻弃子的不归路,去追求他的新欢。

父亲的倔强让他不愿回头。现实人生常有这样的例子,大多数的人一错再错而万劫不复,也有少数的人却坚持在错误中,却也柳暗花明。这是执着,或是冥顽不化?一切都等到盖棺才能论定。

一九五九年我刚满五岁,弟弟还牙牙学语,双亲的婚姻维持不到六年,就此画下句点。父亲对离婚的说法是:“两个人的个性发生严重冲突,我第一次证实,性格决定命运的真理,这是一个错误的婚姻。”他说跟我们的母亲是错误的婚姻。

回顾一九三九年,在河南的老家辉县,父亲跟大陆元配艾绍荷的第一次婚姻,他也认为:“假设人生能够重来一遍的话,我绝不会再犯同样的错误。而这次婚姻,带给我终身的歉疚。”他自认绝不会再犯同样的错误,并且自觉惭愧与懊恼对礼教的顺从。所以在整整二十年后,他对礼教不再顺从,而且他也不再感到终身的歉疚。只是当他再度犯了同样的错误后,受到惩罚的,却是我的母亲,和他的两个无辜稚儿。

这一年,父母正式仳离。同年,父亲就与倪明华结婚。我伟大慈爱的母亲齐永培女士,则独力扶养、教育我们,为了两个心爱稚子的成长环境,她坚持不再婚,直至病殁。

很多人平静的生活,会有一点不经意或突然出现的意外,吹拂起阵阵涟漪,任谁都不能预料,微风温暖拂面后来临的飓风暴雨。有些梦境好像旋转中的万花筒千变万化,却让自己迷失在自己操作的绚烂里。父亲自己也知道,他必须付出代价。

直到二十年后,我和弟弟才逐渐地原谅他。

虽然我们都曾受过父亲是“匪谍”的负面影响,但是,船过水无痕,往事不可追忆。我并非刻意翻阅或公开自己的成长过程,但是就如父亲所言,事实就是事实,任谁也不能抹去事实。所以,我也不能抹去事实。然我只是追忆与强调,我和弟弟本垣的母亲齐永培女士,是一位真正牺牲奉献、与众不同,人格、性格都是最完全、最伟大的女性。

双亲离异之后,父亲到临江街租屋独居。不久,《自立晚报》总编辑李子戈先生邀他到《自立晚报》工作。因为经济拮据,他常常步行一个小时上班,下班再步行一个小时回到住处。当时生活,也因为他的任性,付出这些最基本的艰苦和落寞为代价,但是他仍然充满着信心,满怀着盼望。这就是父亲的执着,也是他对信仰的坚定。

一个人对任何事,只要充满盼望和信心,抱持坚忍卓绝的毅力,不要先放弃自己、不走进岔路,最终一定绝处逢生、否极泰来。

如果没有走岔,可能不必受到过多的委屈和冤枉;走岔了,就要自己面对,锡安山就在你的前面,只是多绕几趟圈子吧。《诗篇》一百二十六篇五节:“流泪撒种的,必欢呼收割。”让所有生活在泪水艰苦中的人,都得到最大的鼓舞和信心。

台湾中部的横贯公路,于一九六〇年五月通车,公路局长林则彬先生邀约父亲做一次通车前的访问,为通车典礼制作一本《中横生态之旅》。中横公路系统,是第一条贯穿台湾险峻的中央山脉,将东岸与西岸连接起来的横贯公路,与南横、北横并列为台湾三大横贯公路。所经的地形相当多种,从海平面直到三千多米的合欢山区,中间经过隧道和河谷,沿途的奇峰美景举世闻名,父亲“柏杨”的笔名,也是由此而生。

一辆吉普车缓驶在从太鲁阁到东势的路上,车子过处黄土漫天。父亲为此行写下《宝岛长虹》,并为沿途名胜美景取下了十二景,曾在报章杂志刊载过,也经常被人引用。后来入狱,就没人敢再提了。

在等候转车的一个地点,招待人员带领大家,到一处高地的村落里喝茶,这个村落的马来语发音叫“古柏杨”。父亲回忆说:“我非常喜欢这三个字的发音,回到台北开始写杂文时,最初本来想用‘古柏杨’做笔名,但又像是写武侠小说的笔名,就决定改用‘柏杨’。”这个“柏杨”的笔名,就这样跟着他长达四十年之久,也是除了“邓克保”之外,唯一的笔名。

至于那个称呼“古柏杨”的地方,和父亲所取名的十二景,二十多年后,当他重游横贯公路时,就好像陶渊明《桃花源记》里的男主角刘子骥,已经无法寻觅。

19　十年杂文　刀笔如削 /

父亲在《自立晚报》的专栏，他定名为“倚梦闲话”，每天写一千余字，把他悄悄地带进另一个全新的写作领域。而他承认，当初开始写杂文的心态，只为了免于饥饿，并没有什么崇高的理想，所以最初也只有谈谈女人、婚姻之类的软性话题，至于向专制暴政挑战这种伟大的理想，根本从没想过。直到一段时间之后，每天在报社听到采访归来的记者，经常带回来一些令人发指的社会新闻，而报社碍于人情或畏惧权势，往往不敢发表或评论。

父亲的个性刚肠嫉恶，听到的都是让他愤愤不平的不公、不义、不仁的事件，也就忍不住在专栏里，提出抨击。

杂文是一种以理性的议论与广泛的社会批评为主的文体，富于社会批判的功能，以鲜明的幽默和讽刺来针砭社会上各种丑恶的现象，借以剖析人性并探索真理。阐述中幽默、生动、诙谐、犀利的文笔，像一把锋利的匕首，是对抗专制暴政、贪污腐败的利器，因为它每次出击，都是直接鞭挞时事且击中要害。它虽然不是鲁迅先生所创的文体，却是由鲁迅先生发扬光大。在上世纪中期，蒋家的权威至上，使肃杀之气充漫整个台湾，造成社会有如一潭死水，文化有如沙漠，没有一丝生命的迹象，只要被扣上类似“亲匪”的帽子，立即就遭到铲除。父亲当时就是无法控制自己，一遇到不公不义的事，就像听到号角的战马，忍不住奋蹄长嘶。直至二〇〇六年宣布封笔之前，都是坚持如此。

杂文固然是打击专制暴政的利器,但也是一刃两面,还好当时有一个《自由中国》挡在前面,做他的第一道防线。很多事情都有意料之中的隐忧,却会意料之外地瞬间爆炸,这突变让人措手不及,连转弯或预防的时间都没有。

一九六〇年九月一日,《自由中国》殷海光先生发表一篇社论《大江东流挡不住》,内容表示民主潮流就像大江东流,是任何政党所抵挡不住的。三天之后雷震就被逮捕,判处十年有期徒刑。而当天早上,蒋经国和他的家人还到碧潭游泳,心情愉快地浮漾着和煦的笑容。

在雷震被逮捕之后,《自由中国》杂志社立即遭到查封。这是五十年代的一件大事,虽然还有更重大的事件发生,像孙立人被软禁,以及肃清孙将军在军中的势力,只因为都是秘密地进行,所以没有引起反弹。而对付雷震这样手无寸铁的文人,因为没有一点反扑的能力,所以不需要保守秘密,逮捕的动作毫不避讳。雷震也有很多好友,无论观念和生活都十分融洽,尤其和公孙嬿的友谊最为亲密,可是在被逮捕之后,公孙嬿立即在《中央日报》上发表一篇长文,对雷震痛加斥责。一时间,讨伐雷震和《自由中国》的声音,充斥所有的报章杂志,撰稿者不乏许多昔日的好友。

《自由中国》这道防火墙崩塌之后,父亲的咽喉就完全暴露在情治单位的利剑之下了。他当时听到的第一个讯息,竟是出自同事之间的谈论:“警总的人说,柏杨以后该乖了吧!”

父亲有一个不怕被威胁的个性,也有可能根本不知道局势的险恶已经到了极限，所以不但没有变乖，反而从内心激发出一种使命感，觉得应该承接《自由中国》的棒子。他说："这种信念，在我的杂文中不断地呈现，在肃杀之气日益严重的五十年代里，深得读者的重视。"他看到许多的不公不义，都如骨鲠在喉，不吐不快。于是，他就靠着胆大包天和一时的运气，发挥了聋子不怕雷的精神，不断地借着一支笔，对政府、时事和社会的失调失序、不仁不义进行批判。

为了减少阻力，父亲采用最不严肃的方式，讨论最严肃的问题，他认为幽默最容易凝聚读者群，也最容易引发更多的人关注我们社会的病态。

父亲的杂文，渐渐走出风花雪月的题材，走进眼睛看得到、耳朵听得到的社会和政治的最底层，最后再探入传统文化的深层结构，这些所显现出来的，他譬作"酱缸"。但一开始也没想到，这个酱缸竟有这么大的腐蚀力。

父亲选择杂文这种文学形式，是因为现代时空观念，对速度的要求很高，而在文学领域中，杂文最能符合这个要求。它距离近，面对面，接触快，直截了当地提出问题，解决问题。

父亲所谈的"酱缸"，跟李宗吾的"厚黑"，以及鲁迅的"阿Q"，都是指我们的"奴才政治、畸形道德、个人人生观和势利眼主义"，而这些正是构成酱缸的主要成分。所以，在酱缸文化里的中国人，"真理"永远在统治者的手里，造成说谎、污蔑和诬陷行为，都是为了"需要"。

当时曾有一年，台北警察局在召开了无数次的会议之后，决定要开始禁止随地吐痰，并确定了严格执行罚款的日期。市民都欢呼这是一个新时代的到来，蒋中正却突然下令阻止，他说要以德服人，只可劝告，不可罚钱。结果一个可以改变人民气质、提高环境卫生水平的机会，宣告破灭。而当时的所有媒体也异口同声跟着宣扬：德治比法治好，因为动不动就罚款，只会遭到民怨。我真怀疑，如果怕民怨，为何胡乱入罪于民、陷民于“匪”？为何枉杀无辜？为何如此表面功夫？中国不能够革新进步，最严重的就是这种“德治比法治好”的酱缸产物，使人民没有遵守规则的基本观念。而这基本观念，是需要严格的规范和惩处作基础的法条，长期的矫正、遵从而历练、培养出来的。

传统文化的革新，在任何朝代，几乎都遭到保守势力的阻挠，使推动改革极其不易。《中国人的品格》的作者罗家伦先生，曾大力提倡简体字，顿时让文化界繁忙起来，大小打手纷纷出笼一致指控：凡是主张简体字的人，都是“共产党的同路人”，都是与共产党“隔海唱和”。

在一九二二年，蒋中正也曾认为汉字笔画太多，儿童学习太过艰苦，因此表示“这样的文字，非简化不可”。并指示逐步开始推行简体字，并于一九三五年公布了“第一批简体字表”。因当时的考试院长戴季陶坚持反对，这项政策因此无疾而终。

所幸，罗家伦先生在推动简体字的书册上，使用了蒋中正以前的这句话“这样的文字，非简化不可”，使他幸免于难。父亲为此写过一篇短篇小说《魔匪》，讽刺“反对简体字协会”的赵哲民理事，因而又被再一次烙上印记。另外，中文的写法也让人苦恼，这是纯学术问题，“警备总部”（全称为“台湾警备总司令部”)却也磨刀霍霍,硬想扯进一点政治。改革之路所以困难,都是由于文化上的恶质发酵,而文化却又常成为政治的帮凶。父亲说:“我不断地呼喊,企图使酱缸稀释,才能解除中国人心灵上滞塞的困顿之情。”然而,他这份盼望国家和社会进步的沉重心态,正是把他绑赴刑场的铁链。

一九六〇年开始,是父亲致力杂文创作的“黄金十年”,可谓“刀笔如削气如虹”,除了在《自立晚报》撰写《倚梦闲话》之外,他还在《公论报》撰写《西窗随笔》,并担任台湾艺术学校的兼任教授,教“文学概论”。他阅读了很多文学理论相关的书籍,但他觉得,理论对创作并没有太大的帮助,而只对文学欣赏有帮助。这时候,他已经出版了十本小说了。

这十年,父亲终于过得比较安定了些,并自认是这一生以来最安定的日子。一九六〇年,他和倪明华婚后第二年,佳佳诞生了。直到十五年后,我和佳佳第一次约在Coffee Shop见面,才发觉她是一个既聪明美丽,又天真直率的小姑娘,连我的母亲和弟弟,都很喜欢她。后来她到Stanford语言中心去探望我的母亲,两人相谈甚欢,母亲还请她吃冰淇淋。

在这之前,我们早已跟父亲疏远,好多年都不曾联系。在母亲和外祖父母全心的呵护下,我和弟弟基本上已经忘了还有一个父亲,完全习惯没有父亲的生活。因为,母亲和外祖父母的爱,每天都如和煦暖阳般地照耀着我和弟弟,填补了一切的短缺和遗憾。

父亲曾经说:“从佳佳身上,我看到的不仅是一个小女孩,还看到另外两个女儿和两个儿子,这些是终生无法挽回的锥心之痛,也是任何一次婚变后,身为父母而不能抚养儿女的哀情。父母可以暂时忘记儿女,但不能永远忘记,不能无时无刻思念儿女,但会终生不断思念。”也因此,他把对所有儿女的爱,全都倾泻到可以看得到摸得着的佳佳身上。他说:“这样可以让自己获得一些平安的感觉。”也许真是这样,我们却是为了让母亲“获得一些平安的感觉”。我和弟弟,从来不提“柏杨”的任何一件事,而且,真的也不曾有过想念,直到一九八〇年之后,才慢慢地开始接触与磨合。

父亲以前烟瘾很大,应该与他伏案写作激荡灵感有关,这些我都没印象了,我知道他出狱后,改抽过烟斗。我自己也曾抽烟斗,因为烟丝燃烧的味道,比一般香烟味好闻多了,但是抽什么烟都没好处,对自己、对别人都是摧残。

父亲提倡简体字的动机,是源自佳佳上小学开始练字的时候,看着小娃儿颤抖的小手握着铅笔,把那复杂艰深的繁体字,一笔一画地塞进小方格里,任谁看了都会心疼难过。复杂的汉字给中国孩童沉重的压力,所以他认为中国文字应该改革,不能让孩童在初学的时候,就筋疲力尽。

而我最赞成简体字,我不懂那些反对简化的老学究为什么反对?其实现在的繁体汉字,也是经过长期的演变,经历了甲骨文、金文、篆书、隶书、楷书的发展过程,逐步形成今天的汉字。只是复杂笔画的现代汉字,如今只有在水墨书法上,才能展现美与劲,一般的手写确实让人吃力,也没看到几个人能手写得漂亮。尤其现在按键已经取代了手写,复杂笔画的汉字,有几个人能完全无误地写出来?

父亲倡议繁体字的文字改革，我认为有其道理。只是，哪位大官能有这种远见？放眼当今，有几个大官有使命感的？即使有，也没什么大智慧，光一个“教改”，弄得民怨沸腾、家长无所适从不说，对学子的养成、对国家的未来，毫无希望。

父亲写杂文的这十年，结识了他人生之中难得的许多好友，也维系着深厚的情谊。最值得介绍的，就是孙观汉先生。这位祖籍浙江绍兴，生于一九一四年，比父亲年长六岁的科学家，二十四岁即到美国留学，是美国匹兹堡大学物理学博士，是一位享誉国际的知名核物理学家，曾担任清华大学原子科学研究所的所长，建立中国第一座教学用的原子反应炉，因此被尊为“中国原子科学之父”。孙观汉先生不但以科学成就知名，也以其人道精神和文学造诣而深为全球华人称颂。

孙观汉先生在美国的时候，对中国的社会问题很少会去思考或关心。有一次在书摊买到一本“柏杨”写的《怪马集》，书中的文章是批评中国人的劣根性。孙观汉先生认真地阅读，觉得好像就是在骂自己，而且觉得骂得有道理，接着阅读了“柏杨”的一些著作之后，有如悟透禅机似的，他认为作者的思想阐述的，正是现代中国人最缺乏，也是最需要的新道德观念，于是兴起了要写信给作者的念头。

一九六五年十月十六日，父亲亲手开启并阅读了孙观汉先生从美国匹兹堡大学寄来的第一封信，立即就回了信。从此两人展开了十三年不曾谋面，却坚持这生命旅程中，传奇性的友谊。两人建立的生死相交的深厚情谊，不但为人类伟大的友情作见证，也使这个传奇的故事名垂青史。

孙观汉先生给父亲的第一封信,是这样写的:

柏杨先生:

这两年来想要提笔写信给你的动机,可能在二三十次以上。没有写成的原因,讲起来很多……今天六点起来,又是星期六,大概时间和精神凑巧都有剩余,终于开始动笔,但仍不知能否完成这封信。

在事业的立场讲,我的职业是科学研究,我有四十几张专利证书,近一百篇的发表论文,比起有成就的科学家,距离当然比癞蛤蟆和天鹅还远,但比起国内的中华大学及国外历年同班,比我天才高很多的同学们,已幸运多了,但我仍有不满。讲了半天,目的是要指出我的不满。当然人生是不满的,做了皇帝要做仙,是大家知道的,但我要分析我的不满。我觉得我的许多不满之中最大之一,是我对中国的文化不够了解。如果中国文化是和我们在学校时先生教我们的那样高尚而可崇仰,为什么鲁迅先生把我们描写成阿Q式典型?为什么我的娘家(指中国)重金钱、重势利的气味,比我夫家(指美国)还重?谁把我慈母的脚裹成不成形不合人道的小脚?诸如此类的疑问,每次使我如鸵鸟一般,把头钻进沙里,昏昏地和不负责任地又飞夫家。在娘家的时候,在我本分的职务上,努力工作和负责外,却有出乎意料之外的收获,我发现了现代国人的伟作。一本是蒋梦麟先生的《西潮》,一本是破旧不堪你先生写的《圣人集》,我觉得你们两人都有深刻的分析能力,使我了解娘家艰难的原因所在。在短期之内,收集六集《西窗随笔》、六集《倚梦闲话》。你先生文笔的生动和灵活的描述,已饱够我们疲劳时生活的“调剂和消遣”,请勿怪对你的伟作的侮辱性,实际上你了解我的敬佩,你当然不希望我在孔庙或罗马教堂中跪读你的大作。你的观察见解和阅世之深刻,你的世界知识(古今中外)之丰富,分析之透澈,思想之大胆勇敢,青年的血性、壮年的成熟、老年少有的精力,真令人佩服。多次阅读你的大作,常不禁拍床拍厕拍沙发(有时拍案)而笑,笑而后思,思而后叹,深叹后有时还眼湿!

你先生对骗人式的旧道德,有许多惊人的指示,即使我们不能跳出“酱缸”,至少我们知道“酱缸”以外还有天地。中国过去的思想行为错误和不合时代,你代我们启发很多,很真确。你先生愿不愿也写出许多过去美丽的和重要的优点,仍能合适于现代潮流,甚至于帮助创一新而美的潮流。

下次如有机会再来台,我唯一的愿望是要到柏府外徘徊观仰,并用美国人的观念大声问:“为什么在这样简陋龌龊的破屋里,能产生这样伟大的作者?”你大概一看就知道这个“美国人”,只有名而无实,他还不知道美国也有同柏杨先生一样穷苦而伟大的人物,林肯先生听说就是这样的一个。以下二愿为结束:

一、愿中国人民和世界人民多快乐!二、愿柏杨先生多寿多乐多写作!

孙观汉先生说:“认识柏杨是我一生最高兴、最受益、最幸运的事,柏杨是我的好友,是我的老师,更是我的镜子。每个人都知道自己自豪的一面,只有柏杨使我了解我丑陋的一面,而最使我惊奇而伤心的,是这可怕的丑陋,竟不是我一个人独占,而是十亿同胞所共有的。我深信柏杨对国人的观察是正确的,我们今后需要做的工作,是如何帮助国人,除去这种阻止国家前进的老昏病。”

孙观汉先生在一九六七年编辑出一本十多万字的《柏杨语录》,前言中写道:“有人一定会断定我以下讲话的过分,柏杨著作对我的影响,有若《圣经》对人类的影响。所不同的是,《圣经》是来自上帝的启示,柏杨是来自人类的智慧。人们认为《圣经》中所说的都是对的,我认为柏著中所谈的不一定完全对,但启发和令人三思的程度却很类似。”

孙观汉先生在《柏杨语录》序文中,对“柏杨”所著之书籍,评以:“……有人要问:到底柏杨的著作里面谈的是什么?我们很简单地以一句话答之:柏杨的著作里面所谈的是现代做人的道理和非道理!听起来很严肃,但看来包你手不释卷,神不离集。”

后来孙观汉先生陆续写给父亲的信中,也曾经写道:“……多替中国人民和国家服务,你先生不但已拥有巨大的潜力,并已有群众的支持,纽约中文书局也有先生的著作,谢谢你对我之建议的接受,就是多写些赞扬性的文章。人究竟是人,心里的软,能产生良好的感情和原动力,可补充理智上严格的批评。双管齐下,收效更高……”

孙观汉先生说:“很多人觉得我和柏杨之间的关系是个传奇、是个奇迹。其实我倒觉得自己很正常,我相信任何人看到

'不公正'的事，应该都会奋身而起的。"

孙观汉先生在美国华人社会不停地推广"柏杨"的作品，还自己撰写文章宣传柏杨思想，连获得一九五七年诺贝尔物理学奖的华裔物理学家杨振宁先生，都受到孙观汉先生的影响，喜欢阅读柏杨的杂文。孙观汉先生还向美国各大学图书馆推荐收藏柏杨的著作，现在的哈佛大学燕京图书馆就收藏了"柏杨杂文系列"中的绝大部分。

一九六八年三月二日，父亲寄出了入狱前的最后一封信，安慰孙观汉伯伯："请勿因我一人一家的遭遇，而对国家失望……千万为我，也为国人珍重，如文字狱起后，先生尽可对我表示失望，甚至指责，以求顺合潮流，然后大文才可为受到有识之士的赞扬，而流传更广，这是内心的恳求，先生定会鉴及我的诚意，我们只求对国人有利，朋友形迹，不妨改变，只要心如灵犀，就不虚此一生，能得先生为友，一死何恨。"

这封信几成了父亲和孙观汉先生的诀别之信（这是一封长信，全文有八百余字）。

孙观汉先生有一倡言之名句，乃是："有心的地方就有爱，有爱的地方就有美。"他更是"爱"的实践者，他致力于文，力行人道主义，为理念奋斗不已。

孙观汉先生在这九年多的日子，结合了海外如刘述先、吴新一等许多人的联署，不断地呼吁、奔走、请托，甚至去函给美国参议员与美国国会议员，以及许多国际人权组织，甚至在美国发动大规模的请愿行动，直到重视人权的美国卡特总统上台，孙观汉先生还给卡特总统写信，要求帮忙营救。美国众议院议长伍尔夫先生来台访问期间，就质问台湾官员柏杨的下落，台湾当局迫于美国的压力，不得已才将他从绿岛释放回台，父亲这才重获自由。也可以这么说，没有孙观汉先生，就没有柏杨，更不会有《柏杨版资治通鉴》，以及亚洲第一座、建设在绿岛的“人权纪念碑”。

一九七四年父亲在绿岛服刑，孙观汉先生对这位从未谋面的“知己”，还编著《柏杨和他的冤狱》，用文字泣诉，当时由香港文艺书局出版。一九七七年四月一日，父亲获释离开绿岛，但是被限制出境，直到第二年七月，孙观汉先生从美国飞来台北探望，两人这才首度见面。孙观汉先生老泪纵横地说：“从第一次相互通信，至今是十二年九个月又七天，想不到我们在今生还能相见。”虽是短短的一句话，却道尽了那个年代的无奈与唏嘘。

两人相会，情真意挚，场面令人动容。孙观汉先生十年奔走营救，以及两人交同莫逆的故事，也就传为美谈。孙观汉先生的义薄云天，令人怀念与尊敬。

父亲还有两位同样富有传奇性的忘年之交，其一，是陈丽真女士。有一天，他接到一封读者的来信，信中笔迹秀丽，是出自台湾彰化的陈丽真小姐，当时她只是个二十岁出头的女孩子，为了照顾家庭，和支持弟妹继续求学念书，高中毕业就进入社会工作，勤奋努力也好学不倦，因此许多短文的创作也很精彩。后来，她于一九八二年完成《柏杨·美国·酱缸》之编著。陈丽真的声音清澈悦耳、字正腔圆，父亲特别拿她跟孙观汉先生比较,两人发音可真是天壤之别。孙观汉先生在跟我说话的时候,我大多回以微笑和点头,因为听懂的实在不多。

一九六九年七月三十一日,父亲被判有期徒刑十二年,在台北景美军法处看守所服刑时,陈丽真每星期都会提着菜篮饭盒来探监。父亲说:“那时候,也只有丽真没有把我遗忘。”丽真因为每周都去探监,就被盯上,有一次两个武装人员还把她押解到军法处恐吓,把这个小女子吓得半死。

“柏杨是叛乱犯,是我们的敌人,你为什么给他送饭?”

“他是我的老师,现在孤苦无依,只有我照顾。”

“什么学校的老师?”军官用一种洞烛其奸的眼神盯着陈丽真。

“说啊!”

“其实我是柏杨的读者。”

“那么师生是做掩护的外衣了?柏杨吸收你加入什么组织?只要你从实招供,我们可以免除你的罪刑。”

陈丽真被吓得只有哭啼,什么话都说不上来。

军官说:“你们的关系不简单,如果不是组织上的关系,他到这步田地,你不可能还借着送饭的名义和他联系。”

陈丽真拼命地哭着摇头无法回答。军官才慢慢缓和下来说:“如果真的没有组织上的关系,你最好以后少来。”当天晚上,丽真的先生下班回家,告诉她说,管区警员特别去找他,警告他管管老婆,不要再乱闯是非之地。

父亲在被移送绿岛前的一天,在“亲属调查表”上,填写“陈丽真”是唯一的亲人。

一九六六年八月二十八日,父亲收到一封署名"寒雾"的读者来信,这是一封长达七千余字的信函,函中内容主要是诉说自己对国家民族多灾多难的忧心,然而青年朋友们却都麻木不仁,以及自己内心的困惑与痛心。

这封长信的内容与流畅的文笔,尤其显露出来的爱国情怀,让父亲颇为欣赏。为了能让更多的人群来关心社会、关心国家,他将这封信,以"十分迷惘"为题,一个半月后刊登在十月十三日和十四日两天的台北《自立晚报》副刊版。刊登出来的内容,摘录一小部分,让我们见识一下十六岁小女生成熟的文笔:

> 我听过很多人批评您,差不多都是很极端的,崇拜佩服五体投地的也不乏其人,骂您"无聊瞎扯、扰乱民心、动摇国本"的也大有人在,想您也必定饱尝"人世冷暖"了!我却不是走极端的人,我也不为任何事"着迷",不过凭良心说,我很欣赏您的文章,文笔流畅,幽默磅礴、淋漓尽致……这都是您老每本大作前的介绍话,我全部无异议通过。不过我看一部分人,尤其是年轻人,因为对现实不满,看了您的书,除了拍案叫绝、捧腹而笑,觉得大快人心之外,恐怕不如孙观汉想的那么多那么深。我最欣赏您老的,倒不是您的写作才华和丰富知识,而是您冒着"危险"(如"戴帽子"、得罪人之类),不留情地指出时下一些缺点,即使某些机关人物闻过则怒,您也镇定如常,下笔如刀。每次读您的书,我都体会到那尖酸刻薄的文字背后,蕴藏着不少的沉痛和失望。不过有多少人能捕捉到您那在字里

行间的“爱心”和“期待”呢？这是我所担心的问题，我怕的是，被您笔伐的“达官显要”老羞成怒，或者干脆麻木不仁、相应不理，而一般读者也仅哈哈一笑，乃至学得如您老一般“尖牙利嘴”，但却不发愤图强，以改善政风为己任，却在一旁“嘿嘿大笑”，不满现实却不想办法改变现实，这似乎是一般人的坏毛病。您老也许会笑曰：谈何容易啊！（不过说此话不像柏杨啦！）不过我只是站在一个大孩子的立场说话，我只有从书本上得来的近乎可怜的知识，经验一点都没有，也许什么事情都没有我想象中的单纯和简易，那就是我“自惭形秽”的地方了。也是我写信给您，希望您为一般青年尽一些指点迷津的责任的原因。

接着，距离这封信十天后，寒雾又在九月九日写来第二封信：

……我要告诉您的是，优秀的少年很多，只要国家政府振作起来，造成一片新气象，使我们能各展所长，不宁在思想上多做灌溉工作，但不是板着脸说教，也不是乱喊口号，而没有事实表现，那只能使我们感到脸红心跳、懊丧失望。……很多优秀的青年多因此一去不回，结果在异国光芒四射，实在令人扼腕长叹、唏嘘不已。我相信青年们一定会死心塌地地把自己所学的贡献国家，即使在外国也会念着回国服务，不至茫然失所，终致迷失在现实里，只顾自己而把国家置之度外了。……我已下定决心，要穷毕生之力（不管它多微不足道），来求我们国家真正的进步，以及从事思想上最艰巨的战争，我也会尽力影响我的同学朋友，他们都是很优秀的"木材"，滥加利用，或培养十数年后，最后却使之成为外国的栋梁，真是令人痛哭流涕。

一连两封洋洋洒洒的长信，给父亲留下深刻的印象。我看了都难以相信，这是出自一位才十六岁的女生之手。梁上元只比我大三四岁，"寒雾"是她的笔名，来第一封时，她还是台北一女中的高二学生。她写着：

我在温室长大，温室外的风风雨雨，虽然没有直接侵扰到我，但却是风声、雨声，声声入耳，经常使我震荡！

在父亲被押走之后，霎时间没有丝毫音讯。梁上元急忙赶到家中，发觉抽屉书中留着一张字条，上面写着：

不要告诉寒雾真相，她还是个天真纯洁可爱的孩子，不要使她因此对人生失望！

梁上元读后，痛哭失声，当时，她也只有十八岁。

她给孙观汉的信中说：

我发觉我所以会对这件事这么痛心，是因为我对国家的爱，有着无法协调的固执。当我接受了打击，而必须仍然坚持自己的固执时，内心的冲突更难以平息，无限伤心更由是而生。

梁上元是近代名家梁寒操先生的女公子，梁寒操先生曾经有句名言："我们要用驴子的精神，作我们的人生观。"让我感受良深，也以此言砥砺自己。

梁上元是一位虔诚的基督徒，后来担任大学教授的时候，曾不断地向香港知名作家倪匡先生传福音，促使倪匡先生在一九八六年复活节也得救浸入基督。感谢主！我们都愿意做神无愧的工人，让爱神的人得益处。而梁上元姐妹是一个很好的榜样。

父亲后半生的朋友，几乎全来自他的读者，结交过程都是先通信，再见面聚会，最后往往成为相互扶持的知己。

一九七八年，父亲十年黑牢，去地狱谷旅游、视察、探险回来之后，与极力营救他的孙观汉先生、陈丽真和梁上元结为"岁寒四友"，为"生命之交、生死之谊"的伟大友情，做了最好的见证。而这四个人却是完全不同的背景，这也是当时社会上不同阶层、不同年龄、不同的教育程度，代表性极强地与柏杨的思想产生共鸣，也说明了柏杨的思想所具有的现实意义。

这十年杂文的岁月，父亲每天都是集中火力地批判和揭露传统的"酱缸"文化，也无情地讽刺当权者政治腐败的黑暗面，每篇文章都像一把锋利的匕首，被刺痛的达官显要和利益阶层无不老羞成怒、怀恨在心，尤其他刊登在《自立晚报》专栏里的内容，对国民党特务而言，都是一记强力的震撼。

当时的五十年代，充满白色恐怖的台湾社会里，国民党政权已经开始大量逮捕异议分子，不惜错杀一百，不可错放一个。

在蒋介石严厉的思想控制下，人民的恐惧使台湾失去了凝聚力，也成为文化的沙漠。

每一个新闻记者，每一个作家，心里都有一个小型的“警总”，落笔的时候，会主动提出质疑：警总会有什么看法？父亲告诉我们：“那时候各报社都是用铅字排版，因为字盘位置的关系，‘中共’很容易误植成‘中央’，‘中央’也容易误植成‘中共’。”这对晚报的老板、社长、作者、记者、编辑、捡字和校对，就差硬要扯上工友，都是一场梦魇。每天下午都战战兢兢，要等到四点半以后，如果没有接到电话，大家才松一口气。这就是“白色恐怖”。“白色恐怖”指的是一个保守、反动的政权，消灭主张改革的改革派，而施行违法的暴力镇压的手段。为什么叫“白色”？就是右派政府对“共产党”（红色是共产党）及“共产党同路人”的残酷迫害和肃剿。

一九二七年，蒋中正在上海逮捕、屠杀左派分子，就是“白色恐怖”；国民党在台湾所杀的“匪谍”更是不计其数，只要被发现读禁书、听大陆广播……多了！一不留神就被当作“匪谍”处理，突然间人就尸骨无存蒸发掉了，这就是“白色恐怖”。

现代的年轻人无法体会这种恐怖，想说什么、想做什么，只要高兴，没人管得动，不合乎自己意思或是遭到一点委屈，就利用网络吐槽。当然这是时代的进步，是言论自由的时代，每个人都能说出自己的心声，因为我们能享受宪法保护的言论自由。但是如果口出恶言侵犯别人，就是污辱别人尊严了。如果推前到一九四九至一九八七年间，国民党“白色恐怖”的专制时代，就有不少像孙中山那样的大无畏的民主斗士，真正地为民主自由而抛头颅、洒热血。什么是真正的英雄？为真理与信念，能勇敢牺牲自己的人，才是真正的英雄。

"白色恐怖"的年代里这样的英雄更是屡见不鲜，所以才有这么多的冤魂四处飘荡、伺机复仇。我们这一辈是何等的幸福，能活在这个没有战争，没有白色恐怖，当然也没有红色恐怖的宝岛台湾，前人为我们留下的美好成果，我们在享受的时候，不能忘记他们是断头颅、洒热血的辛苦栽种。

但看看目前，民意代表的粗言暴行、只有蓝绿不问是非；政府官员的邀功诿过、贪污渎职；最高统帅的无能无为、不恤民情；国营机构的巨额亏损、无耻自肥。所有的消耗，都是百姓的纳税钱。政策失当、物价飙涨，造成民怨载天，没有人不气愤难当，却又困顿无奈。

在父亲写杂文的第三年，有一位从大陆逃亡到台湾，曾当过台湾"学生联合会"会长的张化民先生，是一个深受中国文化熏陶的知识分子，曾写了一篇短文，讨论蒋中正的功过，文章中有八个字："自以为是民族救星。"结果"一个字判一年，八个字判八年"。这是世界上最昂贵的稿费，这就是当年文化人的处境。张化民和父亲一样，曾经都是《自立晚报》专栏的台柱作家。

张化民先生曾在世界新专兼课任教，警总却施以压力使学校将之解聘。张化民一生坐国民党的"文字狱"有十八年之久，有一次刑满继续留训，还被打到双手成残，这就是"白色恐怖"。

很多人被践踏、被摧残到不成人形，很多人至死都没法翻身，情治单位对手无寸铁的爱国文化人从不手软，这就是中国传统的“酱缸文化”熏陶出来的丑陋本性:对外,一片散沙、溃不成军;对内,斗争有力、心狠手辣。

情治单位的人曾说“白色恐怖”救了台湾。这沾满血腥的双手,毁了多少台湾的人民和家庭?居然还能说出这种丧心病狂的鬼话。当然,只要有一点良知的人,不但会对枉死的孤魂充满愧疚与同情,也绝不忍心说出这种连鬼话都不如的话来。

李焕先生跟父亲有很深的友谊感情,他多次警告说:“每一次开会,很多单位对你都提出严厉的攻击,主任(蒋经国)从不讲一句话,看情形,你最好不要再制造麻烦了。”可是父亲觉得,社会上这么多让人伤感落泪的疾苦,这么多不公不义、不仁不爱的事,自己不应该泯灭良知而弃笔不写。

国民党当局的保守势力,都把柏杨当作“洪水猛兽”,更批为“全国公敌”。这时候,他的杂文,已经被统治阶层和情治单位定位为“造成台湾社会最不稳定的社会因素和治安问题”。

被刺痛的既得利益者,更是恼怒怀恨、摩拳擦掌,伺机反扑。父亲在这种风声鹤唳的氛围中,仍然是“听到号角的战马,忍不住奋蹄长嘶”。杂文比议员的质询还能触及现实,还能揭露许多人的疮疤,他说:“有人卖药正起劲,你却嚷嚷他卖的是假药,他怎么不说你是下流胚子兼禽兽杂碎乎?”甚至还能言之凿凿说你是卖国贼,说不定第二天,就抛弃人格,寄出检举你是“匪谍”的黑函了。

没有人喜欢被揭疮疤,尤其是大家伙,更是位尊就是学问,大声就是权威,凶狠就是英雄,你揭他疮疤,不是自找死路吗?不像现代化民主国家,政治人物是需要用显微镜检视的,政策是要经得起公开辩论的,而施政结果更是能接受公评的。父亲的杂文就像照妖镜,照向社会黑暗的一面,也照向政府光鲜亮丽的一面,许多人事物都难逃照妖镜的扫描,一一显出原形。

一九六一年,父亲用"邓克保"为笔名的一部报导文学《异域》,开始在《自立晚报》连载,一个被遗忘的故事、一群被遗忘的人:"他们战死,便与草木同朽;他们战胜,仍是天地不容!"是根据驻板桥记者马俊良先生每天访问一两位从泰国北部撤退到台湾的孤军,再把资料交给父亲"邓克保"来撰写。

很多当初在大陆誓言与城池共存亡的将领,结果不但城亡人不亡,还抛弃了愿意为他们战死的部下,甚至卷款潜逃到台北,借着关系先后到"国防"部门坐上高位。在《异域》里,就有详尽且委婉的报导,使那些一脸忠贞的大家伙在"照妖镜"下显出原形、老羞成怒,"国防"部门因此对报社施以强大的压力。有枪杆子的给没有枪杆子的强大压迫,结果应该不用再争辩它的公正性和最后的结局了。

"宪兵司令部"的萧政之,是父亲"战干团"的同学,就曾警告说:"你麻烦可大了,我们不能明目张胆地查封报社,但可以查封你。"

对这次的警告,父亲感觉有压力了,他对"宪兵司令部"竟也介入文化圈,觉得不可思议,也感到文化圈的危机四伏和自己的孤独。他心里想着:我只有一支笔,如何应对庞大的国家机器,但是又无法压制自己这知识分子的良知。这时候,国民党的军事部门不断向报社施压,台湾警务处长杨仲舒还下令,把"柏杨"列入台湾的"流氓名册"。当权派的这些高官,利用职权，随便编顶帽子都能往你头上乱扣，令人发指、不齿与唾弃。

一九六六年五月十六日，中共发起"无产阶级文化大革命"。同年十一月十二日，蒋中正为了反动"文革"，以复兴文化之名义在台湾发起了"中华文化复兴运动"。两个运动在两块土地上，都只有一个目的，就是扫荡一切的"文化败类"。

所谓"败类"，不是视你爱不爱国，而是视你听不听话。不是听你讲的是不是诤言真话，也不视你的建言对国家是否有益，而是根本不让你讲话。因为对国家有益的，对一些既得利益的大家伙，绝对无益。当然，如果你能昧着良心、不顾廉耻、厚着脸皮，阿谀谄媚来歌功颂德，把错的说成对的，帮着粉饰太平，就能照样升官发财。如此帮凶作为，倒是可能被施舍到一些政治的饼渣果腹。

不知是幸，还是不幸？父亲首当其冲，被列为"败类"的第一名。

20　大力水手　惹出大祸 /

一九六七年中,《中华日报》向美国金氏社订购《大力水手》(*Popeye the Sailor Man*)漫画,交给主编家庭妇女版的倪明华每周连载五天,那时倪明华身兼三职,每天忙得不可开交。于是,父亲就帮忙接下这份翻译的工作,将漫画里人物简短的对白翻译成中文。

《大力水手》是一个全球发行的漫画创作,没有任何的政治色彩。卜派身穿水手服,吃完菠菜就变得力大无穷,有如超人能上天下海。他与奥莉薇的故事,深受儿童和青少年族群的喜爱,我们这一辈都存有深刻的印象。

蒋中正自撤退台湾后,每年都会例行发表"告军民同胞书",并接受军民同胞的欢呼拥戴,也是溃败之后的取暖心态。就在一九六八年元旦的第二天,《中华日报》家庭版刊出了《大力水手》漫画,故事内容为:大力水手卜派父子合购了一个小岛,卜派将他的王国命名为"卜派国",要在岛上建立国家并竞选总统。

英文的原文内容直译是这样的:

小孩问大力水手:"现在你已经有了自己的国家,你将如何治理她呢?"

大力水手说:"我们将举行自由选举,我要出来竞选总统。"

小孩说:"全国只有我们两个人,你要出来竞选,这要怎么选呢?"

大力水手说:“由我们当中的一人投票。”接着开口演说:“卜派国全体同伴们……”

父亲不知是“福至心灵”,还是“鬼使神差”,将英文 Fellows(同伴们)翻译成“全国同胞们”,似乎是模仿“英明领袖蒋中正”的口吻和用词,五十年代的台湾,这句话是蒋中正一个人的专利品。如果译成“伙伴们”,可能就不会这么严重,可是却把它译成“全国同胞们”,而且还是在一个“小岛”上。

父亲解释说:“当时我并没有丝毫恶意,只是信手拈来而已。”天知道,你这个大“匪谍”,处心积虑地还要狡辩?

这篇漫画翻译的内容是这样的:

> 第一格是卜派(父)站在岸边遥望大海远处……
>
> 卜派(父):好美的王国……
>
> 卜派(父):我是国王,我是总统,我想是啥就是啥。
>
> 小孩(子):我哩!
>
> 卜派(父):你算皇太子吧!
>
> 小孩(子):我要干就干总统。
>
> 卜派(父):你这小娃子……口气可不小。
>
> 小孩(子):老头! 你要写文章投稿啊!
>
> 卜派(父):我要写一篇告全国同胞书。
>
> 小孩(子):全国只有我们两个人,你知道吧!
>
> 卜派(父):但我还是要讲演。
>
> 卜派(父):敝国乃民主国家,人人有选举权。
>
> 小孩(子):人人,就两个罢啦。

小孩(子):等我想想……

小孩(子):我要跟你竞选!

卜派(父):等我先发表竞选演说。

小孩(子):好吧!

卜派(父):全国同胞们……

小孩(子):开头不错。

卜派(父):千万不要投小娃票……

小孩(子):这算干啥?

我们看历史,古时人民对皇帝的"名讳"都要回避,否则就是重罪。你直称"皇帝"的"名讳",触犯了禁忌,可能马上就有人检举你"通敌"了。许多有心之士、奸佞之辈,阿谀谄媚地为着呈现忠贞的嘴脸,还感谢上帝赐给他公报私仇的良机,哪管公道、正义,逮到机会就见缝插针,没有机会也能编出剧本,誓死搞你绝不罢休,以偿私怨。

虎视眈眈的特务们,灵敏度像跳蚤一样,看到当天的漫画对白,马上注意到了漫画背后丰富的政治讯息。从新近解密的"国安局"档案可以看出,包括调查局、"警备总部"、台湾省警务处,甚至是国民党"中央委员会"第四组,几乎都在第一时间就嗅到了这篇《大力水手》漫画中,足以榨出的血腥气味。

一九六八年二月二十六日,由"咸宁会报"决定由调查局、"台湾警备总司令部"、台北市警察局、"国民党中央委员会"第六组等机关成立项目小组侦办,并定名为"清华项目"。这就是一九六八年发生在台湾、"享誉"国际的"以图罹祸"的著名案件。

父亲因为翻译漫画遭到逮捕,这是人类历史上最荒谬的文字狱之一。一九六八年三月四日,他被调查局人员从家中押走,就在三张犁调查局招待所的审讯过程中,遭到非人道的刑求,以及明明因《大力水手》“诬蔑领袖”贾祸,却硬是被调查员栽赃诬以“叛乱罪”唯一死刑之重罪。

于是,父亲创立的平原出版社宣告瓦解,《大力水手》漫画被迫立即停刊,倪明华亦被免职;同时倪在广播公司的另一份工作,也被曾是父亲抗日时代同样穿草鞋的同学、“中广”的总经理黎世芬立即免除。父亲说:“这些荒诞、离奇又吊诡的遭遇,在在见证蒋家独裁的时代,以及白色恐怖的骇人听闻。”

从一九二九年漫画家E.C.席格(Elzie Chrisler Segar)创造了《大力水手》卜派,到一九五八年由巴德·桑根朵夫(Bud Sagendorf)接手继续创作,绝对做梦都没想到,一则纯粹给小朋友娱乐的小故事,曾在全球五百家以上的报纸连载,竟会在西太平洋的一座孤岛上,几乎闹出了人命。

一九六八年二月初,刚过完阴历春节,“救国团”邀请各报记者同登合欢山赏雪,于是,父亲带着倪明华,受到贵宾式的热烈招待,一行乘火车到丰原,转巴士到东势,进入横贯公路,不久就看到了雪景。父亲是河南人,北方世界的冬天,就是千里冰封、万里飘雪、一片银白的世界。但是台湾平原是一个无雪地带,二十年来没见过下雪,现在眼前白茫茫一片,每一片雪花和每一阵刺骨的冷风,不但使他回忆到手背被冻烂的儿时,还让所有的台湾游客,踏着没膝的积雪,兴奋莫名。

父亲说："这是一次有趣的休假，充满了新鲜，浑然不觉大祸已经降在眉梢，而且没有一点恶兆。"历史上说大人物灾难发生之前，总会有不祥的预感，这也恰恰证明，他不是一个大人物，只不过是一个倒霉的平凡作家而已。

三天之后旅游结束，才回到台北，《中华日报》就叫倪明华到报社去，告诉她调查局认定《大力水手》漫画是挑拨政府与人民之间的感情、打击"最高领导中心"，在"精密的计划"之下，"安排"在元旦次日刊出，其中许多用词，调查局认定有影射、污蔑蒋中正及蒋经国之嫌，一切都说明其用心毒辣。尤其"出自柏杨之手"，严重性更是不可化解。

只有"用心毒辣"的人，才会说别人"用心毒辣"。只有刻意"精密的计划"与"安排"要诬陷别人的人，才会有这种"精密的计划"与"安排"的理论。当年调查局和"警备总部"的嚣张霸道、恶名昭彰，有几个人不闻之色变、噤若寒蝉？当然他们说得有理。父亲曾经说过，特务们绝对有本事抓到刺杀肯尼迪的凶手，所以他们说的，有谁敢说没理？

这是项可怕的罪名，父亲被吓住了，一时间头昏目眩。他们夫妻两人从来不问政治，绝没想到一篇漫画能惹出这么大的风波，心里自然承受莫大的压力。果然，二月二十九日上午，调查局到《中华日报》带走了倪明华。

父亲回忆说："那真是冰冻的一天，下午我仍然去《自立晚报》上班，但是同事间的气氛都不太对，显示他们都已经知道这事了。"而佳佳直到晚上还不见妈妈回家，就不断地问："妈妈哪里去了？"这时，他心焦如焚，就跪在床头，大声地祷告，祈求神让倪明华能得释放，自己是祸首，应承当一切。午夜之后，倪明华回来了，她第一句话就凝重地说："事情很严重，明天会约谈你。"

第二天是三月一日，果然，调查局传唤父亲到案，这第一次的约谈进行了二十七个小时，直到第二天，就是三月二日的下午，才被饬回。父亲累坏了，回到家里，心中有一股不祥的预感，他紧紧抱着佳佳，说不出一句话来。

当天晚上，当妻女入睡之后，父亲趁着夜深人静，心乱如麻地独自坐在书桌前，写下了许多交代妻女的事项，包括勉励坚强的许多话，和建议未来日子的可行方向，总计有二十九项之多。留言最后还写道：

> 类似遗嘱，幸勿为此而悲，心情不宁，不能细嘱，体念我心。

父亲还特别交代倪明华，读者来信可代为回复，并告以"柏杨病故"，以免继续来信徒增困扰。

写完了对家务事的交代之后，父亲重新整理了思路，振笔疾书，开始给素未谋面、远在美国匹兹堡大学的孙观汉先生，写了一封长信。

这一天是一九六八年三月二日，两天之后，父亲就被调查局的特务给押走。而这一走，就是十年。

孙观汉先生：

请原谅我把这些不愉快的事告诉你，这些不但是俗事，且是琐事，说来满纸污浊。现在我暂时释放，听候传唤，每一次电话铃响，都一身冷汗。家务事已交代明白，欠人人欠，以及书籍情形，已列入清单，交于老妻，盖不知再捕之后，能不能归也。

如果我因此入狱，则少者三五年，多则十年二十年，身不由己。恐无法再与先生通讯，亦无法再拜领教益矣，提笔至此，不禁潸然。说了这么多，只希望当彼时也，官方或有志之士，必有类似判决书之类的官文书出笼，把事情说得击节称赞。但愿两相对照，便可看出全貌。人生能有几知己乎，虽不通讯，心慕备至。但仍乞为国人多写文章，盖此非一小撮人孤立的险诈罗织，而是整个文化中倾轧的习惯反应和勇于内斗的气质发酵。套句《圣经》上的话：他们所做的，他们不知道。这种气质，个别地加以改变或堵塞，不可能竟其全功，必须用文字的力量在能领略的知识分子中，鼓励其“做小事”，一点一滴的小善加起来，方能构成全民的大善。请勿因我一人一家的遭遇，而对国家失望。我如果平安无事，当再修函，但在修函之前，请勿来信。一则恐怕我已入狱，根本看不到。二则也恐怕为先生招来许多不便。请千万为我，也为国人珍重，如文字狱起后，先生尽可对我表示失望，甚至指责，以求顺合潮流，然后大文才可为受到有识之士的赞扬，而流传更广，这是内心的恳求，先生定会鉴及我的诚意。我们只求对国人有利，朋友形迹，不妨改变。只要心如灵犀，就不虚此一生，能得先生为友，一死何恨。心情万分沉重，语无伦次，这是我们相识以来，第一次以私事告诉先生，万感交集，再见，再见，再见。

这封信道出了无限的沉痛，即将被吞没在“酱缸黑恶”的势力里，父亲仍主动请求孙观汉先生写文章指责自己，并且仍不忘对国家民族有殷切的期许。

父亲回忆说：“一九六八年三月四日，晚饭后我在灯下交代后事，心灵纷乱得难以平静。调查局的两位调查员高义儒和刘展华按门铃进来，要我再次到调查局谈话，并且向倪明华保证，天亮以前一定把我送回来。”

当时佳佳正在看电视，对着两个特务的背影，噘起小嘴“嘘”了一声。倪明华靠着窗子面无表情，陈丽真尾随下楼，扶着父亲登上调查局黑色的箱型车。这是重要的一刻，一场冤狱罗织的狰狞戏码，以及群魔血祭的残酷逼供，此时揭开了序幕，正式上演。

到了三张犁调查局的招待所，与其说招待所，其实就是审问室，大约只有十平方米大小，一张小桌，两张木椅，桌上一盏台灯，照着父亲的双眼，极度刺眼。当晚的主审员刘展华第一件事，就是命令他撰写自传，从出生到今晚的被捕。

父亲写完自传，刘展华就开始讯问他二十年前（一九四八年），沈阳在内战中落入共产党之手的经过。接着就单刀直入地问道：“你被俘是哪一天？”

父亲对“被俘”这两个字，一直都很困扰。自从离开“救国团”，有十年多没再听过了，今天突然被提起，他突然警觉到前面的陷阱，既是以《大力水手》漫画事件被约谈、审讯，这跟“被俘”有什么关联？为什么要提问“你被俘是哪一天”？

对从未发生的事情，父亲根本不知道应该承认些什么。

刘展华说：“在那个大势已去的年代，国军为了保存自己的实力，多少高级将领假装跟‘共匪’妥协，这有什么关系，重点是他最后效不效忠国家。”

父亲在回忆中跟我们说：“那个时候，我并不知道‘惩治叛乱条例’有明确的规定：凡被俘过的人，不论军官或士官，一律判处重刑，从五年到无期徒刑。我拒绝承认被俘过，不是我知道被俘是重罪，而是确实没有被俘过，没有的事怎么承认？”

刘展华的脸上开始露出不耐烦的表情，不断地翻转着拿在手上的米达尺，说：“好吧！那你逃出沈阳的路条是从哪里来的？”“我们自己写，自己刻印。”“怎么刻印的？”“用肥皂。”“是谁刻的？”“孙建章！”苍天在上，父亲的供词牵连出孙建章先生，因为图章确实是孙建章刻的，他认为孙建章可以挺身而出作证。当时，孙建章正在苗栗警察局当督察长。

父亲说：“再想不到，我请他作证，不但救不了自己，反而把他也拖进火坑。孙建章立刻被免职，逮捕归案。调查局正愁缺少人证，我居然把一个活证人送到他们手上。”因为法律规定，同案被告的口供，可以作为证据。然而“重证据、重调查、不轻信口供”是一个重要的指导原则，因此对于被告的口供，向来要求要慎重使用。但是法律是抓在有权势的人的手里，怎么解释全看他们是邪恶还是善良。那个年代，政治是凌驾在法律之上的。

接着，审问官又多了一位年纪较长的李尊贤先生，集中焦点盘问父亲被俘的经过。刘展华对父亲不肯“承认”被俘,已经非常震怒,似乎就要爆炸了。

就在这间审问室里,两年前即一九六六年的五月,因遭受调查局第五处处长蒋海容案的牵连,调查局逮捕了《新生报》编辑主任姚勇来先生和其妻名记者沈元嫜女士。连当时“副总统”严家淦先生都尊称她为“沈大姐”的沈元嫜女士,在调查局受尽百般屈辱,历经三个月各式各样惨无人道的酷刑,还被全身剥光,在房子对角拉上一根粗糙的麻绳,架着她骑在上面走来走去。沈元嫜哀号和求救的呼喊,连厨房的厨子都落下眼泪。那是一个自有报业史以来,女记者受到的最大污辱和痛苦。当她走到第三趟,鲜血顺着大腿流下的时候,唯一剩下来的声音,就是:“我说实话,我招供,我说实话,我招供……”

她要求调查员把她放下,暂时离开,允许她自己穿上衣服。调查员离开后,沈元嫜知道更苦的刑求还在后面,她招供不出她从没有做过的事,于是迅速拴上房门,解下绳子,就在墙角上吊身亡。

父亲说:“她是六十年代著名的记者。除了留下若干有价值的采访文稿外,最后留下来的是一双几乎爆出来的眼睛,和半突出的舌头。”调查局宣布她“畏罪自杀”,还逼迫她先生姚勇来在“沈元嫜是自杀身亡”的文件上签字。然后“仁慈”地为她修筑一座矮坟。

当年国民党迫害人权,太多这样的例子。死无对证,被刑求致死的囚犯,永远都无法得到平反。而这些满手血腥的特务,在解严以后,全然不知忏悔,反而都摇身一变,成了保护民主人士的好人,这些人的良知早已荡然无存。

裸女跨绳、赤体坐冰等骇人听闻的刑罚,即便是在古代也是法律所不允许的,属于法外酷刑,只有酷吏才搞。而酷吏大多没好下场,社会舆论认为这是蔑王法、丧良知、泯人性、违天道的行为。

在民主国家中,即使判了死刑,也绝对尊重囚犯的人道。但在当年这个腐败的极权统治下,加上嗜血的特务以酷刑暴虐屈打成招,这种践踏人权、泯灭天良的惨事层出不穷。而当时特务逮捕人犯的手段更是粗暴,为了达成上级所交付的任务,逮不到主角就逮捕其亲友,然后再施以酷刑,不怕不招,明朝东厂的景象完全复制。真是好的都不学,坏的、卑劣、下流的,学得比谁都快、都彻底,有过之无不及。

血淋淋的刑求方式更是五花八门、应有尽有。以凌辱人民为乐事的特务,熟悉各种让你痛不欲生的酷刑,手法残酷多端。在严厉刑求的逼供下,人犯往往已经丧失了意志,而承认各种由审问员编造的罪名。

父亲告诉我们说:“在特务残酷的刑求下,任何血肉之躯都抵挡不了那种生不如死的折磨,刑求逼供不仅伤人身体,更是损害人格,夺人尊严。在酷刑之下,受难者的人格会被扭曲,失去正义生存的意义。刑求逼供取得的自白书,成为判决的根据。草率的审讯与判决,冤枉了多少人?毁掉了多少家庭?断送了多少人的生命与青春?”

21 诬陷逼供 拐骗栽赃 /

父亲就在这间小小的审问室里,经过好几天通宵达旦的折腾,身心早就疲惫不堪。特务们轮番上阵逼供,他编造的故事仍无法让特务满意,我们常听说的“坚不吐实”,就是这个意思。

自从三月四日,父亲被押到这间审问室里之后,就没再露面。就这样已经一个多月了。刘昭祥和刘展华逐渐撕下了文明的面具,朝阳大学法律系毕业的调查员高义儒也加入审讯的行列。

高义儒声称自己是《自立晚报》总编辑罗祖光的朋友,把父亲带到隔壁房间诚恳地说:“柏杨先生!你知道你是什么人吗?”“一个作家。”高义儒说:“不!你是一个名人,既然扣押了你这么久,怎能轻易放你。如果不查出一点毛病,社会一定哗然,让你出去在报上骂我们?”其实他严重地错了,只有公正的审讯,才会得到人民百姓的感激和颂赞。高义儒说:“我们也知道你没有被俘过,你以为我们调查局都是酒囊饭袋?可是我们如果不咬定你被俘过,这案子怎么交代?你一定要给我们台阶下。如果你非坚持不可,我们下不了台,怎么能够结案?只要你指认是廖衡吩咐你写的文章,即可政治解决。”

高义儒指使父亲“坦承不讳”攀引廖衡入罪,而高某居然也是廖衡的好友。刘昭祥和刘展华两人,也都三番五次不断地保证,一定给予“政治解决”。刘展华说:“说呀!没有关系!二十年前的事了,那时候几十万大军都垮了,你一个人赤手空拳,身不由己，有什么办法？所有遭遇都是在不自由状态下做成的，政府岂能像共匪一样，清算你二十年前的事，你要相信我们调查局。”这话听起来很有道理。

高义儒说：“被俘是一件小事，当年，千千万万官兵被俘，如果统统判罪的话，全国军人岂不全都坐牢了？你只要承认确实被俘过，在俘虏营关了三天就被放出来了，表示我们的情报确实没有错误；就足够了。”这话听起来，就好像不太对劲了。

情报错误？那为什么还硬拗呢？接着他骗得更大。父亲问说：“那被俘会不会判刑？”高义儒哑然失笑地说：“被俘三天竟然要判刑，你怎么会有这种想法？你把国民党看成一个没有理性的疯狗党了。我保证，你上午承认，下午就可以出去。我这一生从没有骗过朋友，也绝不骗你。”

父亲沉思良久，望着墙角的斑斑点点和剥落的痕迹，心中凄然地点点头、长叹一声，终于屈服了。就算相信高义儒所说的，表示他们的情报没有错误，就算国民党不是一个没有理性的疯狗党。再者，高义儒说他一生从没骗过朋友。

只是，又一个礼拜过去了，并没有像高某所保证的“你上午承认，下午就可以出去”。

有一天，刘展华等人拿出大约数十本粘贴簿，全是父亲杂文和小说的剪报，每篇文章下面都密密麻麻、注解着他们所加的评语。刘展华说：“我们拿的稿费跟你一样多了。”

这荏苒十载，他们每天都在仔细地找，用显微镜检查“柏杨著”的每一篇文字，有什么地方违法。只要有一个字他们认为不妥，早就叫他当上“匪谍”，用不着等“大力水手”了。

刘展华很有礼貌地请父亲坐下，盯着他的双手问道："你自进来就没有剪过指甲吗？""是的。"刘展华说："两个月不准剪指甲，他们怎么这么没有人道？"刘展华所指的"他们"，不知道指的是谁，有没有包括他自己？于是，刘展华递上一把指甲刀。借着微弱的灯光，父亲眯着双眼，为自己修剪指甲，心里也想着，原来都已经两个月了，这么久了，自己的命运完全无法掌握。

就在此时，外面送来晚餐。父亲的肠胃不好，消化系统早已停摆，根本无法进食。刘展华就把它包了起来，坐到对面，轻松地说："柏老，开始吧！说说你被俘的经过。"

"我没有被俘过啊！"这直觉的回答，让刘展华吃惊不小。

"你没有被俘过？"刘展华命令父亲跪下、指着自己心爱的小女儿佳佳起誓，并大怒说："你不是告诉高义儒你被俘过？今天怎么翻供了？你是想玩调查局？你也太自命不凡了吧！"父亲只有改口说："是的！我被俘过。"

"被俘后关在什么地方？"

"沈阳北大营。"

"关了多久？"

"三天。"

"三天之间你都做了些什么？"

"都是共产党军官向我们解释八大政策，要我们回乡生产。"

"有没有吸收你加入组织？"

"没有！"

刘展华的脸像帘子一样,刷的一声拉了下来。

“你没有被吸收加入组织,这是天大的笑话。凡是被俘的官兵,都会参加组织的,你一个人不会例外。”

“我确实没有参加组织。”

“只有说实话,才可以救你自己,纸是包不住火的。”

“我确实没有参加任何组织。”

“又来了,刚才你还发誓没被俘过,你想骗谁?”

父亲哑口无言,才发现这是豺狼设下的陷阱,承认被俘不是大祸的结束,而是灾难的开始。承认被俘是听信高义儒,希望能逃出虎口,想不到却是自己把脖子伸到断头台的钢刀之下。真是聪明一世,糊涂一时。

父亲后来说自己是一头猪,居然会相信他们的鬼话。本来就是啊!国民党再腐败,都必须为他们所豢养的“诈欺与暴力”集团,背负与承担起被辱骂的道义义务。

两个多月的折磨,父亲已不成人形,心志上早已沮丧颓废到了极点,现在又沉落到完全的绝望,一切似乎都幻灭破碎了。他放弃了挣扎,叹口气说:“他们吸收我加入共产党。”

刘展华惊喜地抬起头,拿着口供簿,飞奔到隔壁向刘昭祥报告。大约二十分钟他返回来,一脸怒气地说:“你确实加入了共产党吗?”

“是的!”父亲回答。

刘展华大叫起来:“你也配?你顶多是一个外围的混混、无行的文人。我们从不冤枉人,你老实说,你被俘后,到底参加了什么组织?”

父亲悲哀地说:“我真的什么组织都没参加啊!”

“现在的问题不是你参不参加的问题,而是你参加共匪哪个组织的问题。”

父亲告诉我们说:“我不知道他们为什么不准我参加共产党,却知道如果不说参加共产党的话,闯不过这道关口。可是我对共产党的组织实在十分陌生,刘展华发现问题又回到原点,愤怒的情绪终于爆炸了。”

在那只有十平方米大小的侦讯室里,一张简陋的办公桌紧靠着墙壁,两个人面对面坐在桌子两边,已过午夜。这种“夜审”通常都是连续数日数夜,最能使人意志涣散,甚至精神崩溃。而特务们则以人海战术轮番上阵,加上强光猛照,对神经中枢所造成的强烈刺激,逼得人犯几近发狂,最后自然会在精神濒临崩溃的情况下,依照他们编好的“剧情”承认,并招供一切莫须有的罪名。

我记得有一个说相声的笑话,演员忠于剧本,开始表演:

甲:我是小排长,我最怕连长。

乙:那连长又怕谁?

甲:连长怕营长。

乙:那营长又怕谁?

甲:营长怕旅长。

乙:那旅长又怕谁?

甲:旅长怕师长。

乙:那师长又怕谁?

甲:师长怕蒋委员长。

乙:那蒋委员长又怕谁?

甲:蒋委员长怕……怕……怕阎罗王。

全场观众哄堂大笑,猛地鼓掌。突然两个特务冲了出来,大骂道:"你这个王八蛋,竟敢公然污辱领袖,他妈的!我揍你。"上去就是一阵拳打脚踢。呜呼哀哉!全场大乱,这个有趣的相声也就因此打断,演员和编剧不知道最后下场如何?说不定以现行犯身份马上遭到逮捕,之后酷刑伺候,并以"与阎罗王串谋共同毁谤领袖"的"剧情"被起诉。

父亲喝口茶,继续跟我们说:"刘展华命令我把双手压在屁股底下,我把手压在大腿底下,他眼睛马上露出凶光,我吓得急忙把手移到臀部下面。他凝视着我,问我到底参加过什么叛乱组织。"

这是前一天审问的延续。这时父亲臀下的双手逐渐开始发烫。

"柏老!"刘展华说,"逮不逮捕你,权在我们。能不能打开大门走出去,权在你手。你只要坦白,就立刻可走。像你这样的匪谍,永远不会了解我们三民主义信徒高贵的情操,我们以诚待人,只要你肯合作,我以人格保证,像刘科长说的那样,你就跟洗个澡一样,从今以后,永远没有人敢碰你。"刘展华还用"人格保证":"你只要坦白,就立刻可走。"

父亲表示愿意坦白合作,但是确实没有参加任何叛乱团体,这个剧情,没有实际经验根本编不出来。

“昨天你还承认参加共产党,今天连昨天的话都推翻了?”刘展华已经怒气冲天。父亲在臀下压着的双手也已经发麻,此举是让手麻无法做出防卫的动作。

其实特务动粗用刑,在当年是很正常的事,就好像老师对学生体罚一样的轻松简单,只是下手的重量和凶器不同罢了。

多年前一位知名女星与数位友人联手殴打出租车司机,电视上重复播出施暴者拳打脚踢,造成被害人重伤又弃之不顾扬长而去的画面,任谁都会严厉谴责。如果没有行侠仗义的人提供录像证据,不是白白挨一顿要命的狠揍吗?放到现在的年代,人民对自由守法的认同与遵守的程度,以及道德的修养,使得施暴者无法逃避社会舆论和民意的公评,因为错了就是错了,绝对掩饰不了的。最后施暴者都必须诚恳地认错、道歉并赔偿,才能使事件圆满落幕。这件事情也让我们学习到,人会不经意地犯错,但是错而知错、知错能改,真要诚实谦卑地忏悔改过,总有新的起头——善莫大焉。

贩夫走卒与总统的人格是一样的,不会因为你是达官显要,你的人格就一定比较高尚,说不定还更下流。在五六十年代,特务手操生死大权,错也是对,对更是对,又能混淆视听,道德水平不高的,捏死条人命算什么?比打死一条狗还稀松平常。天地不知,只有他知,特务为掩饰自己刑求的过失,随便加个“畏罪自杀”就摆平了。特务如果有人性、在乎犯人的死活,他就不是特务了,反正昧着良心也死无对证。不过,天地真的不知吗?

一个男子汉,可以被毁灭,但不可被击败,而有种情况,宁可被击败,绝不能被毁灭。父亲熬不过这种灵魂与身体的煎熬与痛苦,终于"承认""被俘"过,也"承认"加入"中国民主同盟"。他还天真地以为事情可以就此结束,这跟相信特务的"人格"与"保证",是同等级的幼稚无知和令人耻笑。他不知道特务是嗜血的,一旦暴怒就会用极端行为来宣泄情绪,而且愈演愈烈。

刘展华展现友善的笑容:"柏老!其实你的资料我们全都掌握在手,但我们要你自己承认。"

父亲在调查局的小室里,身心都已经濒临崩溃。他以诗作《小院》记录与见证在黑狱里,特务兽性的粗暴:

小院黄昏密密灯,正是人间两死生;男子剥衣坐冰块,女儿裸体跨麻绳。

棉巾塞口索悬臂,不辨叱声与号声;暂时稍休候再讯,只余血泪对孤灯。

缕缕冤魂都是让人触目惊心的酷刑冤狱所造成,男犯脱光趴在冰块上,女犯脱光跨走粗麻绳,灌水通电、烟熏针刺、吃屎灌尿、坐老虎凳、口灌盐水、鼻灌辣汁、木条夹指、针插指甲……长时间不许人犯合眼,夜以继日进行疲劳审讯,各种摧残生理的审讯方式,包括进行秘密非法的手术和医学实验。

特务们就像参加一场嗜血的嘉年华,尽情尽兴、毫不顾忌地羞辱与凌虐眼前奄奄一息的脆弱猎物,就像一头饥饿的狮子,血盆大口里的尖牙,紧咬着羔羊左右猛甩,直到羔羊断气,再扯下四肢狼吞虎咽。

“十八般武艺”的毒辣技艺，随便一招都是既酷、且残、又狠，令人屁滚尿流，痛入骨髓。完全是一个人面的畜生，把人当畜生来屠宰，毫无人性里最基本的怜悯之心，重创人犯使之心胆俱裂、身心崩溃，而放弃一切的辩驳，即使全是被逼迫而编造的，也得承认一切。在这群又饥又馋的豺狼虎豹的血盆大口之下，多少无法承受残刑酷虐的囚犯，成为无名的冤狱亡魂。

风靡全球的《西线无战事》的德国籍作者雷马克先生，也曾是纳粹盖世太保缉捕的焦点人物。他在另外一本书《光明之路》中，描写了一个德国民兵，在集中营里兽性大发时，命令一个瘦小的犹太人趴在地上，他用脚猛踩乱踢，满口愤怒地咒骂，一直等到犹太人咽下最后一口气，他才悻悻而去。

回到城市里，这个身为小商店老板的杀人凶手，立刻变得文质彬彬、温文儒雅，从内心到外表都是一个典型良善的小市民，任何人都看不出他会使用暴力，并能凶狠到致人于死地而无悔。父亲说：“我相信这些人在社会上，一定会是一个温柔敦厚的朋友，可是无限权力和潜在的兽性，使他们变形。”而这种人，在乔装敦厚的外表掩饰下，隐藏着陷害人并插两刀的潜在特质。

一九八六年获得诺贝尔化学奖的李远哲先生曾说：“白道比黑道更可怕！”因为黑道杀人就坐牢，跑都跑不掉，而白道是踩着别人的鲜血来成就自己，多少无辜的生命死在无形刀下。

握有生死大权的特务，自视甚高，自认比别人优秀，跟纳粹一样的心态，纳粹是杀戮别国人民，特务是杀戮自己的同胞。

他们对同胞的生命根本不予尊重，鄙视欺凌无辜又无力反抗的弱势，挥舞着无影刀拼命地往上爬。你看不到这把刀，因为它是无影的，是用许多无辜的生命和鲜血炼成的，所以白道比黑道更可怕、更可恶。尤其是在独裁政权下的特务们，欺压善良与无辜尤甚。

不久，父亲被另外一件事再度摧折，刘昭祥把同案被告孙建章承认加入中国民主同盟的口供，拿来给他看；同一时间，再把他民主同盟的口供，拿给孙建章看。两个人都黯然神伤。

调查局用对父亲逼供所得着的“自白书”和“坦承不讳”，来指证孙建章也加入中国民主同盟；再将逼供孙建章在调查局自诬之“自白书”和“坦承不讳”，用来指证父亲也加入中国民主同盟，使这个事实“至臻明确”，硬生生完成法律上“互证相符”的手续。

特务们当时再三保证，对孙建章顶多是行政处分、调个职务，绝不会有法律处分，一定政治解决的。事实上，加入中国民主同盟，在法律上，已是构成判决死刑的要件，只是当时两个人都不知道有这么严重，而孙建章是看了父亲的口供，才“承认”也加入中国民主同盟的。

父亲说：“我不懂法律在这方面所呈现的技巧，但我深信法律的目的是正义的。调查局运用法律技巧来‘互证相符’，这是严重的违法行为，也是严重地违反人道。”但是，特务在乎这些违法的行径吗？他们玩法、违法、弄法、践踏法，完全肆无忌惮并乐此不疲。

孙建章在一九六八年八月十七日答辩书中也指称：“……

我在调查局日以继夜之疲劳询问，陷我于精神崩溃恍惚中……强欲所为。”

后来孙建章在一九六八年九月十三日之庭讯中再度辩称：“本案定罪系以一九四八年冬沈阳沦陷后受三天‘匪训’为基础，我不承认。但连续六天七夜，不眠不休之疲劳审问。……他们拿针刺入我的十根指头的指甲内……”

孙建章说：“刑求的方式还有不给水喝、以电话线电击、拳打脚踢。拘禁四个月，已不记得被凌虐多少次，所有的自白，都是在三四十个小时没合眼的情况下讲的。”

而李尊贤在询问口供时，也有一定的模式。他会说：“政治问题可大可小，可有可无。大的军法审判，小的办个手续，哈哈一笑就可走了，只看你是如何选择。”首先，李尊贤打开十行簿，套上复写纸，写上时间地点，然后再下头一行写上“问”，接着再写两个字“请问”，然后把笔放下，燃起一根香烟，深深吸一口烟，再拿起笔来，慢条斯理地才开始。

其实这一切并没什么稀奇，稀奇的是他手上握着的米达尺。父亲告诉我们说：“他会用牙齿咬住香烟，然后像鞭击一样的，突然抽打你的面颊或太阳穴，再慢条斯理地在口供簿上‘请问’二字下面，写下他的问话，而且用语十分谦卑，任何人都无法从这谦卑的用词上，联想到他那既邪恶又粗暴的动作。”李尊贤审讯在沈阳与共产党公安局科长晚宴的情形，许多很单纯明显的事实，在李尊贤之手，却成了另外一种情形：“你在饭桌上谈些请他帮忙的话，自然要恭维他几句，这是人之常情呀。”于是，父亲就坦承不讳“表示谄媚匪帮”。

“他一定有些安慰鼓励你的话，这是人之常情呀。”于是，父亲就坦承不讳“鼓励我受匪训”。

“他一定乘机劝你去民主建设学院受训，这是人之常情呀。”于是，父亲就坦承不讳“交付劝说政府亲友戴罪立功”。

“他一定会劝你快去办登记，你想吧，我们如遇到共党分子，不劝他去自首吗，这也是人之常情呀。”于是，父亲就坦承不讳“向公安局登记身份”。

一直到审理庭上，父亲才听到孙建章的报告，原来调查员把他的“坦承不讳”，拿到孙建章的脸上，孙建章也只好“坦承不讳”。

父亲陆续地“承认”曾经到过共产党在北平的总指挥部旃坛寺报到，然后由北平人民政府发给路条，前来台湾。这个旃坛寺他也确实曾经去过，一九四八年他和孙建章、徐天祥三人逃离沈阳到达北平后，就曾以“第三军官训练班”教官的身份，投奔过北平旃坛寺的陆官第一军官训练班，只是当时被一个趾高气扬的三颗梅花扫地出门罢了。他也没想到在二十年后，这段经历竟然能用来编造一个生鲜的故事。

父亲说：“我一直抱着自己的头，我相信只要不被打成脑残，只要神智清醒，不被枪决，总有一天会离开监狱。只要能活着出去，一定要把国民党冷血特务的邪恶黑幕，一桩一桩、一件一件、一点一滴，详尽地集结起来公之于世。”

李尊贤用他特有的狞笑，说出他们“调查局”的名言：“抓你来，权在调查局；走不走，权在你自己。”李尊贤还特别声明说：“你想回家，只能靠你自己，不能靠别人，照实说了，马上就走。”

父亲跟他喊着："我是照实说了。"李尊贤却冷冷地回答："我们不满意你说的，我们如不能满意，那只有军法审判，恐怕很难政治解决。"

在审问室里，调查员进进出出，人来人往，每个人都给你政治解决的保证。父亲说："我不能一一认识他们，我像被绑在刀砧上的鱼虾，每一个人都有权力到我面前'开导'或侮骂，甚至拍打你的头壳和脸颊。"

据闻刘展华先生的操守很好，这一点值得肯定。但是，如果他硬被陷害栽赃贪渎、酷刑伺候，最后被"突破心防"而依照编剧"坦承不讳"，或被逼迫"畏罪自杀"，不知心里会有何感受？

五六十年代的台湾，是集权主义横行的年代，特务享有"治外法权"，是邪恶力量最集中的代表。父亲说："由蒋氏父子直接控制的特务，制造了罄竹难书的文字狱，比古代皇帝时代都还超过的许多骇人听闻的冤狱。""特务"类似便衣警察，也类似"秘密警察"，如果说到希特勒的"秘密警察"，或说到日本"宪兵队"，大家就会不寒而栗。这些特务都是国家的"公务员"，也都是嗜血的刑求专家，享治外法权，错杀人无罪，即使是自导自演、制造冤狱，造成人民家破人亡也免责。事后，反而能成为国家"最优秀"的公务人员。

父亲到了上海以后的口供，更是离谱。在他供出来的口供里，曾经在四川三台东北大学当教务长的许逢熙先生，变成了复旦大学的校长，还兼任中国民主同盟上海支盟的秘书长。父亲供出曾经去晋见这位秘书长，还领了一笔活动费，就直接来到台湾，隐藏在地下，然后竭尽所能地发表文章，与共产党隔海唱和，打击“最高领导中心”，并挑拨政府与人民之间的感情。

这份供词，终于在被押到调查局那天算起的四个月后，照着特务处心设计所要的“剧情”，全部都完成了。于是就在七月六日，这届满四个月的前一天夜晚，父亲被提到审讯室，刘展华满面和蔼的笑容，安慰着他，认为凡事都应该往好处想。

父亲忽然一股心酸和无限的凄凉与悲情，瞬间全都涌上心头，他淌下两行热泪，嘴角不住地抽搐，一阵哽咽。刘展华说：“古人有言，宁愿一家哭，不愿一路哭。”

这是北宋著名政治家范仲淹的一句名言。这一“路”，是指宋代的行政区名；一路哭，是指一个地区的人民受害。刘展华说这句话的真正含意，应该是说你柏杨灭亡，台湾地区的人民就不会受害了。这句话现在回顾，真是幽默兼讽刺。就好像《伊索寓言》有一故事，大野狼要吃小羊，坚称小羊去年偷吃了它门前的草，小羊说：“我去年还没出生呢！”狼说：“你讲的全对，可是，我吃什么？”

父亲于一九六八年三月四日被扣押在调查局后，调查局并未于二十四小时内移送军法处，而是擅行羁押多达一百四十天，于法显有未合，这是违法羁押。依“刑事诉讼法”第一百五十六条第一项规定，父亲的自白已失去了证据能力。但是调查局却一不做二不休，干脆伪造了扣押的日期，将正确的扣押日一九六八年三月四日，延后三天到三月七日。

父亲从此就以三月七日作为新的生日，不但纪念自己的苦难，也强调自该日起，对笼罩他一生的蒋家政权和暴力政府的唾弃。

调查局于一九六八年六月七日以特种刑事案件，将这“匪谍”“叛乱”之重刑案件，移送“警备总部”军法处，调查局移送书内的“破案经过”大略如下：“早年，有人检举郭嫌思想有问题，乃长期侦查并搜集其言行及犯罪证据，经多方搜证综研资料后，予以约谈侦办。郭到案后，对孙建章共同犯罪行为有明确之供述，因而会同其上级单位并案传讯侦办。”而在“犯罪事实”上，更是洋洋洒洒地陈述郭嫌自幼受继母凌虐，求学时复遭师长鞭挞，致心灵受创，孕成对现实仇恨与反社会之意识。……利用盲目之群众心理，大肆揭发社会黑暗面，颠倒是非，以淆惑视听，迷乱人心，破坏政府威信，离间人民与政府感情，激发对政府的不满情绪，动摇民心士气，以遂“匪方”文化统战之阴谋。“讯据被告郭衣洞（柏杨）对右开犯罪事实，均供认不讳，复有证人之供述附卷可供佐证……犯罪事证至臻明确。其所为犯意一贯，应依刑法五十五条处断，已触犯惩治叛乱条例第二条第一项（唯一死刑）之罪嫌。”

一九六八年七月七日，正是卢沟桥事变的三十年纪念日，父亲双手铐着手铐、双脚铐着脚镣，被押上一辆窗户都加装铁栏杆的警备车上。在他步履艰难地走出调查局押房大门的时候，调查员李尊贤恰巧擦身而过，忽然停住脚，说：“我第一眼就看出你是匪谍，现在有什么话说？”父亲木然地望着他，一直走过去。“死不认错！”李尊贤在后面生气地骂着。

在白色恐怖时期，所有被特务残酷刑求而含冤不白的仁人烈士，后来都得到了平反，政府都公开认错并道歉赔偿。这些手染鲜血的特务，对当初残暴行为所埋下的炸弹，是不是也如李尊贤所说的“死不认错”？政府赔偿就是全民埋单，而不是用这些特务私人的退休金赔偿，所以，他们可以尽情尽兴地蛮干，而不需要认错，也不需要负任何法律、道义的责任。

父亲告诉我们：“当时我很想回头唾他一脸口水，当然我没这么做。上车后看见孙建章也在里面，我们相对苦笑。”押解他们的两个特务，在旁边警告说：“不准讲话！”

一九六八年三月一日凌晨，也就是父亲在家中被押走的前三天，苗栗调查站主任在警察局局长室询问孙建章，问道：“你认不认识柏杨？”孙建章说：“认识啊，好朋友啊！”该主任说：“认识就好，没有事，你回去吧。”此后警务处安全室岳梓宇主任多次召见孙建章，并告诉他：“柏杨诋毁领袖，我们身为情治人员，必须铲除这些败类。你只要证明他是匪谍，就算是为党国立了大功啦！我保证马上调你到台北市做分局长，你回去好好想一想，写个书面报告给我。”

一九六八年三月五日起，孙建章均以证人身份多次出差到警务处接受询问。四月初某日早上，他接到电话到警务处，并未谈话，直接上车，被径送吴兴街第一招待所（实际上为调查局黑牢），由调查员刘展华主审，另“警备总部”保安处一人，警务处及苗栗警察局各一人，连续六天七夜，不眠不休之疲劳审问（审问官当然轮流休息）。

四月九日军事检察官询问后，孙建章被送入拘留室（法定拘禁日开始），再经无数次之刑求、恐吓、利诱，满四个月前起诉，送“警备总部”秀朗桥头的景美看守所。

孙建章说：“我被定罪系以一九四八年冬沈阳‘沦陷’后受

三天‘匪训’为基础，虽然我不承认，但是六天七夜连续不停之讯问和刑求之下，最后实在受不下去，要崩溃了。他们写，我就签，胡乱编。”

父亲和孙建章被移送到“警备总部”军法处之后，由军事检察官郭政熙下令收押。

“台湾警备总司令部”军法处的景美看守所，具有政治整肃的功能，审判、羁押过不计其数的政治受难者。尤其是一九七九年美丽岛事件军法大审就在此地上演，此事也是促成台湾人权的开放，成为人民争取人权的重要里程碑。

这里关过五万多人，也高达四千多人在这里被枪决。现在又更新为“景美人权文化园区”，举办一系列活动和特展，纪念独裁统治时代的无数冤狱和孤魂。这里在台湾近代史上，占有举足轻重的地位。

父亲告诉我们：“台湾争取民主与人权的过程，是冤狱、鲜血和泪水堆砌而成的，这块美丽乐土的过去，全是你想象不到的黑暗与龌龊，以及人心、人性的堕落与沉沦。”虽然后来，台湾当局终于承认错误，对白色恐怖的冤狱受难者或家属道歉，并予以冤狱赔偿，但是对生命与时间的流逝，赔得起吗？

22　十大罪状　死刑起诉 /

正逢炙夏盛暑,看守所里的粪坑臭气熏天,也没有自来水来清洁。大约十五平方米的押房,挤满了赤身露体、只穿短裤的难友。

父亲说:“当大家知道我是柏杨的时候,发出了一阵惊呼。”有人问:“全台湾只有你一个人敢说真话,我们以为是政府给你特别的任务,做样板给外国人看的。”

直到这时,父亲自己都还搞不清楚到底是犯了什么罪,犯了什么法条。所以难友向他询问案情的时候,他根本不知从何说起。

在这燠热难当、炭烧火烤似的押房里,父亲感到身体的煎熬,升到了难以形容的极限。直到有一天早上,门缝里塞进了起诉书。难友们看到署名郭衣洞的起诉书上“惩治叛乱条例第二条第一项”时,都脸色苍白,不说一句话。

父亲急着问:“我的罪可能判几年?”一位难友把一本《六法全书》塞了过来,让他查到“惩治叛乱条例第二条第一项”,看到上面写着“唯一死刑”。

唯一死刑就是枪毙的意思。瞬间,父亲有如五雷轰顶,童年往事全都涌上心头。继母的咒骂——“叫炮头”,如今果真无情地应验了,他实在想不通自己何以如此下场。一位好心的难友爬过来坐到他身边,悄悄地问道:“起诉书上写的是真的吗?”父亲回答:“都是编出来的。”

“你真是小说家。”难友说，“你这篇小说的酬劳太高了，恐怕要付出生命。”

“警备总部”军事检察官郭政熙于一九六八年七月十日侦结，对郭衣洞（柏杨）以“惩治叛乱条例第二条第一项（唯一死刑）”提出公诉。起诉的内容，列出了十大罪状：

一、幼年丧母，所以憎恨社会。

二、高中时读过鲁迅著作，所以思想左倾。

三、大学时组织祖国学社，从事活动。

四、二十年前（一九四八年十月）在沈阳共匪民主建设学院受训三天，脱离国民党，加入民主同盟。

五、二十年前（一九四九年一月）在北平奉民主同盟之命，劝庄腾祖保产（保护财产）投匪。

六、二十年前（一九四九年二月）在北平奉民主同盟之命，在旃坛寺受训三天。

七、二十年前（一九四九年三月）在北平奉民主同盟之命，向孙勉刺探十六军军情。

八、二十年前（一九四九年三月）在上海奉民主同盟之命，派遣来台，发展组织。

九、二十年前（一九四九年）在台湾登报与民主同盟分子联络。

十、廖衡指使写“倚梦闲话”专栏，为共匪文化统战。

“警备总部”军事检察官的起诉书，在“犯罪事实”上，记载着：（“郭衣洞”从）“一九三六年就读开封高中时，喜欢阅读左倾作家鲁迅和巴金之著作，思想因而左倾……于一九四五年肄业东北大学时,与潜匪廖衡沆瀣一气。……与孙建章、徐天祥入匪'民主建设学院'学习'红军战史''建立劳动观念''人民政府宽大政策'……一九四九年二月底,还在北平旃坛寺接受匪训,……后来台发展'民主同盟组织'。……郭衣洞以柏杨笔名在各报刊登《倚梦闲话》《西窗随笔》等短篇文章,推行匪方文化统战工作。案经'司法行政部'调查局侦破,解送侦办到部。……被告郭衣洞于参加叛乱组织后,复接受匪派遣刺探军情,劝诱他人投匪,来台后,又为匪推行文化统战工作,均为基于一贯之叛乱犯意,以非法方式颠覆政府,……核被告郭衣洞之所为显有触犯'惩治叛乱条例第二条第一项',意图以非法之方法,颠覆政府,而着手实行之罪嫌,其所有财产,除酌留家属必须生活费外,应依同条列第八条第一项没收之,依同条列第十条后段,军事审判法第一百四十五条第一项提起公诉。"

另一位难友递来一杯开水,父亲爬着去接,右膝盖发出一阵强烈刺骨的剧痛,他呻吟着坐在地上不能动弹,原来膝盖裂伤日益严重恶化,现在又红又肿似乎已经残废。父亲用手抚摸着右膝,心中凄凉难平,不禁热泪满盈。

有位难友说了一个故事:一个人在调查局被拷打得满身是血,奄奄一息地被送到台大医院急诊,那人的女儿千方百计探听出她爸爸的下落,并设法把病历表影印一份,当面呈堂。军法官和检察官都哑口无言,逼问她这些资料的来源,要判她"泄漏国家机密"的重罪。之后,虽然没有让她坐牢,却做了明确的解释说:"检验单固可证明他在调查局受过殴打,却不能证明被调查员殴打,可能人犯互殴,亦可能自行撞伤,所提证据,不足采信。”更因为他女儿居心险恶，“企图诬蔑政府”“陷治安人员于罪”，对他父亲判刑更重。

这是利用职权的官官相护，随意误判就摧毁一个家庭、枉死一条生命，这种法官在现代叫作“恐龙法官”，或叫“脑残法官”。这种法官最为可恨，因为他们心中没有天平，而且利益行事、便宜行事、枉顾生命，却手操生死大权。

“检调是一体的，法律在他们手上。”一位难友说，“我们小老百姓，被打、被剐、被杀，完全束手无策。”

大家都很关心“柏老”，也都相继提出很多意见。有的忿然不平，有的愤而开骂，总结了具体的意见是：“开庭的时候，千万不要提及你受过刑求，那反而激起他们的报复；也不要说犯的罪都是自己被逼迫所编的，法官会认为你无赖狡辩。唯一的办法是假装信任法官的公正清明，只请求调查沈阳‘沦陷’后，共产党有没有设立民主建设学院，有没有中国民主同盟。北平‘沦陷’后，旃坛寺有没有共产党训练机构。上海那时候的复旦大学校长是不是许逢熙。法庭只要就这四点澄清的话，你就有活命的机会，千万不要去指责他们的革命同志。”

的确，自由心证都在他们脑袋里面，这些人因为缺乏真理、良心萎缩、官架子又大、气势凌人，所以很容易就老羞成怒。

被起诉后，一九六八年八月四日，父亲提出第一次答辩书：“……在那无人可语的斗室中，疲惫、惊恐、疼痛，我的意志崩溃了，‘但求早还家，不惜一身腥’。我乃同意调查员‘政治解决’之提议，而自诬不实之自罪状……在调查员的引导和我的‘领悟’之下，罪状一点一点地砌成。……看了调查局为我罗织的罪状，从高中读左倾作家的书，逐步发展到为共产党作文化统战的高潮……想不到调查局的诺言未干，笑容仍在目前，竟变得如此狰狞。……调查员刘昭祥警告我不可翻供，他说军事法官只执行政策兼承命令，对翻供的报告，只会因其狡诈而重判，绝不会依情减刑，但我还是要向法官先生报告我被调查局陷害和自诬以自救的前因后果……”

一九六八年八月十二日，父亲向台北地方法院检查处提出自诉状，要求查明“民主建设学院”“民主同盟”以及“北平旃坛寺”有无共产党训练机构、上海那时候的复旦大学校长是不是许逢熙等。在数月之间，“国防部”情报局、“国民党中央委员会”第六组，都陆续复函，推翻了父亲在调查局囚禁时所做的口供，这证明了当时的口供内容不实，也间接证明了他是被诬陷的、是冤枉的。只有调查局回函说“无资料可供查证”。

一九六八年八月十四日，父亲第三次答辩书指称：“军事检察官郭政熙在调查局开侦查庭，先后达七八次之多，调查人员都陪坐在侧，我敢说什么？在最后第二次侦讯时，我只含蓄地表示‘有千言万语，要向法庭上说’。那天调查员刘展华在隔房，隐约听了觉得不对劲，便斥责辱骂。我如果直截了当地倾诉委曲，会有什么结果？谁能如此懵懂？而最主要的是，调查人员一再强调检察官侦讯不过是一种形式，仍是要政治解决。刘展华谈到郭政熙检察官，一直很轻蔑，有几次都对我说：‘那个小检察官，你理都不要理他。’在这种情形下，我又怎会自找死路？于是，一份腥血四溢的起诉书出来了。”

一九六八年八月十五日军事法庭第一次庭讯审理笔录，军事审判官方彭年提示父亲于调查局所写之总自白书,并就其内容逐一讯问:“这个自白书是在何种状况下写的?”父亲回答:“调查局调查员刘展华告诉我政治问题要政治解决。写好自白书,就可以回家,如果不写的话,就送到军法处法办。”

一九六八年八月十六日,父亲在第四次的答辩书中表示:“……当我自诬,是那么死心塌地地相信可以政治解决,和由衷地恐惧军法审判,只求和妻儿团聚,宁愿含垢终身,并不打算拆穿它,所以刻意地求其像、求真实。我如果存心拆穿它,我至少可以把我小说上的人物全部搬出来,那漏洞更多、更明白。……特务们用军法审判威迫我,用马上可以回家利诱我,苦逼我‘挤牙膏’……李尊贤引导我非走他预定的道路不可,而高义儒更明目张胆,丧尽天良,不但教我自制冤狱,还教我罗织他朋友(廖衡),也是我朋友的冤狱。”

一九六八年八月十九日,父亲还特别写了封信给蒋经国先生,内容是:

> 主任……这件事关系着您的恩典、政府的威信,和一个血腥的千古奇冤。我自己的痛苦,并不算什么。可是对国家法治、荣誉和公道的斫丧,实不可以道里计。主任曾数次向沈局长垂询过我,使我在斗室之中,闻讯涕零,不能自已。我的案情,他们大概已向您报告过了。可是,那是一个可怕的诬陷。斗室逼供,使我自诬,使我连千里外的同学、老师,甚至我写的小说上的女主角,都诬成了匪谍。

但是这封信被扣住了,没能寄出去。

一九六八年八月三十日第二次调查庭,父亲跟法官报告说:“自一九六八年三月四日夜晚被调查局羁押,迄七月三十日,我从没出过大门,都被关在黑房子里。”法官先生听了非常惊讶,拿出军事检察官的笔录,指出第一页第一面的地址栏记载“本部侦查庭”的字样。

父亲说:“这时我这才大梦初醒,怪不得军事检察官第一次及以后的每一次笔录都一定要把第一页第一面覆盖在桌子上,原来就是避免我看见‘本部侦查庭’字样。明明是在调查局询问室里开侦查庭,却写着在台湾警备总司令部开侦查庭。”父亲不禁请问法官先生:“这是不是伪造公文书?这种行为合不合法?按照起诉书上记载:调查局于一九六八年三月七日就把我‘解送’到‘台湾警备总司令部’,可是我却是在一九六八年七月三十日才被‘解送’到‘台湾警备总司令部’。军事审判法明白规定:执行羁押应凭押票,将被告解送于指定之军事看守所。无军事看守所者,寄押于司法看守所或营房。”军事检察官却将他关在一个暗无天日、有冤难诉之“非军事”看守所的黑房里,长达四个月又十八天,请问这是否摧残人权?是否违法?

父亲接着说:“军事检察官拒绝把我提押到军法处正式看守所,而仍羁押在调查局非法看守所,我被他们囚时,已改名为‘留质室’,我囚的是留质室第二十房。后来立法院、监察院限以调查局不应囚人,听说又改名为‘招待所’,现在政府励精求治,各方面都在突飞进步,他们可能改名为‘宾馆’了。”

就在这一次的调查庭,法官先生要父亲把他全部著作呈阅，一共四十多种。他说："我的杂文《倚梦闲话》《西窗随笔》，今天所以被陷害到这一惨境，祸根在此。"

一九六八年十月一日第三次调查庭时，受命法官方彭年先生准备把父亲的著作送请专家审查，俟审查之后再作定夺。

父亲说："这措施使我很吃惊，也很感谢。正因为法官先生那么慎重，我有几点请求：一、我请求送往学术机构审查，那位专家先生一定得是一位教授学者，并将全部著作一齐送去。不然就只送起诉书所指明的《倚梦闲话》十辑。二、我请求专家学者在审查时，千万不要断章取义，而应该发掘其真实精神，具体地求证……千万不要送到调查局。我只希望公开公正，我祈求不要送到军中政治部之类的机关审查，那等于是谋杀。我请求最好送到'全国'性全面性学术机构，像台湾大学、'中央研究院'、'中国文艺协会'、'中央图书馆'。如果不可以，我祈求送到'教育部'文化局或'中国青年反共救国团'。如果这也不可以，我冒昧请求：那就不要送审了。如果送审的主要目的只不过为了便于判刑时引经据典，那太残酷了，宁愿法官先生自己审查。"

在任何一个文字狱中，所谓"审查鉴定"，目的都不在发表真相，而在于入人于罪。所以在"清白"与"犯罪"之间，没有一定的共同标准，而只凭当事人的好恶，恁加解释。

明太祖读《孟子》，读到"闻诛一夫纣矣，未闻弑君也"，勃然暴怒，下令把孟子撤出文庙。过了些时，又读到"天将降大任于是人也，必先苦其心志，劳其筋骨，饿其体肤，空乏其身，行拂乱其所为，所以动心忍性，曾益其所不能"，不禁大哭，认为孟子是他的知己,下令重新尊祀。

父亲说:“一个人的审查鉴定,都因其好恶,而异其标准。两个人,或两个机关,就更各有各的观点了。在政治性案件中,当然无可奈何。但在纯法律案件中,这种没有标准,各随己意和互不兼容、互相排斥的审查鉴定,怎么能作为论罪的证据呢?”

一九六八年十月三日,父亲于第七次答辩书指称,军事检察官郭政熙侦查笔录伪造文书。

一九六八年十月十一日,父亲向军事法庭声请裁定“军事检察官郭政熙违法侦查”。

父亲申诉说:“我自一九六八年三月四日夜被调查局传讯羁押,三月中旬军事检察官郭政熙第一次问话,我当时并不知道在场的二人就是军事检察官及书记官,但他们的动作引起我的疑惧,书记官把笔录第一页第一面覆盖在桌子上,只露出第二面来书写。我曾问:‘二位也是调查局的人吗?’郭政熙说:‘啊!啊!是另一部分。’陪同在旁的调查人员刘展华也说:‘只是谈谈,为多方面查清楚。’我当时相信了,但那书记官却再也不肯翻开第一面,连移动翻面都鬼鬼祟祟掩遮,使我心中浮起一层阴影,这个阴影在五个多月后的今天(一九六八年八月三十日),才被拆穿。”

于第十次答辩书中,父亲向法官先生说:“我的案子本质上是一个可耻的文字狱,跟历史上任何一个文字狱一样,手法是一脉相传的‘诬以谋反’!并无任何新奇之处。”

在一九六八年十一月九日答辩书中,父亲补充说明:“一、被押于调查局（吴兴街招待所）时，如获恩准与家人通讯或家人送零用钱及换洗衣物来时，住址皆用'台湾警备总司令部'公共关系室。二、一九六八年五月中旬刘展华拿出'台湾警备总司令部'军法处特有绿色墨水写的笔录，笑嘻嘻地对我说：'柏老，这是那小检察官的一份笔录，请签一签字，他正忙着整卷，抽不出身，你的事马上可以解决了。'我立刻就在上面签字。那份笔录上面写什么，我并没有看，因为我用不着看。他们向我保证说，在政治解决下，再重的大罪都会化为乌有。但我现在想起来却十分恐惧，不知在那上面又诬陷我什么……"

父亲迭次声请军事法庭传讯相关证人到庭与之对质，却遭到军事法庭拒绝，令人不解的是，为什么法官先生不准他跟相关的人对质。父亲说："在调查局的精心设计下，我的案件像一个天平，天平的一端是固定好了的台湾《倚梦闲话》，但单独的《倚梦闲话》不能使天平平衡，所以另一端的'砝码'，必须是在大陆上'受匪训'，万变不离其宗。"

就在一九六九年二月，在"台湾警备总司令部"军法处看守所里，隔着玻璃窗，父亲和妻子倪明华办妥了离婚手续。在电话的另一头，他跟倪明华说："我临走时，已经写好了离婚协议书，也亲笔签名盖章了，放在你那里，拿出来就可以用了。"就这样轻描淡写地，结束了这段十年的婚姻。

目送爱妻走后，父亲踉跄地回到押房，心里激动难平，因此绝食了二十一天。后来他又觉得自己的行为有点好笑，当初有一百个理由绝食，现在却有一千个理由觉得荒谬。其实，最主要的理由是："我要活下去，好记下我的遭遇。"于是，他恢复了进食。

二十年前的一九五〇年，父亲担任屏东农业职校人事员的时候，因为偷听大陆华南战况的广播，被特务逮捕，押解到台北的台湾保安司令部看守所，被羁押了七个月。那次是他来台后第一次坐牢，不但没有律师，也没有起诉书和判决书，最后用八十元买保人将自己保出。

二十年后的今天，不但有起诉书，还准许被告请律师查卷。父亲的辩护律师施莲洁，在查卷之后告知，于一九六八年八月十二日向法庭要求调查的几项，都已经有了明确的调查结果：

第一，沈阳“沦陷”后，根本没有民主建设学院。

第二，共产党从不在他的训练机构里，为友党吸收成员。这就是说，他不可能参加中国民主同盟，即使参加，当时中国民主同盟跟国民党是友党，并不违法。

第三，共产党并未在北平旃坛寺设立任何训练机构。

第四，许逢熙自抗战胜利后，从未到过上海，也从未在复旦大学任职。

一连串正面的讯息让父亲转忧为喜。

父亲说：“我大喜若狂，感谢法官公正清明，感谢上帝未使发生偶合，因为至少可以证明我和孙建章都‘承认’参加‘民主建设学院’的‘自白书’，是怎么‘互证相符’的。”他认为，如果调查局的资料是真，“国防部”与“中央党部”的公文便是伪证，他们便是包庇我这个“匪谍”。如果“国防部”与“中央党部”的资料是真，调查局的公文便是伪证。他们便是诬陷我这个孤寒的一介书生。二者必具其一，不容折中含混。事关人权和政府的威信,以及台湾的荣誉,不应该不了了之。可是万万意料不到,在判决书上,反而抛弃了所有的事实。自然“受匪训”也就不可避免。窃以为这种推断不但超出了生活上的经验法则,也超出了人类所有的理性。

23　锥心泣血　上诉万言 /

从一九六八年的八月四日起，短短四个多月里，父亲写了十余份的答辩书，对他有利的大小证据，也陆陆续续地经过调查而显明出来了。调查局得知他将面临无罪判决时，竟然伪造证据，继续陷害，于一九六九年五月二日补送军事法庭许多捏造的证据，后来，均由国民党"中央党部"证明，全部是伪证。

父亲的"罪行"，从具体的变为闪烁的，实在是太混沌了，比秦桧加到岳飞头上的"莫须有"还要混沌。调查局最后除出具公文伪证外，还暗示这是蒋经国因不能宽恕"大力水手"而有所指示。于是，刹那间有了风起云涌的巨大变化：一、父亲的委任律师不能再接见；二、呈给法庭的答辩书都被扣留，不准把副本寄给律师；三、律师奉到严厉的命令，不准家属看到答辩书；四、禁止亲友通信，扣留家书；五、禁止向地方法院控告调查局伪证。据律师说，这是从来没有的现象。

父亲于其《上诉理由书》中指称："调查局人员说本案是蒋经国要办他。……请允许我将调查局对我所作的一种骇人听闻、不可思议的伪证罪行，提出报告。……从这件公然伪证，可以发现调查局对我极尽其力诬陷的事实，和其他血腥阴谋，包括假宣意旨，说是蒋经国指示要办我。"

形势如此，黑云压压，法算什么，理又算什么？一个囚犯能希望什么？父亲说："我是否被俘，调查局人员心里都有数。否则何必出具伪证呢？如果不是居心刻意要陷害我柏杨，又何必出具伪证呢?"

自一九六八年三月四日被调查局扣押,而在六月前后,那时仍是侦查期间,父亲还没遭到起诉,调查局长沈之岳先生,就把父亲自诬的"十大罪状"自白书和幻灯片,拿到倪明华服务的"中国广播公司"等机关放映,宣扬他的功绩,以表示他破获了一个"潜伏了二十年之久的大匪谍",办的是真案而非假案,这是严重的违法行为。在表面上,法官先生没有采信这份伪证公文,但在实质上,法官却不得不顺服地接受。

在自诉状上,父亲指称:"我在大陆的罪行,调查不便还有可说。而说我在台湾登报与'匪谍'联络,这么容易调查的事,他们都懒得去求证一下,就颟顸地列为十大罪状之一,交给军事检察官起诉。想不到移到军法处后,法官先生调查我一罪,就洗清我一罪。"父亲说:"调查局发现我即将洗清冤情,反证其办假案、造冤狱、诬良为匪后,不但不肯悔悟检讨,反而一不做二不休,以专业机关之身份,伪造证据、曲解事实,影响审判,图借刀杀人以灭口。其言行、用心至为毒辣,违法乱纪、蹂躏人权、彰张明甚。万不得已,请依'刑法'第一百六十九条第二项等之罪提讼……"父亲向台北地方法院检查处自诉调查局局长沈之岳伪证罪,台北地方法院检查处以所告沈之岳涉犯诬告匪谍案件系属"戡乱时期检肃匪谍条例"之案件,依据"行政院"令……处分不起诉。这就是说,你痛是白痛、伤是白伤、死也是白死,在"白色恐怖"年代,特务把人权蹂躏得不成人样,却不需对法律负责、不需对自己的恶毒负责、更不需对祖先和后代负责。所以小民的性命,在他们眼里不如一只蚂蚁。

在一九六九年七月二十九日及三十日审理上，审判长逐条宣读警总及调查局审查鉴定所有“柏杨著作”的结果，吩咐被告当庭答辩。父亲回应庭上说：“因为是那么琐碎，所以请求改为书面答辩。”

在三日之内，父亲就依约提出了答辩状，内容为：“……两个治安机关比较起来，‘警备总司令部’比较厚道得多，只是指摘我讽刺之嫌。而调查局却更充满了杀机：第一，他们是原告，当然要在每一件原控的罪行上咬定；第二，尤其在‘国防部’‘中央党部’代我摘下他们扣在我头上的‘民盟帽子’之后，暴露了他们制造假案、诬陷忠良的阴谋之后，只是迫害言论自由，就更陷于自卫性的反击。一方面出具贻笑天下的伪证公文，另一方面在我的专栏上，加以血腥的曲解硬栽。不但使用‘共产党式的辩证逻辑’，还唯恐不够结实，而几乎每文每段，都自己代法官先生下结论‘为匪文化统战’。甚至更恶毒地推演为‘打击领导中心’，一个奸情败露而情急的人，往往如此。但一个‘国家’最高的情报专业机关，对一个孤苦无助的专栏作家，如此地一陷再陷，未免太过分，太残酷了。”

结果等到判决书发下，才发觉七月三十一日那一天，法官先生已经把判决书都写好呈判上去了，根本没有准备要参考父亲这一份新答辩书的意思。

一九六九年七月三十一日，“台湾警备总司令部”(五十八)年度初特字第二号《判决书》宣判：郭衣洞(柏杨)意图以非法之方法颠覆政府而着手实行，处有期徒刑十二年，褫夺公权八年。除酌留其家属必需生活费外，全部财产没收。《鱼雁集》《怪马集》各三本,《玉雕集》《堡垒集》《圣人集》《凤凰集》《红袖集》《立正集》各二本,《高山滚鼓集》《道貌岸然集》《前仰后合集》《闻过则怒集》《神魂颠倒集》《鬼话连篇集》《大愚若智集》《死不认错集》《魔鬼的网》《云游记》第二、三集各一本,均没收。

父亲闻判十二年,作诗如下:

> 刀笔如削气如虹,群官肃然坐公庭;昔日曾惊鹿为马,而今忽地白变红。
>
> 兀貔有权制冤狱,书生空恨无长弓;自怜一纸十二年,迎窗冷冷听秋风。

最初以为会被枪决,继而又认为会无罪释放,父亲说他的脑筋简单得跟白痴一样。孙建章由证人变成他的共同被告,被判感化三年。所谓感化,就是不送入军人监狱,而送入台北县土城的“生产教育所”,类似集中营的监狱,实施思想教育,名义上感化若干年,实际上是要看特务的高兴不高兴,可以无限期延长。

倪明华的师兄傅正先生,就延长了两个三年,也就是刑期结束,特务不太满意他的表现,给他延长三年,结果又不满意,再延长三年,等于多出来六年的无妄之监。

孙建章总算是不幸中的大幸,他三年刑满顺利出狱,虽然家破,幸好没有人亡。

父亲出狱后,曾在台北衡阳街与他不期而遇。他拉着孙建章的手致歉说:“建章,我对不起你!”“谁又对得起你?”孙建章回答。这简单的一句话，恳切朴实，父亲感到无限内疚，终生铭感。

在判决书中，有一段如此强调："……被告曾受高等教育，服务社会三十年，经验丰富，自非调查人员所能诱其承认犯罪。"这话乍听好像有理。但是一个经验再丰富的普通人，尤其是一介书生，根本无法应付一群也经验丰富的"罗织酷吏"。唐朝武周时的著名宰相狄仁杰以宰相之尊，在来俊臣手下当天就坦承不讳他的谋反叛乱罪行，而且有"谢死表"上奏，罪证可以说是"至臻明确"，结果又如何呢？父亲说："我因受不了逼迫，不得不在调查人员膝下屈服。为了相信我们是民主法治社会，终可得到昭雪，这当中含着无限血泪和悲愤，更含着人性尊严的屈辱。判决书的用语太轻松了，然而这不是纯理论问题，还同时是事实问题。"

父亲申诉说："判决书说我受高等教育，服务社会三十年，经验丰富，自非调查人员所能'诱其承认犯罪'，那么，我怎么承认参加'民主建设学院'？怎么承认参加'民主同盟'？怎么承认'北平受匪训'？怎么承认'上海派遣来台'？怎么承认'在台登报寻匪'？怎么承认'受匪指示写杂文'？这一连串血淋淋的犯罪，只要有一件发生偶合，便百口莫辩，可是我却谄媚地一一'坦承不讳'，难道是我甘心情愿借刀自杀？难道是我存心用我的生命、自由和幸福，去戏弄调查人员？难道是我和孙建章一样，同时都像调查局局长沈之岳所说，受过'共匪'长时间的高等匪谍训练，来故意蒙骗？审判长先生，这还不够反证我被诱承认我所没有犯过的罪吗？这还不够反证我十大罪状'自白书'和'坦承不讳'是在什么悲惨情况下产生的吗？还要什么更多更大的证据才能证明呢？难道说非调查局自己出公文，承认果有非法逼供才行吗？"

父亲说："这不是求真、求实的侦查，而只是求'互证相符'的罗织技巧。只要使某甲'坦承不讳'跟某乙杀了张三，再使某乙'坦承不讳'跟某甲杀了张三，则法律上已完成'互证相符'的手续，就被认定是杀了张三。不幸根本没有张三。但既然'迭据在调查局及本部军事检察官侦查时，坦承不讳'，虽然没有杀了张三，但'被告杀人既属实在，则人之名称如何，并不影响被告杀人之事实'，仍是杀了人。至于这人是谁？天下没有人知道，这就是调查局设计的图案。……我的'坦承不讳'已够凄凉，幸皇天有眼，被一一澄清。可是经过调查局如此移花接木地加以改造装置后，单独地看起来，又是一种情景。"

调查局逼着法官，不得不编排一个大陆的砝码，使之成为"匪谍"，用以判处死刑。

在父亲起诉书上的十大罪状中，也就是在调查局及军事检察官侦查时，所"坦承不讳"及"互证相符"的十大罪状中，法官先生已经昭雪了六大罪状。另外又昭雪了四项重罪：一、民主建设学院；二、民主同盟；三、脱党；四、廖衡指使。

父亲说："所以，虽然他判我十二年有期徒刑，我仍由衷感激，砝码是调查局放的，只要是'二条一'，十二年是最少的了。不过，人们只要把起诉书和判决书摆在一起，作一个比较分别，就可以明了真相，就可以领悟到我遭遇的是些什么。"

"二条一"是唯一死刑，只要有两个条件就可以构成：一是参加“叛乱”组织,二是有“叛乱”行为。

有一位台北市挑挽业公会的理事长,八九岁懵懂年龄时曾参加过共产党的儿童团,五十年后他不经意地跟朋友说,共产党在长江上建了一座大桥。前者是参加叛乱组织,后者是为匪宣传,属于叛乱行为,判处死刑。自从罗马法颁布以来,再野蛮的国家,她的法律都有一个基本原则,就是“不溯及既往”,也就是今年公布的法律,效力不能追溯到去年。可是蒋家班大法官为了使特务的杀戮合法化,在第六十五次会议上做出决议,认定法律可以溯及既往,即令在这项条例颁布前五十年加入过共产党,也等于现在加入,这真是泯灭天良的合法性帮凶行为。

一九六九年八月十二日,父亲向台北地方法院呈递一份刑事自诉状,控告沈之岳先生伪证,但被扣押,未能寄出。他说:“我并不要伤害他,我只求洗清自己,既不准寄出,我又能奈何?”不过,以一个最高的情报机关而言,如此公然倾全力来陷害一个人,可以说易如反掌。而且发现将被拆穿不过只是在诬陷一个毫无挣扎之力的文人,办的竟是一个假案时,为了自卫而出此下策,迫使法官先生据以判刑,以实其言,而堵人口,现在果然是如愿以偿,判了十二年有期徒刑。

父亲于一九六九年十一月九日上诉理由书,即当时外界所传的《万言书》,其中有一段是请求“国防部”和“中央党部”调查,请他们加以诠释。但是也特别请求:不要向调查局调查,那是个伪证机构。这段摘录部分:“……刑事诉讼法采取最现代的立法精神,那就是直接审理主义、言词辩论主义、当事人进行主义。……在一年来对我的审判期间,法官先生在正式法庭直接审理下,发现了我什么罪行?没有!不但没有发现我什么罪行,反而为我洗刷掉很多罪行。但为了完成调查局的任务,不得不拒绝直接审理,不得不拒绝言词辩论,不得不拒绝当事人进行,而采用非直接的事物。……试看一下我的判决书,所有论罪的根据,没有一个是来自法官先生直接审理所得,而都是来自调查局的十大罪状'自白书',和军事检察官的'侦查庭',既然如此,何必要军事法庭呢?何必要开调查庭、审理庭和辩论庭呢?何必要查证呢?甚至于,何必要法官先生呢?一切都以'侦查庭'为依据,而以审判庭上的陈诉为'空言狡展,不足采信',岂不是只要军事检察官就够了?更甚至于,只要调查局就够了,他们的一纸'并无不法取供情事'的公文,既有那么大的权威,军事检察官和法官先生还有什么话好说呢?"

父亲申诉说:"……我所作的陈诉,不仅负法律上责任,也负千秋万世道义上、道德上的责任。当时调查局严格控制人证、物证和控制军法审判,已是人人皆知,扼腕叹息!但又是无可奈何的事实。"判决书上说:被告不能举出如何不自由之具体事实,以资调查,空言诿为非出其自由意志,殊难凭信。

父亲强力反驳:"谨请明鉴,在人屋檐下,不能不低头。路温舒奏有句名言:夫人情者安则乐生,痛则思死,捶楚之下,何求而不得?"在判决书上,查证没有民主建设学院之后,仍坚持被告在"其他训练机构"受训,就是明显的迹象。因为"匪有很多种训练",民主建设学院不过是其中之一。则虽不在民主建设学院受训,也必定在别的训练机构受训。

父亲说:"如果没有这伪证,我想法官先生绝不会如此生硬地节外生枝,在没有布列斯托尔旅社(世界名著《匹克威克传》的情节)之后,仍坚持有‘此类旅社’。”

父亲继续说:“天罗地网,都在他们手中,囚室呼天,天亦不应,只有沉冤海底而已。他们既订下不放我的决策,就用格别乌的手段,一不做二不休,索性诬我谋反,陷我匪谍,使我‘坦承不讳’‘自动招认’,自白书和起诉书上的十大罪状,就如此产生了。在他们以为,只要有一个偶合,也就够了。”而且,他们都深具自信,诚如调查局专员高义儒所说:“我们到衡阳路上随便抓一个人,送到军法处,他们都得判罪。”

父亲说:“听说调查局从前办案,并不如此。但自沈之岳先生当局长之后,‘匪谍’却层出不穷,果真如此?抑仅是他做法错误?还是故意要陷蒋中正和蒋经国为淫刑之主?还是他要制造仇恨,屠害忠良?要我们自相残杀?许多人都是因为受到酷刑之后而承认情治人员替他编造的‘罪名’。‘警备总部’保安处也办过不少文化人的案件,但并不一定非要陷对方于‘匪谍’不可。”任何一个冤狱的昭雪,一线契机就够了。现在这么多契机摆在眼前,却都让他们流传民间来伤害政府。

沈之岳掌理调查局将近十四年,主导无以数计的政治冤案,他摧残人权的记录血迹斑斑,都将留给历史公评。

曾遭沈之岳罗织下狱的前调查局副处长李世杰,则直指他是“豺狼之心、世之大贼”。长期任职调查局研究处的曾永贤先生,称他为“双面谍”。

沈之岳是民主人权的杀手,是典型当权派的鹰犬,在国民党威权时代不断残害人权、罗织冤狱,对于自己同僚都能如此残酷,对脆弱无辜的民众,像捏死蚂蚁一样,哪会留情?

一九七七年四月一日父亲获释,从绿岛重回台北的第二年,沈之岳终于卸任,十五年后病逝于台北。

父亲这次的上诉《万言书》,长达七万余字,一字一恸、一血一泪,绝对称得上是中国人"监狱文学"的经典文献,具有重要的社会历史研究的价值。他不服"台湾警备总司令部"这十二年有期徒刑的判决,于是向台湾"国防部"声请覆判,"国防部"于一九六九年十二月八日覆普缮字第一九五号判决:"声请驳回",判决确定。

父亲说:"中国历史上的冤狱何其之多,从罗织罪名、锻炼冤狱、酷刑逼供、诬陷忠良,从比干剖心到清朝文字炼狱,仅二十六史所载,就有六百余人,如伍子胥、吴起、岳飞、商鞅、于谦、袁崇焕、王安石、康有为、梁启超、谭嗣同,都为中国历史上重要的忠臣良将。"

父亲曾加以摘录,编为《中国冤狱典》一书,一字一文,都来自正史,我们既系法治文明国度,应该羞愧、应该感伤警惕!

终于,父亲以正式的"人犯"入狱开始服刑,开始蹲这十二年的"沉冤大狱",妻儿远离,朋友也都失联,昔日文朋艺友也多明哲保身、划清界线。我和弟弟根本不知父亲身处何处,况且也失联多年。其实这些都很自然,也很正常,不能怪亲友疏离。当年我的双亲已离婚十年,母亲周边的朋友、同事,都还有态度突然转变者呢。当然,趁机向当权者献媚,适时再补上几脚、落井下石者,绝不乏其人。正可谓司马迁下监时的"亲也不亲,友也不友"。

24 冤气之歌　长恨之歌 /

一九六八年八月,父亲刚被调查局移送到“警备总司令部”,羁押在看守所,也正是不断地在写答辩状、自诉书和出庭应讯的那段最艰难辛苦的初步阶段,梁上元特别地思念与纪念,于是写一首多达一百一十二句的七言长诗:

> ……再读先生《冤气歌》,掩卷悲泣泪滂沱;如此生灵如此日,热泪难干感慨多。……大力水手划地起,恶风毒雨破西窗;酱缸一梦惊乍醒,残灯无焰鬼影狂。……万求当庭包青天,秉持良心莫作伥。勿把人权当草菅,勿使此恨万年长。

梁上元的这首《二十世纪长恨歌》充满了无奈、感慨和沉痛,辞句里有呐喊、有呼吁,句句出自肺腑,字字珠玉酣畅,沉重的纯嫩心灵在笔下透露着对她心目中“柏杨老师”的不舍,任谁读来都会感到神摇魄荡、心潮澎湃。

孙观汉先生特别把《二十世纪长恨歌》送到香港《南北极》杂志发表,也引起香港读者对“柏杨冤狱”的广泛关注。孙观汉特别写信给梁上元,鼓励她说:

> 聪明的人很多,但天才百年只出一位,我们何等幸运,能认识、崇拜和爱护一位可能是近代祖国的真正天才——柏杨。让我们不灰心,一点一滴地做我们认为应该做的事。这样的想法,我也在想应用于爱念我们的朋友柏杨,你以为好么?虽然

说来容易做来难,除了尝试外,似无他道。

同时,孙观汉先生在美国“营救柏杨”的行动,也如火如荼地展开。他除了不断地给国民党写信,还发动华人社会及国际人权组织,重视柏杨的冤狱。

一九六八年九月二十二日,父亲给曾来探监的三位大学生其中一位写了一封信,希望在美国的学术机构,能够根据“柏杨匪谍案”的各种资料,作一个“广泛而彻底”的研究。当时蒋家政权对新闻封锁十分成功,外界完全没有任何一点消息,所以这封写出来的信就格外珍贵。信中部分如下:

……昔袁子才名满天下时,其人刻图章曰:“喜作子才门下士”。后袁身死,毁谤频来,他又刻图章曰:“悔作子才门下士”。所以请原谅我不能马上肯定你的友情,因友情和患难是很难并存的。你送来的《荒漠甘泉》,画线的地方一一拜读,好像是专门为我而写,你抄的经节,更看出你的爱心。再谢谢你用英文写的“我们尊敬你、了解你、爱你!”……“你与别人不同”……对现在的我说这话,需要十分的担当和认识,这种鼓励我永铭心内。……我不要什么,我只要“了解”,仅这份友情,就是至宝。不过我告诉你,我是无辜的。我是一个被猎人吓慌了的鸵鸟,刚刚伸出头,但发现全身已陷牢笼。唯一的拜托是,后年你到美国学成名就,有了闲暇而顾念仍在的话,请委托一个学术机构,请他们根据我的起诉书和迭次答辩书,作一个广泛而彻底的调查。如果有一句我说的是假,你可鄙视我;

如果我说的是真,请你记念我这场冤狱——这不仅是我个人、我妻子、我可爱孩子的悲剧,也是时代的丑剧。

一九六九年二月十三日,台湾安全机构发函给“台湾警备总司令部”,主旨是:“柏杨对外函件,敬请注意检扣。说明如下:据报郭衣洞在狱中所创作之《冤气歌》近已在美广为流传,引起不良反应。”“台湾警备总司令部”一九六九年二月十九日函该部特检处“注意检扣”,并副知台湾“安全局”。

这《冤气歌》,就是在梁上元《二十世纪长恨歌》中的“……再读先生《冤气歌》……”,是父亲在调查局的押房时,当时无笔又无纸,他用指甲刻在剥蚀的石灰墙上,甲尽血出,和灰成字。

父亲回忆说:“漫长岁月,只写了寥寥数十首,因为以前没有写诗的修养,在狱时情绪起伏无法多写,出狱后又消失了当时感受,也无法补写。”而当时这首《冤气歌》却在美国流传得相当普遍,也造成台湾情治单位严密的监控。

天地有冤气,杂然赋流形;在下为石板,在上为石顶。
门则为铁锁,窗则为铁棂;于人曰俨然,斗室拷口供。
他白即自白,栽赃复心证;时穷苦乃见,一一服上刑。
在鲁少正卯,五罪毕其命;在宋岳武穆,三字丧其生。
在元窦娥冤,六月雪打灯;为颜大夫腹,无语也词穷。
为杜伯坚目,三日生蛆虫;或为韩非笔,异域陷牢笼。
或为廷珑史,五族化血脓;或为清风诗,老幼伏刀锋。
或为柏杨文,家破人飘零;此气之所向,冷血灌心灵。

当其贯日月，更带三色镜；私怒藉此泄，私欲藉此逞。
私恶藉此掩，私恨藉此明；嗟予遘阳九，心粗气更庸。
大力水手画，动摇国本情；项目设小组，全力扑孤蓬。
水手难相助，七番查生平；二十年前事，当时已蒙眬。
清算复锻炼，现出新内容；受训有学院，参加有民盟。
逃亡有路费，居住有叮咛；上海闹恋爱，北平又立功。
好友成间谍，台湾追人踪；但求早还家，不惜一身腥。
初云政治决，继云恕道行；三云洗个澡，四云待人诚。
好话都说尽，临了变狰狞；苍天曷有极，悠悠我自清。
冤魂日已远，生魂怜典型；囚室空对壁，相看两无声。

这《冤气歌》是父亲在鲜血、眼泪和破碎的灵魂相互交织与纠葛的悲情下所写下来的，为这场硬被诬陷的冤狱，发出了不平的哀鸣与叹息。并借“在宋岳武穆，三字丧其生”之词，以昏君赵构及奸臣秦桧对岳飞的诬陷，来泣血申述自己遭遇，雷同于“莫须有”这三字罪名的悲切情景。虽然他《万言书》上诉被驳回，但从“唯一死刑”起诉，到“十二年有期”定谳，总算死里逃生，从地狱走一遭回来，还是要面对与适应这漫长的苦窑生活。

有一天，父亲被调出押房，充当“外役”，后来又被调到看守所的图书室工作，这是外役所期待的福地。他说：“从人挤人的狭窄囚房，能到院子里走动走动，那是一种情境像梦幻般的另一个世界，这有一年多的时间，心情获得不少的纾解。”当时电视每天都在播出“自从蒋公来台湾，风调雨顺甘露降……”一歌，他一面扫地一面跟着哼哼。一位班长即厉声喝止：“不准唱！你唱就是不一样。”这个小插曲又有一番意喻。

外役区除了图书室，还有监狱工厂，包括洗衣工厂、缝衣工厂和手工艺厂。而父亲就在图书室里，和另外一位狱友管理一两千本图书，而其中有一套就是北宋司马光耗时十九年编纂的《资治通鉴》。这部有三百多万字、规模空前的编年体通史巨著，使他产生了动机，开始着手写狱中的第一部著作——《中国历史年表》。

《资治通鉴》是一千三百六十二年来的政经、军事和民族文化的文言记载的历史，是何等地艰涩、复杂和繁琐，狱中的资源相当有限，所以另外一本五十二万多字的西汉司马迁的《史记》，也成了父亲在狱中的最爱，更是著述的参考。

一九七〇年，父亲就在台湾“景美看守所”的牢房里，开始振笔疾书，直到三年后的一九七二年，他已经被解押到火烧岛，仍继续在那孤岛上的“绿洲山庄”黑牢里，陆续完成了这三部史书：《中国历史年表》《中国历代帝王皇后亲王公主世系录》《中国人史纲》。

虽然物换星移，父亲史学书籍著述的生涯，就从孤立在大海深洋中的炼狱中开始，另外一本中文的诗集《柏杨诗抄》也在之后完成。

一九七七年，父亲从绿岛获释回台，而六年后开始着手写作《柏杨版资治通鉴》，其大胆的思想和作为，就是在这“景美看守所”的牢房里，种下的种子。

这两年在景美看守所图书室的日子，是父亲生平最宁静的日子之一，一面看史读史，一面记史译史。他居然认为，假如坐牢可以这样，十二年也无所谓。然而，快乐的日子总是瞬间即逝。

父亲让自己进入并融入历史里的生活，心情总是错综复杂的，感情也是矛盾悲恸的，因为在中国的历史里，冤狱与酷刑，充满了每个朝代与年代。一九七二年他在绿岛监狱里写的《读史》一诗，曰：

> 每一展史册，触目自心惊；所谓礼仪邦，更夸最文明。有记四千载，冤狱染血腥。……一读一落泪，一哭一抚胸；献身系图圄，爱国罹刀锋。……

这就是父亲最真实的看史读史、记史译史的心境。

一九七〇年二月八日，在台湾台东县，也是专门关政治犯的泰源监狱，发生了暴动事件。台湾当局就选在火烧岛（绿岛）兴建“感训监狱”，历经两年已经竣工落成，包括泰源监狱和景美看守所的政治重刑犯，都要送去集中管理，是一个全封闭式的重刑犯监狱，叫作“绿洲山庄”，要囚禁日益增多的政治犯。（真如父亲所云：自沈之岳当调查局长后，“匪谍”都被他抓光了？）

就在前两年，蒋家父子决心整顿“复兴基地革命阵营”中日渐自由化、日渐失控的大众媒体传播工具。因此继一九六六年十一月十二日为扫荡一切文化败类所发起的“中华文化复兴运动”之后，不到两年的一九六八年，又发动了“文化消毒”运动，开始明目张胆地“消”文化界的“毒”。父亲跟一九六六年被列为“败类”的第一名一样，也被列为“被消毒”的第一名。于是，国民党政权借着在绿岛建造完成的政治监狱，使这项消毒行动毫无限制地扩大了范围。

一九七二年四月上旬，所有囚犯都被召集到操场，所长宣布说：“点到名字的，到前面集合。”大家心里面都很惶恐，只希望不要上榜，结果五分之四都被点到名了。父亲当然在其中之列，于是，原想能留在图书室这轻松日子的美梦破灭了。所长要大家回去拿行李，然后被鱼贯地送回原来的押房，房门立即上锁。一会儿宪兵队逐房点名，每人五花大绑，再铐上手铐，两人绑在一起。平常笑脸相待的看守所班长，已经换了另外一副神情。父亲叙述说：“其中一个叫杨蔚的少尉监狱官，冈山中学毕业考上军法学校，被派到看守所工作，长得眉清目秀，而且和颜悦色。”有一次，杨蔚到图书室，很有礼貌地问：“我是不是可以借一把椅子到外面，我喜欢树下看书。”也因此，大家对这个年轻军官留下十分良好的印象。但是几个月后，杨蔚发现自己对外役有绝大的处分权力时，态度开始转变。最初不过气势傲慢，后来行动逐渐粗暴。这时候，他到押房视察，用手试探五花大绑的结实程度。当时大家都坐在地上，杨蔚则不断故意用膝盖碰撞囚犯的面颊。当晚，大家被带出押房，两人一双地走过探照灯巨光投射的院子，搭上“警备总部”的镇暴车，车队浩浩荡荡在黑暗中奔驰，破晓时分抵达基隆码头，大伙被赶鸭子似的，挤上了登陆艇的甲板。宪兵荷枪实弹站在四周戒备。

父亲说：“我们被重重包围，坐在甲板上，什么也看不见，只看见蓝天。没有人告诉我们驶往哪里，但是我们心里都明白，目的地是火烧岛。”看这些阵仗,仿佛为了防备北京派出军舰营救这批重刑的政治犯,天上有飞机巡逻,海上有军舰护航,这些囚犯大概从没想到,自己的身价竟如此高涨。

登陆艇在航行途中,突然倾盆大雨,宪兵中一位姓粘的指挥官准许大家到官舱前布棚下躲雨。曾经当过台北市议员的林水泉先生,躲雨时拖着他的行李。那位正在蜕变自己的监狱官杨蔚突然跳起,在他的脸上猛甩一个耳光,大喝道:“叫你人避雨,没叫你行李避雨!”林水泉一直拥有的豪放笑容收了回去,连那些年轻的宪兵都被这响亮的耳光吸引,而流露出同情的眼神。这种权力的滥用和蛮横,在光亮之处尚且如此,如在隐藏之处,将是何等地摧残人性。而能卑劣的暗箭伤人的,就是这类人物的专长。

25 恶魔岛上 珍贵友谊 /

火烧岛旧名众说纷纭,传说是大清嘉庆年间大火焚烧岛屿而得名。火烧岛就是绿岛,位于台湾台东县外海约十八海里的太平洋上。海洋为绿岛筑起了天然的屏障,使绿岛成为设置监狱的最佳地点。一九七二年台湾“国防部”在这里兴建完成绿岛“感训监狱”,又称“绿洲山庄”。名为“山庄”,不是别墅,乃是监狱,四周墙面上写了各式标语:“坚定反共、苦海无边、毋忘在莒、回头是岸、灭共复国”等,是典型的高墙电网封闭式的监狱,监禁重刑政治犯,以便隔离思想并中央监控管理。

就这一天,陆海空三军联合演习,将各地军事监狱的重刑“政治犯”送到火烧岛集中监管。因此火烧岛成了重刑犯监狱的代名词,外界即影射为“恶魔岛”。很荣幸的,父亲不用排队插队,就与众多的“恶魔”,踏上了“恶魔岛”。

恐怖时期的独裁政府,总是在它的领海上找一个孤岛,地形愈险峻、愈孤立,则愈好,可以囚禁一些重要的人犯。这些人犯很多是“政治受难者”,也就是“良心犯”,都是独裁的掌权者眼里的“恶魔”。把他们关得远远的,隔离他们的思想,才不会影响专权者的独裁行为,也才不会将“民主思想的传染病”广为传播。

这些囚犯们,奉令到海边捡拾岩石,再搬回来,用自己双手,筑出一道碉堡围墙,把自己监禁起来。这都是独裁专权的象征,吞噬了无数的生命,也造就了不少铁骨铮铮的英雄豪杰。

美国就有一个恶魔岛,位于美国加州旧金山湾内的一座小岛,岛上曾经有着美国最令人胆寒的监狱。法国也有一个魔鬼岛,还有一个圣玛格莉特岛。南非是罗布恩岛,日本是佐渡岛。日本占领台湾时,就把火烧岛当作囚禁反日分子的天然监狱。日本投降撤离之后,国民政府把火烧岛改名为绿岛。但是它的任务仍然是继续囚禁政治犯,五六十年代,岛上被囚的政治犯有万名之多。政治犯一上岛,就要自己动手先筑起围墙,然后,再由中间筑起铁丝网,挂起"新生训练总队"招牌。

父亲告诉我们:"男囚犯和女囚犯被铁丝网遥遥隔开,各自搭盖自己的草屋宿舍。一到夏夜,鱼腥扑鼻。但每当有月光的夜晚,一抹朦胧,有浓厚凄怆的浪漫情调。"

父亲说了一个故事:两位都是音乐系的情侣政治犯,隔着铁丝网经常痴痴凝望,后来他写下曲谱,借着歌声,向她唱出凄怆的心情。这首歌后来流行全台湾,这就是有名的《绿岛小夜曲》:

这绿岛像一只船　在月夜里摇啊摇
姑娘(情郎)哟　你也在我的心海里漂呀漂
让我的歌声随那微风　吹开了你的窗帘
让我的衷情随那流水　不断地向你倾诉
椰子树的长影　掩不住我的情意
明媚的月光　更照亮了我的心
这绿岛的夜　已经这样沉静
姑娘(情郎)哟　你为什么还是默默无语

父亲说的是一个陈年流传的凄美故事。事实上,绿岛指的是台湾宝岛,并不是指火烧岛。《绿岛小夜曲》的词作者潘英杰先生,和曲作者周蓝萍先生,于一九五四年在台湾的一个仲夏之夜,合创出这首脍炙人口的名曲,至今已有六十年却仍流行不衰。而歌词里的“这绿岛像一只船,在月夜里摇啊摇……”当年也曾遭到安检单位的约谈查讯,因为“船”影射台湾,“摇啊摇”暗示即将翻覆。还好《绿岛小夜曲》跟《大力水手》命运不同。

如果是卜派和他儿子站在这只船上,在月夜里摇啊摇的,如果又是柏老福至心灵翻译成“军民同胞!你也在我的心海里漂呀漂……”最后又落在调查局之手……这后果不知会如何?不知有哪位前辈高手有兴趣来编剧一番?

除了《绿岛小夜曲》,还有一首《新生之歌》,是每天早点名时,要大声唱的。这让大家都很痛苦,但又不能不唱,因为这种歌词,会让人窒息。

> 三民主义的洪流,粉碎我们的迷梦,我们不做共产党的奴隶,我们要做反共的英雄。起来,新生同志们!起来,新生同志们!

这首歌每天都要唱上好几遍的,真会让人提早痴呆。

绿岛“感训监狱”分为十个区,父亲被囚禁在二区,编号是“二九七”。就在这个小牢房里,他度过整整五个年头。

典狱长宣布："不管你们过去受到什么优待，本监狱绝对不准囚犯吸烟。"虽然，这对父亲打击有点大，但是，从登岛那天开始，一直到结束，父亲仍从来都没有断过香烟，只是代价高些罢了。

"政治犯监狱是出懦夫的地方，也是出勇士的地方；是出呆子的地方，也是出智者的地方；是出疯子的地方，也是出英雄的地方；是出废铁的地方，也是出金钻的地方。一个人的内在质量和基本教养，坐牢的时候，会毫无遮掩地呈现出来。"父亲这么告诉我们。

一九六〇年开始，父亲写杂文的前十年岁月，结识了他人生中难得的许多好友。

一九六八至一九七七年，父亲在牢狱里的这十年，又结识了属于另一类的许多好友。最传奇的就是台北《大华晚报》董事长兼"中国广播公司"副总经理的李荆荪先生。

一九六八年三月父亲锒铛入狱之时，即李荆荪主张立即开除倪明华。一九七一年十二月十日，李荆荪也锒铛入狱。李荆荪被国民党诬陷系狱十五年，是典型的政争牺牲品。这是一场只手遮天、明目张胆的冤狱。当时周至柔和蒋经国明争暗夺"行政院长"的高位，李荆荪是周至柔的智囊之一，迅速发展出一种不可抵挡的形势。蒋经国只好釜底抽薪，使用雷震模式，先教一个人自认是"匪谍"，再把李荆荪咬出来，结果李荆荪以"参加叛乱组织，利用报纸散布谣言，为匪宣传，攻击政府"，判处有期徒刑十五年。蒋经国不久跃上"行政院长"宝座，周至柔从此噤若寒蝉，抑郁而终。

父亲告诉我们:“李荆荪是一位智能型的高级知识分子,在牢里受到所有政治犯的尊敬,我们不久就成为最契合的伙伴。”十年后,李荆荪被送到台北土城“仁爱教育实验所”集中营监狱,度着剩余的刑期时,蒋经国准备对他特赦,条件是要他写一份悔过书。李荆荪微笑地拒绝,说:“判十五年,就坐十五年。”

结果,李荆荪整整坐满十五年的牢,出狱时已近七十高龄,不数年则因心肌梗死溘然长辞。在出殡的时候,难友们齐聚善导寺灵堂,向司仪要求公祭,竟被治丧委员会总干事拒绝。父亲当时“人不平则鸣”,一股冲动就在吊客之中愤然而起,大喝一声:“火烧岛的难友们,到前面来!”在大家错愕之中,徐瑛、卢修一等十几个人都挤到前面,父亲高声朗诵临时想到的祭文:“荆荪大哥!你这个国民党的忠贞分子,竟被国民党迫害得家破人亡,好容易拨云雾见青天,想不到却死于心脏病发。当我们希望你能领导我们反抗暴政的时候,你却舍我们而去,但是我们相信,国民党反动的暴政必然灭亡,你在九泉之下会看得见,我们也都会看得见。”这时有人开始啜泣,荆荪夫人终于哭出声音,那是灵堂的第一哭。李荆荪的女儿也下跪致意。

那时仍是白色恐怖年代,蒋家班的权威如日中天,独裁体制仍在巅峰。父亲真是胆大包天,才出狱没多久,又公开回呛国民党。当这群难友离开的时候,灵堂一片死寂,有如坟场。

另一位是徐瑛先生,更是传奇中的传奇,因为他不是中国人,他是毛里求斯(Mauritius)共和国的公民,而毛里求斯还是英国属地的时候,徐瑛先生是英国公民,结果他却在台湾,坐了十五年的政治黑狱。徐瑛曾经担任毛里求斯《华文中央日报》总编辑，一九四九年他以英国公民的身份留学北京大学，一九六七年代表报社前往东京采购印刷机械，因为不知道中国人内斗的残酷，竟然路过台湾。他与其他各国华文报纸的负责人一起接受蒋中正的召见，嘉勉他们对自由祖国的贡献。当时蒋中正询问大家有何建议？徐瑛本着报人的性格，就直言建议："以后中央社发到海外的稿件，可否不要用'共匪'的'匪'字？海外侨民都很反感。"蒋中正的嘴角抽动了一下，说："好、好、好！"然后拿着红笔在点名簿打了个勾。没两天，蒋中正握手的余温仍在徐瑛掌心的时候，他的双手已经被"警备总部"铁铐锁住，进行夜以继日的疲劳审讯，随后判处有期徒刑十五年。

徐瑛这十五年的牢狱生活，没有一分钱接济。远在万里之外的亲人，根本不知道他在何方，因何失踪。中国有句话说："烈妇易，贞妇难。"刑场上高呼万岁容易，炼狱里十五年不屈难。父亲介绍徐瑛，说："他是我见过的政治犯最沉稳的一位，无论遇到多大的困难都面不改色。政府要求他放弃英国籍护照，徐瑛拒绝。"当然拒绝，天下哪有人会选择这样一个残害自己人民、无辜百姓的流氓政权。

另一位林震廷先生，是沉冤海底的人物。现在已经很少人还记得"刘自然案"了。

一九五〇年六月朝鲜战争爆发后，美军进驻台湾，使国民党政权死里逃生，重新获得支持的新力量。照理来说台湾人民应该感谢美军，然而，任何国家的士兵都有坏胚。一九五七年三月二十日夜晚十一时，驻台美军上士雷诺在自家门前，将刘自然枪杀。雷诺辩称刘自然偷窥太太洗澡，又手持铁棍向他袭击，他是在惊恐中“自卫”开枪。因为驻台美军享有外交豁免权，两个月后的五月二十三日，美国军事法庭陪审团投票表决杀人罪嫌不足，宣告无罪，雷诺并于当日遣送返美。这个离奇的情节，激发起民族情绪的反弹。翌日，群众还没搞清楚事情真相，就群集美国大使馆前，捣毁门窗器具、撕毁美国国旗、殴打美国官员，造成海内外大新闻的“五二四”暴动事件。日后流传，这可能是一桩毒品买卖“黑吃黑”的凶杀案件。

当晚，警察就开始逮捕群众。第三天，蒋中正亲自向美国大使蓝钦道歉。事后，滋事分子有四十人被起诉，七人被处六个月到一年不等的有期徒刑。当时著名的专栏作家凤兮还特别写文章赞扬政府明智。父亲说：“我也深信在这件涉外案中，政府绝不至于撒谎。想不到被囚禁在火烧岛后，才戳破国民党这个超级大谎言。”

林震廷是《联合报》的记者，特务在当天群集暴乱的众人之中，查出了他，判他无期徒刑。任何媒体都没有透露片纸只字。他在服刑期间一直担任外役，上自监狱长，下至政战干事的升级考试、年终考试，以及研读“蒋中正训词”后大家的心得报告，都请他代为执笔，而且全部奏效，他们也都会买些日用品作为回报。父亲笑说：“很多忠贞的官员，竟然是政治犯一手造成的，这真是一个有趣的现象。”这也是一个最具对比的讽刺。国民党的所谓忠贞，也不过如此。

父亲还有两位黄姓好友，一位是黄恒正先生，是写了批判政府的文章和私藏反动书籍被判有期徒刑十二年。

两人在一个牢房，相邻而卧。黄恒正有严重的神经衰弱，常因父亲夜读翻书的轻微声音而彻夜难眠。于是他表明,不再有这样翻书的声音,就以一项庞大的工程为回报。于是,他用了一年半的时间,把父亲写的《中国人史纲》原稿重抄到练习簿上,以备将来出狱时,万一正本被查撕毁,狱中还能保存一份。

黄恒正出狱后,靠着狱中自学的日文、英文,以翻译为生,后来与黄照美女士结婚,生活幸福美满,不久却因血癌辞世。父亲出狱后曾去探望,心疼不已。

黄恒正逝世后,他的妻子黄照美女士,被远流出版公司董事长王荣文先生聘为职员,同事都称她为黄姐。父亲感动地说:“在那个白色恐怖时代,王荣文的这项义举,是相当地危险。”《远流活用英汉辞典》就是黄恒正在一九七九年译著的。黄照美深具烹饪慧根,自称没有做不出来的菜,在《吃朋友》一书中,负责掌厨,这是一本让人流口水,也流泪水的好书。

另外一黄,是人道主义者黄英武先生。黄英武台湾大学毕业后,在宜兰罗东中学任教。他对资本主义所造成的各种不可原谅的罪恶深感痛恨,自然而然地倾向社会主义。终于有一件可怕的事情发生在他的身上。那时候,蒋中正署名的《苏俄在中国》一书,正被各级学校奉为经典,大家对蒋中正一开始就洞烛共产党的“奸诈”,无不佩服有加。可是有一天,黄英武在台北牯岭街旧书摊上闲逛,发现一本一九二七年蒋中正著的小册子,宣扬国民党的三大政策之一“联俄容共”,对苏共和中共赞扬有加。黄英武大为震惊,于是买回去在学校传阅,全校师生也大为震惊。可想而知,结果黄英武被逮,判刑十二年。他是一位非常坚强而有理念的高级知识分子,从不动摇也不悲观,狱中写了无数家书教导他的晚辈如何立身持家。他出狱后不改诚恳敦厚的书生气质,后来则到大陆发展。

陈映真先生,是台北县莺歌镇人,是政治犯中少数的小说家之一。一九六八年七月,遭特务以“阅读左翼书籍”与“为匪宣传”逮捕,军法处判他有期徒刑十年,并移送“绿洲山庄”。这十年对一个有理想有抱负的年轻人来说,不但不足以使他气馁,反而促使他更为献身。陈映真对入狱后思想上产生的影响,说:“对自己走过的道路认真的反省,对社会现实有了更深刻的认识,开始由一个市镇小知识分子,走向一个忧国忧民、爱国爱民的知识分子。”

陈映真的个性既激情又浪漫。在一九七八年,父亲和陈映真都才从绿岛回台不久,台北《读书人杂志》社长陈铭磻先生设宴招待,想知道政治犯在监狱里的生活。陈映真首先发言,他说:“我们坐牢的朋友,每位都有高水平的政治素养,相亲相爱、互相扶持,沮丧时大家唱歌鼓舞士气,都是亲密的生死伙伴。”陈映真说得是那么的诚恳温馨,仿佛一篇动人的革命小说,这句话引来大家钦佩的眼光。

父亲在狱中获得的珍贵友谊,当然不止这些,而我也不是在这里做人物介绍,而是对遭遇同样严苛残酷的生死考验,还能发挥坚忍卓绝的毅力,幸能残留下来的破碎生命,我们都要纪念与致敬。何况在这恶魔岛的际遇,人生能有下回?

26　忠贞叛徒　同埋一丘 /

父亲对台湾政治犯的制造经过，有以下的分析解说：第一阶段是侦讯期，一般都在调查局或“台湾警备总司令部”保安处，这段期间最为艰难。社会上受到普遍尊重又有充分自由的绅士，突然间被捕，推入阴暗潮湿的押房里，在四周冰冷的铁栏杆里蹲在一角，被殴打、被侮辱，精神会霎时崩溃。如是货真价实的“叛徒”反而比较轻松，因为只要决定什么能招，什么不能招就行了。只有那些无供可招的人，苦难最多，因为他难以揣摩问官的心思。

当初，刘展华设定父亲参加的是“民主同盟”，结果出乎意外，忽然参加了共产党，这些人就难以接受了。如果你都不能招出他们的预定，那苦难更大。有人在老虎凳上，屁滚尿流地哀求：“我是匪谍、我是凶手，你们叫我招什么，我就招什么！”有人在被通电的同时，疯狂颤抖地哀求：“我招，我招，你说什么我都承认！”

在身体极限地被摧残下，这绝望的哀求只会激起审问官的愤怒，因为你冒犯了他职业的尊严。审问官会抓扯政治犯的头发，叫他跪在算盘上：“我们从不叫人招什么。你自己做了什么，就招什么。”不是每个政治犯都跪过算盘，也不是每个政治犯都摇过电话、通过电流，但是有九十九种花样能让最后的供词，是照着特务的设定。

只要有一件事自诬，就一泻千里，凡事自诬，直到法律把你完全严密结实地绑住。如果只看笔录和口供,每句话都是囚犯的供词,而事实上,每句话都是特务说的。

法律规定侦讯期不得超过四个月,如果逾期,特务也会捏造掩过。打死人都能轻易掩饰过去了,伪造个日期,不更是雕虫小技?

这第一个阶段的侦讯期,是最艰苦的过程,很多人就在这个时候被逼死或逼疯。

有一位美国留学生狄仁华,在一九六六年四月三十日,发表一文《人情味与公德心》投书到《中央日报》,批评当时台湾的自私、冷漠、腐化等现象,引起不少青年学子的共鸣。一九六六年五月二十日,台湾"政治大学代联会"总干事许席图,与一些热情的跨校学生推动"青年自觉运动",以"我们不是自私颓废的一代"作为宗旨,号召学生踏入社会,付出爱心。这是何等善良自省的举动,对社会有着何其沉重的负担与期望。全省大专院校纷纷响应,从北到南,数万名同学参与这个良心的行动,许席图并成立"统一事业基金会"作为资金来源。

这项全省联结的运动,引起当时主导台湾学生事务的"救国团"注意,于是自觉运动便受到"警备总部"、调查局、警政署等单位成立的"七一四项目小组"调查与打压,许席图等干部也先后于一九六九年二月被捕入狱。许席图以"意图颠覆政府"的罪名被捕,羁押在景美看守所。

"意图颠覆政府"?真是太夸张了,绝没想到,当年政府这么脆弱,人民喷嚏大声一点,政府就被颠覆掉了?这种体质是先天不良、后天又失调,却不给看诊医治,难怪崩盘来台。

许席图被羁押不到三个月,就导致神智完全错乱。他从一个单独囚禁的幽暗押房里,发出凄厉的哀号:“放我出去!……放我出去!”四个单音节的字不断重复,从他僵硬的哭泣声中凄厉地喊出。监狱官在那寒冷的二月严冬,把他扒光教他手淫。一间仅可容身的单独禁闭室,堆满了屎尿。他就在屎尿堆中,一声声地呼唤:“放我出去!……放我出去!”每一声都凄厉地刺穿人耳,都像鞭子一样抽碎人心。有大官前来视察,他就被布条塞住嘴巴捆绑起来。

军法处准许他保外就医,可是许席图出身贫寒,自幼父母双亡,与姐姐相依为命,姐姐省吃俭用供弟弟读上大学。她拒绝把弟弟领回,在法庭上哭诉说:“我弟弟进来的时候,是一个好好的大学生,不到三个月就成了这个样子,我怎么养他?养好后再交回你们,他还能受得了吗?万一养病期间他逃掉或失踪了,我怎能承担这严重的罪名?”

九十年代初期,白色恐怖已成过去。《中国时报》忽然报导,台东玉里疗养院,有一位病患许席图,希望能查出他的来历。

父亲说:“我赶紧联络报馆说明原委,愿意挺身作证。我心里十分感慨。就在许席图稍前,钱复在台湾大学读书,也是学生代联会主席,后来还当上外交官。人生之际遇,如此悬殊。”白色恐怖时期,特务的血腥辣手,造成多少死不瞑目的含冤亡魂,当年仅二十二岁、意气风发的学生领袖,如今已不成人形。唯一的姐姐也已过世,许席图在世上再也没有任何亲人。

政府拿纳税人的钱作为“不当审判”的补偿金,然而,这么多“不当审判”的元凶,又都是哪些人呢?这些人现在又在哪里呢?

就算已经恢复名誉,难道能改变许席图已经精神错乱的现实吗?可以让一个年轻有为的知识分子重新站起来吗?可以挽救一个破碎的家庭恢复幸福吗?人能死而复生吗?刽子手染血的罪孽,永远洗不清。

第二阶段是军法审判,大多数政治犯的移送书,就等于军事检察官的起诉书,而军事检察官的起诉书,也等于军事法庭的判决书。好像贪渎者的洗钱一样,军事法庭只是把屈打成招的黑箱作业合法而已。军法官如果判决政治犯无罪,他的下场就是自己成为下一个政治犯。

至于公设辩护人更是可怜的角色,唯一的功能,就是替政治犯认罪,祈求庭上法外施恩。大多数政治犯都知道司法的结果,所以比起被押在调查局或保安处时,都平静得多。只有一种人是惊恐的,那就是被判决死刑的囚犯,立刻被戴上脚镣准备随时枪决。

看守所执行枪决的时间,在清晨五点左右,天色初呈朦胧,囚门“咔啦”一声,门锁打开,传唤的声音早已惊醒从地铺上坐起来的死囚。“某人,开庭!”大家都知道怎么回事,然后再听到脚镣拖在地上的声音,一步一步、缓缓地走向大门。有时候一次执行六七个人,脚镣声更像钢锯一样,锯碎囚犯们滴血的心。有时候有人高喊:“毛主席万岁!”有时候也有人高喊:“蒋总统万岁!”往事如烟,忠贞与叛徒同样伏尸墙下,同样埋葬一个乱岗荒丘,现在全都化成尘土,无一点踪迹可寻。苍苍者天,曷其罔极。

有一位与许席图“同党”的年轻政治犯庄信男，有马来血统，个性率直，喜欢读书，亦被冠以“意图颠覆政府”的罪名，判处有期徒刑十五年。父亲与他之所以成为好友，是因为他在军法处看守所时，有一场既惊险又传奇的演出，阴错阳差地几乎被枪决。原来另一位政治犯林美海先生，思念大陆的母亲，托他女儿的一位南非同学，带美金五百元给他母亲。南非同学把钱带到了，而且和他母亲拍了一张合照，加上收据，从南非寄给林美海，以慰游子的孝思。这信落在特务之手，“通匪资匪”被判死刑。

庄信男和林美海铺位相邻，那天晚上不知何故，两个人互调铺位，也没人知道。次日拂晓，押房门突然打开，两个班长冲进来扑向庄信男，用毛巾塞住嘴巴、双手反绑，架着出去带到法庭。桌上摆着一盘肉，一碗酒，和两个馒头。庄信南口被塞住，哼哼啊啊地有口难言。后来军法官叫他签字画押，准备要拖出去干掉了，庄信男签下姓名，书记官才发觉不对，又押他回去，法警才再把林美海绑赴刑场枪决。

父亲还说：“不管是‘青年自觉’的庄信男死里逃生，还是‘孝顺母亲’的林美海冤屈亡魂，都是大时代的悲剧，也都是当一个中国人的悲情。”正如这首诗作：

几番铁链过门前，几番哀嚎震铁栏；肠萦儿女悲离别，魂惊鞭后咽寒蝉。

天上千年如一日，地上一日似千年；到此人生分岁月，听风听雨两茫然。

还有一件最令人伤感的事,就是牵涉八个人的"苏北匪谍"案,其中三个政治犯已被判处死刑,五个被判十二年。死刑正在上诉,而十二年徒刑按照法律规定,已超过十天即行定谳,任何情况都不可再提上诉。这五个人在两个月后,就要下监正式服刑了。又过了半年,即一九七〇年四月二十四日,远在美国的一声枪响,改变了这五个人的命运。

时任台湾"行政院"副院长的蒋经国赴美访问,以争取美援。在纽约市广场饭店前,遭到"台独"分子黄文雄及郑自才开枪攻击,一击未中,两人随即被捕。蒋经国回到台北,当外国记者询问他这场虚惊时,他微笑回答已经忘掉。当然,他怎么可能忘掉?他把对"台独"的愤怒,发泄在红帽子上,下令八个人全都枪决。那天凌晨,一个算政治犯中身材最高大的苏北老乡,正蹲厕所,班长扑上来,把他双臂反铐拖出牢房,裤子都来不及提上来,沿途全是屎尿。为了防止他们呼号和诟骂,嘴巴都用布条掩住。

父亲说:"后来才知道,军法处大费周章,先代那原来判刑十二年的五个人,暗中提出非常上诉,然后再由'国防部'军法局发还再审,再审的目的是要改判死刑。"当时的军法局长,就是后来的"副总统"李元簇先生。

第三阶段就是火烧岛,政治犯到了火烧岛就到了终点站了。无期徒刑只有等到死亡才能出去,有期徒刑也要等上十几二十年之后,但总是有个期限、有个盼望。父亲在绿岛服刑的日子,有时候会喃喃自语,这是精神错乱的前兆。

父亲与因调查局内部斗争而被诬下狱的五处处长蒋海容,同囚一室。他特别请蒋海容注意自己的异常状态,随时予以纠正。蒋海容是当时政治犯中身价最显赫的一位,官拜调查局第五处处长,多少“匪谍”死在他手上,最后还被擢升为调查局主任秘书。

蒋经国介入特务机构,由沈之岳主持情报改制,联手整肃调查局,爆发特务之间的内斗。普通单位内斗不过走人,特务机构内斗,轻则见血,重则见尸。蒋海容和调查处副处长李世杰,以及情报局处长级官员十数人,先后都被逮捕,受尽自家人惨烈的折磨。

父亲曾经问蒋海容,过去所办的案子,有没有动过苦刑拷打,有没有冤狱?蒋海容回答:“我从没下令叫属下动粗,所办的案子都有真凭实据。”接着,他也长叹一声说:“落得今天这个下场,或许我冤枉过人。”只是蒋海容的真凭实据,是否也和刘展华一样,都是刑求得来的?按照既定剧本编撰的?他没下令教属下动粗?但他一定默许,白痴才会相信他完全无辜。

蒋海容被三次判处死刑,最后以无期徒刑定谳,也被送上了火烧岛。一年之后有一天,忽然又被调查局押回台北,大家都认为他可能提前释放,多少年后才得知,他在调查局里被以前的同侪用绳子绞死。调查局的说辞,跟对沈元嫜之死的说辞一样,四个大字:“畏罪自杀。”

蒋家班来台后,大举肃清异己、扫荡“匪谍”,可是台湾就这么大,哪有这么多“匪谍”?调查局、“警备总部”这些情治单位即鹰爪四出、粗暴肃清，为了升迁和办案奖金，尽出奸劣的伎俩，不是说没有确凿的证据显示真正的“匪谍”，而是“诬陷忠良”的机会伴随而来，不管是忠良之士，还是奸佞之辈，不管是真的“共谍”，潜伏伺机而动，还是三代良臣，死忠效命国家，无关于任何意识形态，也无关任何善良奸恶，都有可能朝不保夕。但大尾的根本不动如山，小鱼小虾都是斗争下的牺牲品。

从一九六八年三月四日父亲被羁押在调查局黑牢开始，到一九七二年四月被移送到绿岛“绿洲山庄”，已经四年多了，他也已经适应了监狱生活，并找着狱中的生存法则：“铁窗外的事不去想”，专心投入写作。如果心无旁骛，“牢房角窄天地宽”，这才是监狱生活的开始。牢房外的巨浪，拍打岸岩的节奏，应对着枯燥又简单的生活日复一日，就从这时候，他开始了“监狱文学”的创作，手上的笔越来越坚定，也越来越快，更载着他的心思，专心一致、不再漫游。

父亲用早上吃剩的稀饭涂在报纸上，一张一张地黏成一个纸板，凝干之后就像钢板一样。他背墙而席，纸板放在膝上，专心构思。他说：“我建立自己最基本的史观，就是我为小民写史，而不是为帝王将相写家谱、写嘉言懿行；我想突破两千年以来被视为正统的、以朝代为单位的体裁。”

曾著《“总统”蒋公八秩华诞寿文》一文的儒家学者钱穆先生的《国史大纲》，标题的辞句虽然新鲜刺激，但内容却仍是古老的考据手段，是传统性的说不清楚，以及保护既得利益的阶层。

父亲说：“我不停在脑海中酝酿着，想彻底取消朝代的框框,改为世纪为单位,使历史事件发生的时间,得以明确地显示出来。”于是他把历史上那些令人头昏眼花的官名,一律现代化。

但是父亲这样做,不但尖锐地违反传统,简直是另立传统,一定会招来老传统的反击,可能还会体无完肤,因此他犹豫踌躇不敢下笔。直到有一天,同押一房的难友黄华先生对他说:“管什么传统,应该只管创新,能不能站得住脚,由读者决定。”一语惊醒梦中人,他顿时茅塞全开,因此决定不顾一切,作全面的突破。

有几个人是文学造诣深厚的学者?有几个人看得懂司马光的《资治通鉴》?如果每个人都明确了解与分辨历史的过程和教训,照着这面镜子,才能从“酱缸”里爬出来。要看得懂,就要平民化,由平民百姓自己提升自己。中华文化要如何复兴?要从历史教训中筛选,如果全盘延承,就会更加腐烂、败坏。儒家思想就是满口仁义道德,都有冠冕堂皇的理由,为达目的可以不择手段,而一切只有意识形态,只有一个主子,没有公正、没有公平,更没有人权。

父亲说:“中国传统‘成王败寇’的史观,蒙蔽了所有中国人的智慧,我们要把这个打破。”因此,他历史著作的革新使命,有以下四点:一、大胆跳过混乱又纠缠不清的年号,采用简单的纪元,正确无讹表示出历史事件的时间和位置;二、王朝和国号是成王败寇的史观,弄得是非颠倒,黑白混淆,以世纪为单位,将王朝、国号、年号,一律置于次要地位;三、皇帝的尊号和谥号,是史学家可悲的媚态,应该直接称他的姓名;四、将文言改为白话,让所有研究历史的人都看得懂。

被称为“中国十一世纪改革家”的王安石,在一〇六八年,即以“因天下之力以生天下之财,取天下之财以供天下之费”为原则,进行北宋的改革。王安石以“天命不足畏,人言不足恤,祖宗不足法”的“三不畏”精神,实行变法,终因保守势力和既得利益阶层的倾力反对,难逃失败命运,甚至被诬“变乱祖宗法度、祸国殃民”。变法失败后,宋神宗不解地问道:“这新法对国家、对老百姓都好,为什么你们大臣要反对呢?”后世流传的“文彦博数豆”的主角文彦博大臣回答宋神宗说:“皇上英明!你是用百姓治理国家,还是用士大夫治理国家呢?”这就是典型的儒家思想。当官的自认比小老百姓有智慧,认为老百姓天生就比他们低一等,当官的就是既得利益阶层,所以不想改变,也就是封建思想。你一动就批你违反传统,甚至栽赃诬你“为匪宣传”,拷打入罪再送进死牢。

自一九六八年三月四日起至这一年,父亲身陷囹圄已经六年多了。就在一九七四年,他被囚入“绿洲山庄”的第三年,已经能够平静地窝在牢房一角,开始为历史埋首振笔,对外界已经点燃的“声援”全然不知,宁静的心湖没有一点涟漪。

27 写史写诗 狱中家书 /

父亲蹲在“绿洲山庄”的墙角，除了为小民写史，也写诗——

窗下读残书，悠悠意自如；浑忘家何在，轻风送翠姑。
斗室空寂寞，海浪听酣呼；云际传笑语，人孤心不孤。

当然，监狱绝非善地，实在不是创作抒情文学的地方。父亲解释说：“人在这种地方，牢徒四壁，心情也不会好，眼光也更短浅，生活太简单了，谈话也缺乏深义，连做梦也越来越少。长期窝在牢里，心灵全都干枯了，失去原有的润泽和滋味。”

而此时，孙观汉先生为了营救父亲，在美国编著了四百多页的《柏杨和他的冤狱》，由香港文艺书局出版；香港的《人物与思想》《七十年代》也都刊登《柏杨冤狱》的社论，留美学者姚立民先生的《柏杨反孔杂文选》、新加坡华文作家林臻先生编的《柏杨短篇小说选》也在华人市场引起回响，关怀“柏杨冤狱”已经有许多来自国际社会的声音。

父亲的“狱中诗”，特别感人的部分，是写给佳佳和援救他的孙观汉先生、梁上元女士、陈丽真女士和虞和芳女士等人的。从一九六八年九月二十二日，他刚从调查局被移送到“警备总部”军法处，直到一九六九年的七月二十日，在被宣判“处有期徒刑十二年”的前十天，这整整十个月里，父亲就在“警备总部”

军法处看守所里写故事。

被逮捕之前，父亲在家的时候，每晚都会说故事给佳佳听。现在身系囹圄，就用写信的方式，给佳佳既说又写，进行这个“小白兔”的故事。这是一个寓言童话，说一只名为“小棉花”的小白兔，聪明又活泼，却在放学途中失踪了。“爸爸兔”就开始上山下海寻找爱女，历经千辛万苦，还出现一大堆卡通人物，内容充满了爱、悲悯及智慧。他就这样，用文字代替言语，“写”故事给佳佳“听”，直到第四十三周的“米老鼠智擒两恶狼”，显然故事没有结束。因为这个时间点，应该是他在接到宣判结果后，不断地进行上诉，而将“解开魔绳的方法”，留到未来揭晓了。这一周一故事，足以发人省思矣。

父亲蹲在“绿洲山庄”的墙角，除了写诗，还写词——

看皱纹满面鬓毛霜，对镜久无声。叹孤魂拖影，天涯踏遍，都是仃伶。

三十年来岁月，空染一身腥。多少辛酸泪，难挽流萍。

尝尽人间滋味，为是非恩怨，误了归程。纵真正好梦，也愿自今醒。

待晴日奇书看罢，卧小窗午睡听黄莺。两相许，清风明月，度此平生。

父亲蹲在“绿洲山庄”的墙角，还写信——写给他的小女儿佳佳。

一九七三年七月二十八日："……要学习忍耐，贫苦家的孩子所以都前途无量，就是他们自幼学会了忍耐。痛苦是无尽的，要一直到眼泪流枯，变成笑容，才是人生。"

一九七五年一月十二日："……当我们有力量帮助人时，应尽全力帮助人，尤其是对比我们更苦的人。"

一九七五年四月十三日："……有幽默感的人，生命力都有很大的弹性，能够抵抗人生逆境，包括可怕的打击。"

蒋中正才逝世一周，父亲信中这六个字"有幽默感的人"，可能又要制造争议，多关好几年呢。

一九七五年八月九日："……人生就是不断地要克服挑战，闯过一波又一波，固然辛苦，也着实充满兴奋和激励。"

一九七五年九月六日："……凡许诺赠送之物，一定要办到，如有困难，也定要说明原因，不可含糊了事。"

一九七五年九月二十七日："……你已是高中生了，盼吾儿开始写日记，一则可使你的生命充实，使你回顾时可以看到历历的台阶。二则可训练自己运用文字的能力，和抓住要领的思考力。"

一九七五年十二月二十日："……有人夸你聪明能干，……那是诱人松懈的毒药，凡事都要靠自己的努力，无一例外。"

一九七六年六月十一日："……单独承担是进入人生的第一课……吾儿多忍耐辛苦，借此锻炼。"

前三个月刑期已满,却被软禁,这封六月十一日写给佳佳的信,似乎也在劝勉自己。

一九七六年六月二十九日:"……求人帮助并不丢人,只要是正当的事,而且要有报答之心。……一饮一食,不忘人家恩情。"

一九七六年七月四日:"……不用势力眼看人,……绝不先疑心对方心怀欺骗,即使吃亏,仍然推诚相与。……骄傲的唯一结果就是失败,你要虚心再虚心、凡事都要谦卑,你是爸爸的幼女,要避免一般最小女儿的习气。……真正的爱是'义'。爱是在'需要''快乐'的基础上产生的,一旦不需要、不快乐,爱就没有了。而'义'却是虽然不再快乐、不再需要,仍不离弃。中国古语说:'义无反顾''义不容辞',没有'义'的'爱',虽然亲如夫妻子女,都禁不起考验。这是一种高贵的情操,一个人的教养由此可见,吾儿要培养这种高贵的情操。"

一九七六年八月十九日:"……我们不能因岳飞惨死狱中,连忠臣都不敢做了。……世上最快乐的事,和最高贵的品德,莫过于帮助别人,而又有能力帮助别人。"

一九七六年八月二十日:"……在眼泪中改正自己的错,就是刚强。不贪小便宜,包括物质的和精神的——贪人的同情与尊重也是危险的……"

一九七六年十月十三日:"……能原谅人是高贵的情操,但要从内心真正地原谅,……而不是虚伪。……不要一味抱怨别人,而应多抱怨自己,对我们好的,我们感恩图报,对我们坏的,我们付之一声叹息。"

一九七六年十月二十七日:"……受恩于人,一定要报答,不到山穷水尽万不得已,就不打扰朋友,免得恩情太重,超过将来我们报答的能力。"

一九七七年三月二十日:"……不可接受你不能回报的礼物,不可对赞许和夸奖认以为真,……要把自己看成最笨拙的人……"

一九七七年三月二十六日:"……凡事都要为人想一想,这就是恕道,做到这一点,世界就宽了。总是想自己,就是自私,这种人可能快乐,但他不可能高贵。"

最让我感动的,也就是父亲远在绿岛的囹圄之中,还能关怀到台湾本土上的弱势孤残:

一九七四年十月十三日:"佳佳:……《青年战士报》第七版登有屏东县林月华小妹,一个六岁的小女孩患血管瘤的消息和照片,她在照片中露出可怕的病腿在哭,爸爸看了也忍不住哭。吾儿,你要帮助她,使她早日治愈,……把报纸给同学看。这小女孩就是我心目中的小女儿,我能看到她得救,死也瞑目。"

一九七六年十一月十六日:"……有一事嘱儿,一九七四年十月十四日《青年战士报》载:'竹东镇……七号'十二岁的徐桂银小妹,右腿红肿比腰粗,家产用罄。看后落泪,爸爸不便寄钱,希吾儿速给徐小妹寄五百元(爸爸还你)作为捐款,此钱杯水车薪,但是表示人情温暖对她的关心,盼能提高她的求生意志,十二岁孩子,命运如此残酷。……此事望儿切勿不理。”

一九七七年二月二十一日:“……有一位马先生,生四男二女,穷困可知,靠杂工维生,终积劳病故,这是多年前事。稚龄幼儿与母拾荒糊口,因为不能饱足,就相继沦落,四儿均窃盗被捕入狱,长女婚变流落无依。母亲遭受多重打击精神失常,每日虐打幼女,可怜幼女年仅十五,哀讨无门、哭天泪尽。悲惨遭遇齐集一家,令人鼻酸。现邮寄一千元,希吾儿立即送去,她名马玉美,住‘台北市松山区福德街二〇二巷三弄十三一十八号’,询问清楚切勿弄错,诚恳地安慰她,不要告知吾儿姓名,愿主佑她。”

一九七七年三月二日:“……帮助人要诚恳,不是施恩,你去了一趟,没找着就不耐烦,说你不能天天去,难道爸爸能天天去吗?这事应由你自己做主处理……”

看上面三月二日这封信的重点,可能佳佳没能完成父亲交代的任务,挨骂了。

父亲蹲在“绿洲山庄”的墙角,除了写史、写诗、写词、写信,仍不忘训话。

父亲说,写家书是他在牢里最刻骨的一种温暖,即便是和着眼泪。他有首诗,就叫《家书》:

伏地修家书,字字报平安,字是平安字,执笔重如山;

人逢苦刑际，方知一死难，凝目不思量，且信天地宽。

这些都是父亲跟佳佳二百多封往返的“狱中家书”中，属于他“格言”“训话”性质的一部分。

父亲自一九六〇年在《自立晚报》开始写杂文，就对社会充满了关怀，对令人愤慨的社会事件会抨击，对许多弱势族群在这现实社会里血泪交织的贫苦生活，他也从自己做起，借文章向社会发声，希望抛砖引玉。今虽身陷孤岛黑牢，仍怀怜悯之心。

再回头看看父亲被“软禁”之后，写给佳佳的信，以下小部分的摘录：

一九七六年三月九日：“……写此信时，不知如何下笔，我不该于二月二十八日写信告诉你我们即将团聚。现在我在绿岛已有很好的工作，不要为我担心……”

一九七六年五月十三日：“……我常在囚房中自言自语，……我们骨肉就要团聚，想不到变成幻梦……”

一九七六年七月九日，佳佳由罗祖光先生陪同踏上绿岛的土地，探视父亲。

就在父亲写史、写诗、写词、写故事、写信和训话……这期间的一九七五年的四月五日清明节午夜时分，蒋中正心脏病发病逝世了。这一天，父亲在牢里很平静，而心里想的是：“天下没有长久的暴政。”这与“天下没有不散的筵席”，是同样的定律。

自一九四八年五月二十日，蒋中正就任中华民国总统，一连当了二十七年的“总统”，从第一任、第二任、第三任……到了第五任都不下台，直到咽下最后一口气的这一天。

父亲说：“我有一种若有所思的感觉，从一九三八年在武昌左旗营房当仪队开始，到现在身为囚犯，前后三十七年，半生岁月，由当时极端崇拜，到逐渐对他质疑、信心动摇，以至完全崩溃。其中最令我不解的是，这位台湾武装部队最高统帅，丧失了广袤千里的国土，抛弃‘敬爱他、服从他’的十几亿人民，自己落荒逃到这大海的孤岛，竟然丝毫不必负责，责任反都是别人的，也不受任何法律审判，反而要审判别人。狼狈地溃败而逃，反而证明他更英明，实在令人作呕。”

从那天开始，国民党祭出了各样的“志哀办法”：半旗致哀一个月、娱乐场所停业一个月、媒体停播所有娱乐节目、画面由彩色变黑白、教唱《蒋公纪念歌》。

一九七五年的当天，我二十一岁，正在军中服役，每位士官兵都缀配丧章一个月、禁假一个月、下半旗志哀一个月、每隔多久还要鸣放礼炮。

绿岛的“绿洲山庄”也不例外，监狱官要囚犯们静默三分钟哀悼，居然有一位囚犯，白目地突然笑出声来，被监狱官大骂丧尽天良。蒋中正之死带来“皇家”效应，历史上老王死掉，新王登基，总要大赦天下，表示薄海感恩。虽然蒋经国尚未“登基”，但政府已下令刑事犯减刑二分之一、政治犯减刑三分之一、无期徒刑减刑为二十五年。唯一的但书是：凡参加共产党的政治犯，一天也不减。

父亲被判刑十二年，减掉三分之一，就是减掉四年，刑期就只有八年了。他说："这时候我忽然发觉刘展华先生真是可爱，如果不是他在审讯中那一声'你也配！'此时，我就不可能减刑四年。"当然，如果没有这卑鄙狡诈的设计，连一天的牢都不必坐的。父亲说："一九四五年中国对日抗战胜利后，蒋中正那时如果就翘辫子，一定会被人戴上完美无缺的民族救星的帽子，也将永耀史册。"而十三年后，一九八八年的一月十三日，蒋经国在第七任"总统"任内病逝，蒋家班瓦解，绿岛政治犯的监狱"绿洲山庄"也告撤销。

把绿岛喻成"恶魔岛"，是很不公平的。绿岛其实是一块人间乐土，碧海蓝天、风光明媚，有许多未经雕琢的自然风光，现在已经是休闲和旅游的观光胜地。而且在旅游的行程里，原称为"绿岛垂泪碑"的亚洲第一座"人权纪念碑公园"也在其中。这是父亲的"人权教育基金会"所筹建的，于一九九九年完工，是为了纪念争取自由民主，而遭到独裁迫害的民主斗士们所建设的。

从一九七六年的元旦开始，父亲每天划去一格，这样倒数日历，是我们服过兵役的人独特的经验。越是接近目标，越是让人心焦。父亲经过特赦后的八年刑期，已经破百到当年的三月七日，这个时候，时钟好像故障了。他解释说："这不是急躁，而是动心，好像万念俱发，八年监牢，似乎最后这两个月最长，也最难过。"在我们服兵役的最后百天，开始"数馒头"的日子，也最为难熬。

28　隔壁软禁　黑牢无期／

父亲开始收拾行李了,并打包好寄给陈丽真。陈丽真在家中还为他腾出一室予以安顿,并约好当天从台北赶到高雄接驾。一切安排妥当,就等三月七日的姗姗来到。

然而,就在那屈指可算重见天日的时候,"他们"决定"不释放柏杨,继续囚禁"。所谓"他们",就是上自蒋经国,下至"警备总部",还牵涉什么单位、什么高官,就不得而知。总之,这是蒋家父子特创的一种使政治犯生畏、绝望、不可思议的"隔壁手段"。

"隔壁手段"关键在于"隔壁"。火烧岛政治监狱的隔壁,是"警备总部"所属绿岛指挥部。指挥部有一个新生大队,也就是黑社会重量级流氓的集中营,凡是恶行最重大的就送到这里,接受更严厉的"管训"。

父亲解释说:"关在绿岛的政治犯,都是情节重大的。刑期虽然届满,但有关单位认为其思想仍未改造,或者找不着'保人',就在出狱步出大门时,重新被逮捕、囚禁,管训期限一次三年,可以一次、再一次、无限次地延长。"有人甚至被延长了七八次,每次三年,这总共多少年了?而外界没有一个人知道。所以,班长们经常警告囚犯:"我没有办法叫你出狱,但我有办法叫你坐牢坐到死。"

有一位政治犯在他要出狱六个月前,依规定要写"感训心得",一般都会"痛心自责",依照官方意思永远拥护英明的领袖。而这位难友在写"感训心得"时,不但不认错悔改,还把他在调查局所受的苦刑，以及冤屈的案情，一写就是二十几页。政战官特地向他分析利害，要他重写。这位老兄认为现在他要出狱了，党国要人不是都在勉励诚实无欺吗？他要层峰知道事情的真相。政战官怎么劝都无效，甩门而去。结果，这位老兄被送到“隔壁”，三年之后还延长了一次，总共多关了六年才被释放。

父亲无法想象这“隔壁手段”会落在自己身上，刑期届满的前一天下午，他被带到监狱会客室，在座的有监狱长、政战主任，还有绿岛指挥官王道洪将军，以及“警备总部”保安处副处长吴鸿昌。七八个人里，只吴鸿昌一人戴着墨镜。

父亲还没坐下，吴鸿昌就开口了，他说：“你不是写了一份报告，要求政府帮你介绍工作？政府也曾询问全国各单位，可是凡看到你大名的人，嘿、嘿、嘿，他们都频频摇头。政府并不气馁，继续为你调查。你要知道，你虽然不爱政府，政府却是爱你的。最后总算为你找到一个教官的缺，那就是在绿岛指挥部。”听这个人一口气说完，父亲脑袋瓜轰然发胀，问道：“是不是把我送到隔壁管训？”

“绝对不是管训，你是真正的教官，和指挥官平起平坐。”

“那么，我是不是可以先回台北一趟，看看我的女儿，然后再回来报到？”

“不可以！但你女儿可以来这里看你。”

父亲虚弱地再问：“请问，我什么时候可以离开绿岛？”

“你这个问题，我们在座没人有资格回答。”

“那么，这岂不仍是管训？”

“告诉你不是管训就不是管训。”吴鸿昌老羞成怒了。

父亲谨慎地问道:“既然不是管训,我可以不接受这份工作吗?”

“你知道你为什么坐牢?”吴鸿昌问道。

“我知道,我是匪谍。”

吴鸿昌终于翻脸,说:“什么匪谍?就是因为你不听话,才这样修理你。你到现在都还不听话,竟回绝上级安排。你以为我们不敢管训你是不是?如果你不想当教官,想当管训队员,我一通电话,管训令就会下来,你信不信我们有这个力量?”这回是一口气连珠炮似的说完。

父亲喘息说:“我信、我信!”

“那么……”吴鸿昌继续说,“你回牢房写一份自愿接受这份工作的感谢状。”

父亲回忆这三十年前的事,认为这种以特务为主干的政权,对任何一个得罪他们的人,绝对没有肚量容忍。原来,“警备总部”鉴于“柏杨”在国外具有影响力,其出狱后如不作适当防处,将会产生不良后果,于是提出分析。甲案:“由该部以聘雇名义安置于绿岛“警备总部”,每月津贴生活费新台币五千元,由‘国家安全局’拨发。”另乙案:“由‘国家安全局’协调中央文工会安置于政府适当之学术研究机构。”最后由“安全局”核定甲案:续留绿岛,职任教官,形同继续监禁。虽有违监狱行刑法等相关法令,但是又何奈?独裁政权,是凌驾于法律之上的。

一番谈话结束,父亲带着噩耗返回囚房,大家一听霎时间噤若寒蝉,原来特赦并不能取代隔壁手段。第二天,父亲被带到大礼堂,面对蒋中正遗像宣誓永远脱离叛乱组织、永远信仰三民主义。然后办理出狱,走出监狱大门,没有享受一分钟的自由空气,随即被请上一辆等候着的军用吉普,三分钟后,就到了政治犯最恐惧的"隔壁"——绿岛指挥部。

父亲的双腿有千斤之重,他沉重地踏上台阶,指挥官王道洪先生谦和地在大厅相迎。就在这里,他每天吃饭睡觉,一无所事地开始过着被"软禁"的生活。软禁可怕在没有刑期,即令是二十五年最高刑期,也有期满的一天,即令是无期徒刑,也有大赦、特赦、减刑的可能。只有软禁犯,可能被囚禁二三十年,甚至四五十年,更甚至永无尽期,任何大赦、特赦、减刑都轮不到自己。因为刑期早满,软禁犯并非罪犯,只有一纸行政命令和一张"工作证",没有刑期限制。等承办员更换几次,就逐渐遭到遗忘,慢慢全世界也都遗忘,即使老死,也在这被软禁之地,孤独一身葬身鱼腹。

当初名噪一时,从厦门游泳到金门,"投奔自由"的红卫兵王朝天先生,他这个呆子竟然想向"警备总部"讨回登岸时被搜去的人民币,因而被送到台北土城集中营监狱。他愤愤不平,在黑板上写下他的抗议,结果就被送到这里软禁,当看管雇员。

父亲说:"另一位更离奇的软禁犯汪廷瑚先生,他得罪当时国民党秘书长张宝树,张宝树一通电话到"警备总部",汪廷瑚立即在他教书的台北大安高工教师的位置上被捕,押解到绿岛指挥部,成为看管雇员。事后,张宝树多次要求他写悔过书被拒。"直到父亲回返台北,继任指挥官周书府先生,对软禁犯采取更严峻态度，汪廷瑚终于遭到毒手，不明不白地死在周书府派出的枪兵围殴之下。

所有的希望都被无情地摧毁了，父亲连申诉的机会都没有，一连几晚都无法安枕，他哀伤、愤怒、心悸不止。最焦急的是，他无法跟外界联络，无法告诉外界他眼前的处境。

此时，很少人能够体会"苦难的价值"在于留在其中，看见"神的旨意"。

父亲早跟陈丽真约好，三月七日当晚在高雄接驾。结果突然像断线风筝音讯全无，双方的忧心与焦虑不言而喻。而五天前，丽真的夫婿一栗先生，还被警总请去谈话，每次都令人胆战心惊。陈丽真在《柏杨·美国·酱缸》书中，描述她当时的遭遇与情景，摘录部分如下，令人心痛滚泪。

> 三月一日小昱气喘住入医院，三月二日又被约谈，因为问心无愧，因为一份友爱之心，而得警总传讯官的谅解与同情。他们善意劝阻我们别去绿岛接人，风高浪急，交通险峻，孩儿又病。我们接受了好意，决定和祖光、一栗、小昱等四人，在三月七日下午二时起，就在高雄火车站对面一间饭店等候。……三月五日小昱出院，六日整天像热锅蚂蚁，七日一早搭乘八时南下特快，可怜小昱仍在轻微气喘……我心急不过，独自跑到公路局东站去等，想想多年未见，老师背驼了？发白了？苍老不堪了？……眼睛不敢转动地盯着从台东开来的每一班巴士。六点、七点都在失望中过去了，老师还未出现。我想，一定是老师爱美本色，先去理发、染发了。一面安慰自己，一面耐下性子

继续等待。糟了！说不定坐在刚刚停在前面的那班车上,心里想着就往饭店狂奔……三副沮丧的面孔相对,我又回到车站。八点、九点……每一班的旅客都被我毫不放松地盯着牢牢的。十点,又到了一班车,在一阵蠕动的人潮中,我似乎看到了老师的影子。感谢上苍,我没有高血压,否则不堪设想……盼着、盼着……很像,但不是老师,我追过去,站在他的面前,四眼相对,神似却不是。没有眼泪,只有无限失望……好心的站长走过来问:“等人?”“是的!”“很重要的人?”“很重要!”“半夜十二点了,已经没有车了,小姐你脸色不好,送你回去吧?”“谢谢！不用了。”脚上像绑了千斤重担。……我们仰望夜色的穹苍,那疏落的闪烁繁星,显得无比的苍凉与虚弱。……三月九日,在台北接到老师出狱前夕寄给我的一首诗。三月十日,收到老师的限时信,寄件地址居然仍是绿岛。信上写着:“丽真:我已经准备好,以为就可以回去了,长官却把我找去,告诉我要留在绿岛继续囚禁,看来我们此生见不到面了,请原谅,让你们四位辛苦地白跑一趟。我心里空前伤感震荡,不多写。”喔！事情已经大白,老师虽然终于出狱,但却永远不会回来了。

父亲终于熬过了这八年的有期徒刑,但却一脚踏空,栽入了无期徒刑。对外的信件,不准提及任何“软禁”的字样,只能说目前担任教官,身体健康、生活美满、精神愉快。父亲知道要见我们兄弟二人,包括丽真,都不可能,于是他申请要佳佳登岛会面。感训组长汪乃效先生同情他的遭遇,就协助完成他与佳佳父女见面的心愿。经过多方多面的折冲和安排,终于让罗祖光先生带着佳佳前来绿岛探视。

佳佳两天的绿岛之行，虽然父亲已感觉了无遗憾，但也不能改变什么，于是他又继续把情绪融化到诗词之中：

浓云压压压残苔，独倚栏杆一眼开；
我惭千钧无气力，万籁无声待雨来。

父亲可以自由走动，可以站在高岗遥望巴士海峡，可以痴呆地坐着凝听巨浪拍打着岸边，但是，却没有一个谈话的对象。因为，所有官兵都把软禁犯当作麻风病患，不敢靠近。突然有一天，军号齐鸣全营警戒，一架直升机直接降落草坪中心，一位高级将领走下来，原来是“警备总部”政战主任韩守湜，大家马上被管制不可乱跑。不久过后，一位组长来找他，说：“主任召见你，快换件像样的衣服。”

父亲感恩地说：“我和韩守湜是开封高中的同学，但是自离校以后从未碰面。假定他没有道义担当，大可不必承认跟政治犯有同学关系，所以我很感谢他。”

在午宴上，韩守湜还向全体官兵说：“柏杨是我老同学，拜托大家多照顾他。”这是何等令人感动的雪中送炭的友情义举。

两个月后，另一架直升机降落，军号照样响起，原来是更大之官，“国防部”总政战部主任王升、副主任萧政之，两位联袂前来视察。根据韩守湜的经验，都以为他们有可能会相见。可是飞机走了，汪乃效惊奇地说：“我知道你们也是同学，跟他报告柏杨也关在这里，他们一面点头，一面笑说：‘柏杨？喔喔！名人！名人！'一步也没停留登机而去。”这真是一个有趣的人生浮世绘，在患难中，才能看到人的形形色色。

种种变迁，绝非人能料定。父亲独处孤岛，艰难中品尝着苦闷，软禁的只是身躯，灵魂是不受禁锢的。他在这个阶段，是相当地意志消沉、万念俱灰，他写信给梁上元：

> ……我在此生活，丽真当已转陈。人生奇遇，集于一身，可谓沉重。……原来满怀希望，出狱后造府，促膝长谈八年往事。现在相见无期，只好以笔代言，纵写千行，不能尽意，倍增惆怅。……

父亲思念孙观汉先生，特作诗一首：

> 万籁都从耳底收，孤岛长啼山更幽；东风吹合离离草，残日会逢晚晚秋。
>
> 飘泊地涯惊泪眼，仃伶海外托归舟；天生我辈人间世，一点赤心证白头。

作诗寄情，父亲只知道已经被世界抛弃了，并不知道此时，孙观汉已经跟国际特赦组织（Amnesty International，简称 AI），以及世界各处的援助和营救，都展开了全面的行动，而且日益激烈。

AI成立于一九六一年，总部设于英国伦敦，目前在全球一百八十国共有两百多万会员及支持者，在七十多国设有分会。一九七〇年代，AI不仅致力救援各国政治良心犯，而且推动联合国通过《反酷刑宣言》，其贡献先后荣获诺贝尔和平奖、联合国人权奖的肯定。

一九七六年十一月十日美国《华侨日报》刊出“作家柏杨在台湾已被枪毙”的消息。因为父亲未能如期出狱，自然引起外界舆论诸多的猜测，大家都认为他在狱中已遭秘密杀害。而这种秘密处死或暗杀的手段，在政治黑狱中屡见不鲜。

父亲说了一个真实的故事：“当时绿岛指挥部有一个图书馆，管理员也是一名软禁犯，他是当年名震一时的抗日名将孙立人将军的左右手郭廷亮上校。孙立人被蒋中正设计软禁在家之后，与他有关系的军官全被清除。郭廷亮是一位战将，即将参加朝鲜战争，担任任务最艰巨的突击团团长，准备全团战死在滩头阵地。就在联合国拒绝台北出兵的当晚，郭廷亮被“警备总部”逮捕，把他装进特制的囚笼，严刑拷打审问，要他承认并咬出孙立人要谋反，最后被判处无期。蒋中正死时，他已经坐牢二十八年。”暴政瓦解、白色恐怖结束后，郭廷亮也被解除软禁。那时孙立人将军仍然在世，谋反的真相大白，又是一桩天大的冤案，完全是蒋中正独裁集团设计的阴谋。可是郭廷亮早已家破人亡，无处投奔，只好继续留在绿岛，养梅花鹿为生。一天从台北回绿岛,在中坜被人从车上推下摔死,一代战将,死于暗杀毒手,留下无限诡异。

就在此时,美国总统卡特先生推动人权外交。父亲说:“我是一粒沙子,人权外交的浪潮卷起了这粒沙子,把我从黑暗的深海卷上来,投掷到阳光下的海滩之上。”八年前他被逮捕的时候,孙观汉曾在美国发动大规模的请愿行动,国务院答复说这是台湾“内政”。而今天在人权外交的呼声下,国务院立即着手调查柏杨的下落。而国际特赦组织所发动的世界性的救援攻势,信函如雪片似的飞到台湾。的确,当软禁犯在绝望之际,突然知道全世界还有许多国家的陌生人在关怀他们,甚至还在用尽方法拯救他们,那种感觉会造成心理的震荡,而燃起希望的烛光,并激发出求生的意志。

父亲也因如此,才觉悟要好好地活下去。因为自己的遭遇,已经引起国际社会的关怀,对政治犯而言,坐牢是和暴君比生命的一场比赛,看谁活得久。于是,他拿出积蓄,买了奶粉、维生素,立志参加这场比赛。

产生了参加战斗的雄心,并建立了一定要赢的斗志,父亲心情豁然开朗,并且精神百倍。每一天早晨,他都会仰天祷告,一是感谢神的怜悯,一是坚定自己的意志。他自己完全无能为力,也只能把所有的一切,都托付给上帝了。

就这样,在漫长沉静、寂寥无念中,一年缓缓而逝。有一天,汪乃效拿了一份“警备总部”的公文给父亲看,上面写着:“柏杨一员,本部另委工作,即日派员前往陪同返台。希转知。”就是这封电报,使父亲成为时间最短和最幸运的软禁犯。

感谢神爱世人！数日之后，父亲登上飞往台湾台东机场的班机。回顾来时，对葬送在这荒海孤岛上六年多的生命年华，只换得一声长长的叹息。

梁上元在《柏杨与我》一文中，是这样描述这场感人的重逢：

> 一九七七年三月，我们又得到柏杨即将释放的消息，经过上次的波折，我们都半信半疑……这中间有半个月，是人世上最长的半个月，我和丽真、祖光，每天都通好几次电话，探听有无最新消息……孙观汉先生也不断从美国打越洋电话……九年都等了，这最后几天却等不了，到了三月底，我们几乎又要动摇。
>
> 四月一日（这天又偏偏是愚人节）下午六点十分，我们终于在台北松山机场等到了柏杨……失去自由九年又二十六天，柏杨并没有我们想象中的苍老和狼狈。相反的，他染了头发，着深色夹克，虽然略显清瘦……他和我们每一个人紧紧地握手，坚定而有力，而且马上谈笑风生。尽管在眉宇之间，仍隐隐流露一份紧张和一份怨怒之气，但也因如此，整个人更显得目光炯炯、虎虎生气。当晚在祖光家晚餐，菜肴丰美、友情洋溢，觥筹交错之间，我看他的表情开始慢慢松弛。当我们谈到观汉时，他禁不住落泪，在泪光中，他的眼神已变得十分的柔和。

这一天是一九七七年四月一日，距一九六八年三月七日，父亲的冤狱共计有九年又二十六天。其中有判决书的硬牢八年。而八年刑期届满应该出狱，却遭“安全局”自政策上考虑核定，将他继续软禁绿岛，继续剥夺行动自由近四百天。若非美国政府出面关切，他这遭软禁还不知要到何年何月。人生有几个十年？前一晚，父亲在牢房灰暗灯光之下，写了《我离绿岛》一诗：

我离绿岛时，厚云掩斜阳；脱我囚犯衣，换我平民裳。
十年如一梦，此梦仍未央；抬臂觉肘痛，着袜抚膝伤。
试步双足软，合唇齿半殇；仰头望苍穹，天人皆迷惘。
金堂酣歌舞，壮士泣沙场；丹心化为泪，巨星引眉扬。
高僧恕飞雀，奇异出画坊；野村相面客，俯首甘异乡。
独念狱中友，生死永不忘。

依据现存“安全局”的档案数据显示，父亲能死里逃生，从绿岛被释放返台，是美国国务院透过在台湾的安克志先生关切“柏杨”的现况及刑期已满，为何不得释放等相关问题，向蒋经国提出质疑。台湾官员回答说：“柏杨自己要留在绿岛当教官，有他亲笔签名的申请书为凭。”这种幼稚的笑话当然无法说服重视人权的美国人。蒋经国这才不得已转变态度，经“安全局”核定，终于在一九七七年四月一日，释放父亲返回台湾，并安置在“大陆问题研究中心”当研究员，但是仍然以项目列管考核。

父亲对社会的抨击，是经历了狱中的煎熬之后，才真正猛烈起来。从自由人跌落酷刑室，从耳闻的残暴，到亲身的煎熬，从拷打与逼供，到死刑被起诉，从绿岛坐黑牢，到无期被软禁，这才又回到自由。他对政治、人性，都有了更丰富的参透和领悟。

父亲感恩孙观汉先生的救援行动，他说："每一个小故事，都使我饮泣。和他相比，也有更多的世态炎凉和落井下石的故事，每一件都让我震惊。"然而，"人不炎凉不世情"，一个充满势利眼光的社会，固然使人心寒，但社会完全没有势利眼光，也会平淡枯燥。历史上没有奸佞，哪能显出忠贞？没有势利眼，哪能显出道义美德？一场叫座的戏剧，全场都是好人，剧情一定乏味，谁会去看？人生每次的挫折，都是一次友情的筛检，经过风浪仍能相互体恤的朋友，才是挚友。

父亲感叹地说："世界上从没发生过，一个人挫折后，朋友阵容还能原封不动。"一贫一富，乃见交情；一贵一贱，交情乃见，这是千古的定律。

抵达台北后的第一个自由之夜，父亲在明亮的台灯下，写给孙观汉先生一诗，向十年如一日伸出援手鼎力救助的孙观汉先生表达无限的感恩与思念之意：

> 今日踉跄回台北，人物都非两渺茫；去时家园如完瓯，于兹覆巢鸣寒蛩。
>
> 念我身老童心在，仍将丹忱酬热肠；先把无穷感恩意，第一修书报孙郎。

这两位老人家，不但是智者之交，也是仁者之谊，更是勇者的生死担当和挂念。

父亲在狱中写的三部书:《中国人史纲》《中国历史年表》《中国历代帝王皇后亲王公主世系录》,仍在“警备总部”政战部审核中,数月仍无消息。除了这三部书,还有一本《柏杨诗抄》。诗抄的内容,根本走不出政治监狱大门,父亲似乎早就知道它的命运,因而分别抄在《辞海》和《领袖训词》之类书的字里行间,与正文相混夹带出狱。但写在纸屑碎片上的诗词,就永远失落,无法追寻了。

父亲又说了一个第二次世界大战末期的故事:国际上流行一则小幽默,说是一旦生擒活捉希特勒,应该如何处理?各国意见不同。英国人主张把他交付法庭审理,给他充分的辩论机会。美国人主张把他装在笼子里到处展览,出卖门票。中国人则叫他找两家殷实铺保,随传随到。这则幽默反映了各国的文化特质:英国人是守法精神,美国人是商业挂帅,可是对中国人把希特勒交保候传这档事,却不能理解,为什么国际间对中国有这种观察?连他自己都十分不解。

父亲入狱八年,直至要出狱了,才发现“交保候传”在中国政治制度中极其重要。他说:“它具有极大的杀伤力,是暴政中的隐形杀手。以政治犯为例证,当他漫长的刑期届满,要出狱之前,必须找两个保人,保证他永远脱离叛乱组织、保证他永远信奉三民主义、保证他定时定期到管区报告行踪,如有违背‘愿接受最严厉的制裁’。这表面看似简单的保证书,却暗藏复杂的策略和阴招。”一个政治犯,从被捕的那一刻,亲戚朋友就惶恐逃散,政府又刻意将他与社会隔绝,此人就从人间蒸发一样地完全消失。数十年之后,人事变迁、世态转移,全世界都已改观,亲朋好友在哪里?同乡同学在哪里?妻子丈夫在哪里?找不到一个人能作保人。

父亲解释说:“监狱外的亲朋好友个个都是惊弓之鸟,好不容易安定下来,突然接到这份杀气腾腾又陷阱重重的保证书,纵使一个霹雳打到脚前,也不过如此。谁有胆子保证一个判刑一二十年,音讯全无的危险分子脱离叛乱组织、信仰三民主义,每月定期管区报到?”保证人还不能出国,出国必须退保,否则政治犯将重新被捕。政治犯想出狱却没有保人,他唯一的出路,就是送到隔壁,说是软禁也好,管训也罢,反正关到老死,并非他是什么重罪,仅是他找不到保人。

父亲在刑期届满前,也拿到了保证书。这坐牢八年,看到保证书上严厉的条款,不禁心惊胆跳。他在坐牢前,知己满天下,这时却无人可找。父亲说:“我第一个想到的就是陈丽真,这个严重的后果,加在一个女孩身上,我于心不忍,可是无可奈何。意料之中的,丽真肯为我作保,但再也找不着第二个人。因判刑死在黑牢,我认了;因找不着保人而葬身孤岛,我死也不甘。终于最后,他们找到了当时当‘国大代表’的于纫兰女士,于大姐一口承当。”这两张保证书,却因为父亲踏出服刑监狱,就进了软禁监狱,而没能发挥作用。但是两位女性所承担的义举,却是千斤重担,也胜过任何须眉,更胜过有些曾是朋友,却背后捅刀,或落井下石,或造谣毁谤的所谓“忠贞嘴脸”。

从父亲入狱那天,到今日深造凯旋,这些情形都不曾歇过。

一九六八年父亲刚入狱,就有擅长写鬼故事的人奉命到美国宣扬"柏杨"的恶行。一次会场上,还遭到夏沛然先生的制止:"柏杨有你这种朋友,他已不需要任何敌人了。"不过我宁愿体谅,在那个时代,司马中原也跟任何人一样,充满了无奈。

即使今日,父亲从九年多的黑牢被释返台,地雷仍继续爆炸。既得利益者、酸葡萄心理者、急欲强冒出头者、诸多忠贞嘴脸者、谄媚主子想吃点心者,都磨刀霍霍。

一九七八年九月的台北《文坛》杂志有一篇笔名牧野的姜穆先生发表的《由役谈起》,即以一种酸葡萄的心态,严厉地批判:

> 凡服刑者,无不于"德操"有亏,都是为填欲望,不惜干犯法纪,为匪为盗,甚而窃国或企图窃国者。这种人本是害群之马,绳之以法是大快人心的事,也唯有"公正"才能鼓励忠贞……某机构以"研究员"作为某类受刑人的酬庸,这就使一生卖命的人大感不平之外,也使人失去什么是价值标准的感觉。如对受刑人加以酬庸,不是判决错误,就是向强梁示好……他的笔锋,常不忘挑拨……他说滇缅边区的反共忠贞之士,来台后沦为引车卖浆的行当,读了这段文章,他的用意何在,我就不敢妄加推断了,但我们都产生政府未尽到照顾忠良的印象。然而这本书竟然营销百万册,不禁使我区区在下,感叹不已。

接着姜穆又发表了一篇《大家都去做研究员》,笔锋尖锐地斥责。父亲当时并没有立即响应,但是却激起曾夺得香港短篇小说比赛金像奖首奖的作家锺虹先生的不平,就跟姜穆大开笔战。

还有一文是井种步先生,载于一九七九年八月份《亚洲世纪杂志》的一篇文章:

> 《柏杨和我》是梁上元编著的一本"书",扉页题词:"谨将本书献给柏杨先生作为他六十岁生日的贺礼!"从以上引录这些"他的朋友"们祝寿文中,发现不少的"冤"字和"诬"字。尤其是孙观汉在美国出版的《柏杨和他的冤狱》一书。明明白白称它为"冤狱"。我们实在弄不明白,难道说柏杨坐牢真是冤枉吗?当他坐牢之时,报上不曾登有过新闻,及到出牢以后,报上才有了新闻。当然知道他坐牢的人不少,尤其是文艺新闻界的人,何以在"国内"无一人出头代他"鸣冤"?至好如他的朋友梁上元、罗祖光,以及女弟子陈丽真,甚至他的妻子倪明华。只有一个国外朋友孙观汉才出版《柏杨和他的冤狱》在国外发行呢?
>
> 我们没有看过检察官的起诉书与柏杨的答辩书。惟从他口中自诉出的"判决书"上的两项罪名(在沈阳被俘及在台北写杂文为匪宣传),而判定他坐牢十二年,罪与罚相等。怎么可以称为"冤狱"呢?
>
> 假若他"坐牢"真是冤枉,他"出牢"以后,还可以自己诉

愿、伸冤。……直到现在为止，柏杨并不曾自己诉愿伸冤，就证明他坐牢不是“冤枉”了。亦可见孙观汉所谓“莫须有的牢”，与梁上元所谓“不白之冤”、罗祖光所谓“相信他的无辜”，都是感情用事之词，其他几位为他喊“冤”者，更是“无稽之谈”。

父亲说：“这一类忠贞的言论，不止遍布岛内，也蔓延海外。”一位菲律宾侨领陈志专先生，就为文表态，载于一九七九年十月份台北《中国报导杂志》：

有关柏杨案件，早在十多年前，由警总军事法庭宣判定谳，期满出狱，照理应该改过自新、表示忏悔才对；但不作此图，反以东山再起的姿态，继续挺进。柏杨的支持者竟又旧事重提，仍犹喋喋不休，实有藐视法庭之尊严，居然无人予以驳斥，这就妙了！

在过去，我们的作家，言论一旦受到钳制，或政府决心兴起文字狱，很多知识分子，不是闭口自保，就是索性纵身投怀，希望分一点渣汁，或是在旁鼓掌称快，甚至认为暴君暴官下手太轻！父亲认为中国人真是病了，文化人更是病得沉重。其实他早在一九六一年因《异域》之书触怒军方，又因“杂文批判”被国民党开除党籍之后，就免不了被当时文坛的许多御用文人口诛笔伐，不遗余力地全面围剿。

全世界任何一个地方，如果有个作家被诬陷的话，全国作家都会声援。只有我们台湾，所有作家都在打落水狗，好可怕、好可悲、好可耻。

父亲的监狱文学作品《中国人史纲》在《中央日报》上,不过是花钱刊登了销售广告而已,却闯下大祸。因为《中央日报》绝对不允许出现"柏杨"这两个字,意思就是全面封杀"柏杨",仅因如此,报社就要开除承办员马锦文小姐。这让父亲想起一九四八年在沈阳时,国民党不批准他《大东日报》的执照,而这次封杀事件,使我们更加确认,无论是政治或是军事,国民党的溃败,不是没有原因的。

当时在台湾发行一百余万份的大报《中国时报》,有一次,举行读者和作者的联谊会,他们邀请父亲参加,而大家对他的出现惊愕不已。发行人余纪忠先生宣布:"这次聚会最重要的意义,就是欢迎柏杨归队。"

第二天,报纸刊出报导,父亲也于返台后的第三个月,开始恢复了写作的生涯。《中国时报》副刊主编、被称为"纸上风云第一人"的高信疆先生,于七月九日特别开辟"柏杨专栏",让父亲发表了十年牢狱被迫搁笔后的第一篇杂文《牛仔裤与长头发》,久违了——十年,"柏杨"之名这才在报上重现。

紧接着的"大学联考"作文题目"一本书的启示",在考生笔下出现次数最多的书名中,父亲以笔名"邓克保"写的《异域》一书,竟然名列榜首。翌日,报纸更正为《风雨中的宁静》后来居上名列第一,这乃是蒋经国先生的大作,所以,不得不把《异域》挤下第一名。

许多有形的毒箭,对父亲口诛笔伐。父亲说:"另外,还有无形的,杀伤力一样强大。有位大学教哲学的先生,对《中国时报》竟让柏杨开辟专栏，继续为匪宣传，挑拨政府与人民感情，简直义愤填膺，说到激动处真是痛不欲生。”

父亲就在这种秃鹰盘旋、豺狼围绕、虎视眈眈的充满危机、险恶的情势之下，随时都有可能重蹈覆辙、文遭腰斩、人被逮捕，但是他却毫不气馁、一路挺进。这些都是余纪忠先生的支持与鼓励，带给他最大的冲力，否则，他有可能上街摆个挂摊求生。

而一九五〇年，父亲在台南附工中学教书的同事戴瑞生先生寄来新台币一万元，当年这是巨款，帮助他解决了燃眉的拮据。

一九七七年的八月开始，父亲的小说《秘密》《莎罗冷》《旷野》《挣扎》《怒航》《异域》等书，陆续地都由林紫耀先生的星光出版社出版，包括他在狱中的三部史学论著。

父亲在狱中另外的第四部史书《中国历代官制》，那是在一九七五年，官员要他们“快快乐乐过一个端午节”，就把所有参考书都搜去保管，所以只写了一半。当他回到台北，几经周折三部书稿陆续重回身边。面对汗迹斑斑、颜色枯黄的纸册，他感恩说：“我有无限的感恩和热情。这些书稿从地面高过腰际。幸而林紫耀先生慷慨承担，并定名为《柏杨历史研究丛书》，使我由衷地感动。”

就在《丛书》出版前夕，父亲写下了长达七千字的序言，显示他对历史，有着宽广的视野，并对朋友献上无限感恩。

31 监狱文学 赠与恩人 /

父亲说:“意不尽而言不能不尽,我愿述及我对丛书处理的愿望。我虔诚地把第一部《中国人史纲》献给孙观汉先生。”

“……孙观汉和陈丽真是我的恩人,这种传奇性的义男侠女,可遇而不可求,而我遇上了,这是我的福气。……”父亲说,“我纵是集合全世界感恩的言语,都表达不尽我的内心。……孙观汉先生,亘古以来,只此一人。有人把孙观汉先生比为左拉,但孙观汉先生比左拉更伟大、更艰苦。他像大海中的一叶孤舟,为营救一个从未谋面的朋友,付出他的眼泪、尊严、时间、金钱和最宝贵的健康,而且十年如一日。更主要的是,他的道德勇气,不仅是为我一个人,而是对祖国一片丹心,和对人类一片爱心。”

西方有句谚语:为朋友死易,找到一个值得为他死的朋友难。

父亲感恩地说:“而我找到了值得为他死的朋友,这是我的幸运,也是我的光荣。”

以“寒雾”笔名,在一九六六年八月二十八日,写给“柏老”的第一封信的梁上元,当年只是发与耳齐的高中女生,十年之后,她到台北松山机场接“柏老”的时候,已经是大学教授了。

父亲说:“无论年龄、知识、智能和社会经验的增长,使她更坚定对我帮助,包括精神和物质的,也更坚定她对国家的爱、对人道的爱,和对人权的尊敬。她的品德可以在一件事上显示出来，她是一位孝顺的女孩，也是一位虔诚的基督徒。”他的第二部监狱文学《中国历代帝王皇后亲王公主世系录》，赠给梁上元女士。

第三部监狱文学《中国历史年表》，父亲赠给陈丽真女士，用以表达对她无穷的谢意。父亲说：“丽真一九六二年第一次来探视我时，就成为我的学生。在我家庭破碎、妻离子散之际，她一直照顾我的生活，探视我，给我寄衣服食物，末了还为我作保。”丽真无私的付出，遭受到许多的风暴打击，几乎精神失常。在经过了无数次恐惧的哭泣之后，并没有放弃初衷，使父亲在孤寂的黑牢里，仍享有人生的温暖和友情的慰藉。当时在台湾，他也只剩下丽真一个人在照顾着，监狱也只准他跟丽真一个人通信。他说：“这些都是使我能够活下来的最大支持。”

父亲另外还有一位要谢恩的，是一位送开水的工友，素昧平生。他曾对父亲说：“我知道你是冤枉的。我能为你做点什么？”父亲请他带话给倪明华，告诉她相关情况。没想到电话被监听，于是工友被逮捕，也从此失去踪影。父亲既自责又感伤：“不知道他是生是死？我日夜惦记着这件事。他是我要报恩的人。今生就是要找到他，向他道谢。可是，这么多年了，一直没有消息。”

这三部史学论著，充满了父亲对这三位人生挚友至真至爱的情谊，也体现出一个中国知识分子的豪志与悲情。

父亲在《中国人史纲》中，有一段叙述：

> ……中华人是世界上最善良的民族之一，虽然在历史上

不断出现战争，不断出现杀戮，但任何一个民族的历史都是如此，不同的是这都不是中华人主动的追求。只有在受到外来异民族过度的侵略，或受到贪暴官员过度的迫害时，才会发出壮烈的反击。中华人真正的英雄气概和高贵的精神价值，在反击中全部显露，也在这种反击中，滚雪球般地不断壮大。……中国像一个巨大的立方体，在排山倒海的浪潮中，它会倾倒。但在浪潮退去后，昂然地仍矗立在那里，以另一面正视世界，永不消失、永不沉没。就二十世纪，使人沮丧的大黑暗时代结束，五千年专制帝王制度结束，悠久的但已不能适应时代的生活方式和意识形态，也被逐渐抛弃。奄奄一息的中华人返老还童，英姿焕发，创造出中国第四个黄金时代，在全世界万邦之中，充当忠实的跟强大光荣的角色，而且成为最重要的主角之一。

这何尝不是父亲自己的写照，一个深爱民族、深爱国家，历经流亡、酷刑、冤狱、软禁的知识分子，本性是何等的善良，却遭受迫害，曾被巨浪淹没，等浪潮退去，依然坚立在那里，十年之后，以另一面正视世界，并感恩于施恩之人，充分显示出，中国人真正的英雄气概和高贵的精神价值。

一九七八年的二月四日，父亲在出狱后的第二年，与张香华女士结婚，这是父亲的第五段婚姻。

父亲认为自己的生命之中，累积下来有数不清的创伤，有些已经结疤，有些还在淌血。而张香华使他平静下来，能够专心写作。这要追溯到两年前，他还蹲在绿岛黑牢时，看到《青年战士报》的副刊有一首诗，其中一段是：“……可以听到地下种子抽芽的声音!”作者就是张香华。

父亲认为这是无法解释的巧合,“缘”是感情最基本的土壤,有了这个土壤,自然迅速长出果实。

莎士比亚说:“上绞架和结婚一样,都是上帝订定的。”中国也有一句名谚:“百年修得共枕眠。”父亲夸张香华是位智能型的女性,自己有幸娶到她,是上帝总结他一生的艰难困苦后,所赐下的恩典。是的!上帝赐给他比别人较多的灾难,也赐给他比别人更强的对灾难的承受力和消化力,而最后,赐给他一位娴淑能干的妻子,陪伴他走过后面这三十年,最精彩、最璀灿的三分之一个人生。

父亲此后的三十年间,每每感谢上帝,他庆幸他们夫妻之间,除了是好夫妻,还是好朋友,彼此之间能够相互勉励、警惕、责难、规劝,这是很难得的事。当然,我们也感谢上帝,让父亲在出狱之后这耳顺之年,终于得到他的真爱。

半年之后,孙观汉先生从美返台探视父亲,两人初次见面,紧握双手,泪流满面,恍如隔世。

“中国五千年历史中找不出一个可以和孙观汉先生相比的人。”父亲如是说。左伯桃、羊角哀庙享血食,管仲、鲍叔牙标榜史册,刘关张三结义为留传后世最久的佳话。吴汉槎、顾贞观的乌头马角,写下感人肺腑的诗篇。不过,他们原来都是亲密的朋友。只有在西洋历史上记载的一件,那就是法国的左拉。当德雷福斯被“诬以谋反”,囚入监狱后,跟他素不相识,在行业上也风马牛不相干的文学家左拉,发表千古不朽的《我控诉》一文,最后在独裁权势的迫害下,逃亡海外,但他仍奋斗不懈。

父亲说:“跟孙观汉先生一样,他们不是为了某一个具体的人,而是为了正义、真理、公道和人权。”而旅美作家暨艺术家薛俊枝女士对孙观汉先生的人格,有最中肯的诠释:孙观汉先生“对社会,义无反顾,坚毅不屈;对国家,苦心衡虑,鞠躬尽瘁;对朋友,彬彬君子,高谊云天”。不过,“柏杨”比左拉、德雷福斯来得幸运兼幸福,德雷福斯始终无缘跟他的恩人左拉见面,而柏杨却能和孙观汉先生相晤。

孙观汉先生很担心父亲出狱之后的心理状态。孙观汉说:“每隔一段时间,报纸上就刊出柏杨被枪决的消息,每次看了都心如刀割,我就打国际电话向梁上元、陈丽真探询真相。当传言最厉害的时候,我真怀疑她们在隐瞒我什么。”直至两人见面以后的数年之间,孙观汉都还一直挂心父亲在经过九年的黑牢之后,会不会有残留的伤害和后遗症。

中国人在酱缸里太久了,很多人丧失了明辨是非和实践的能力,使我们的社会缺少道德勇气。以致好话说得太多,好文写得太多,而做得却太少。凡是认真明辨是非,认真实践理想的人,得到的往往不是鼓励,而是抵制。独善其身者愈来愈多,这是警讯,显示社会人情冷漠。

父亲说:“观汉先生已是这么有成就的核物理学家,却没有被酱缸污染。他孩子般的纯真,择善而固执。九年又二十六天,是一个漫长的日子,他为了营救而受尽打击,但热情更高,奋斗更昂。”

人道主义的孙观汉先生身体力行“有心的地方就有爱”,著书立说,文字准确、思维敏锐,见人所未见。父亲说他希望自己不是柏杨,他希望自己是旁观的人,要哭着唱出赞美他的歌——勇者的画像、道德勇气的化身。父亲语重心长地说:“我愿用自己的生命,为观汉先生换取青春,但上天无言。……我们有无限唏嘘。”

父亲邀请小牛——许素朱教授,联手为孙观汉先生编撰《孙观汉全集》,他自认大部分都同意并接受观汉先生的思想,并愿意做他思想的传播人,也希望能够赶上他,要借着与许素朱合编的这一部《孙观汉全集》,表达对他的感谢。孙观汉先生在父亲入狱期间,十年营救、不屈不挠,其艰苦悲凉,催人泪下。

小牛教授还写诗相赠,表达对孙观汉先生的感动。这又何尝不是做柏杨子女的我们,对孙伯伯的感动和怀念呢?

若问我　世上是否有化不尽的爱　我望着他那睿慈的眼眸　满怀温馨

若问我　世上是否有永不老的赤子　我望着他那和煦的笑容　会心一笑

若问我　世上是否有融不掉的雪　我望着他那牵丝的白发　发呆

尽管时光流逝　尽管岁月无情　菜园里的心痕
永远地　令人怀念　发人深省

父亲视力因为长期在暗淡灯光之下,严重退化。《台湾时报》特派员苏墱基先生非常爱护他,除了邀请他在《台湾时报》写《皇后之死》与《帝王之死》,还陪着他医治眼睛。《台湾时报》的董事长吴基福先生是眼科名医，诊断父亲右眼患的是“黄斑部萎缩”，没有什么特效药，只有自求多福。可是一个作家，哪能写作不用眼睛呢？有一次他在客厅看报，却只开了一个顶灯，虽然不暗却也昏沉，被关久了，他似乎已经适应了这种光度，但长久下来就不经意地成为病变了。

32 应邀出访　新马欧美

父亲收到几封海外的邀请函，邀请他去访问和演讲，可是政府都不批准，连报上都不准出现的名字，想拿护照谈何容易。他被钳制了言论自由，还被控制了人身自由，这当然不足为奇。

中国自明王朝第一任皇帝朱元璋先生下令“片帆不得出海”，中国人遂被禁锢在陆地上，成为政府的人质。政府宣称：中国是天下第一大国，凡想前往海外的人，都非善良之辈，而是天朝弃民，一定会颠覆祖国。对付这种人，必须加强禁制，以免他们滑出自己的手掌心。所以，在我们中国，准不准人民出国，遂成为政府奖励摇尾系统，和压制异议分子的一种手段。可是，到绿岛不知算不算出国？

一直到一九八一年一月，香港作家倪匡先生向国民党政权做出口头担保，父亲才获得批准出国，这次是应新加坡《南洋商报》、新加坡作家协会，和马来西亚《通报》之邀，也是父亲出狱后的第一次出访，同时让他深受感动。因为在他要去的前十多天，新加坡和马来西亚的文化业界，就已经开始讨论“柏杨”这个人和他的经历，以及他所有的作品。等到他本人一踏上新加坡的土地，立刻受到读者英雄式的热烈欢迎，只见人潮汹涌，中英文报纸全幅报导。

父亲回忆说：“对一个刚出狱的人而言，简直不可思议，也是无比温馨和无上的荣誉，只有青蛙变王子的童话里，才会有这种强烈对比的奇遇。”从一个在冤狱中受尽屈辱的一盏微灯、风烛下的弱骨残年，承受与熬过了不尽的残酷迫害，想不到在万里之外，得到的是千百倍的温暖和荣耀，此行使他终身难忘。

而这次的出访行动，甚至还出现“被绑架”的插曲，原来父亲一行人刚下飞机，《通报》董事长周宝源先生就用大礼车把父亲先行接走，热情招待，然而其他媒体和记者久候不逢主角，连电视台安排的访问也开了天窗，因此，差点闹出“柏杨在新加坡被绑架”的头条新闻。父亲说：“我已是‘历尽沧桑一老头’，受到如此热烈欢迎、盛情款待，使我有一种好像是当了‘匈牙利亲王’的感觉。”新马十天的行程，无论在文化交流上，或是文学互动上，他都亲身感受到岛国的社会与文化。离开新马再到香港，也刮起了一阵“柏杨旋风”。回台之后，父亲主编《新加坡共和国华文文学选集》，在总序中他表示，这是给新加坡的献礼。

父亲回来特别跟我们提及，在香港会晤到香港烟草公司总经理、大慈善家何关根先生。推前到一九六一年八月时，他的报导文学《异域》一书在海内外发行畅销，引起特别的回响和关注。一九六八年初，在他被逮捕的前两个月，何关根先生来信，对他在台湾的孤军凄凉境遇深感悲痛，捐出一笔巨款，要“邓克保”转交。而“邓克保”在被捕前，刚好转发完竣，而且在报上一一征信。所以这次到香港，第一件事就是拜访何关根先生，虽然事隔十三年，仍要当面向何先生致谢。

新加坡、香港转了一圈，返回台湾就有争议上了门。这次造访之地的媒体都大幅报导，其中有些合影之人被蒋家班视为“左”派分子，因此警总又找上门来了，质问为何出国要跟“左”派来往。

于是,父亲向他们建议:“你们带着给牛马猪羊烙印的烙铁,把华人分成两派,分别在他们脸颊烙印‘左’‘右’两字来分别派系,这样就清楚了,我们才能趋吉避凶,以免你们猜忌得心慌,又要找碴陷害我。”

父亲使用的电话,包括家里的、办公室的、亲友的,一直都在被监听之中,我们在跟他通话的当中,常有断续的停顿,像是另有分机没挂好。尤其某些特殊的对象,更有同感,包括同样有争议的作家、曾任“文化部部长”的龙应台。这种监听、监控的动作,我曾到“档案管理局”调卷,却查不出任何证据。

父亲认为,政府要再有力量操弄民意,就很危险了。绝对的权力就有绝对的腐化,即使人格再高尚、能力再优越、智慧再超脱的人,双手如果掌握无限制的权力,也必定会腐化,进而越权、滥权,再就玩法、弄法,最终,一定走向独裁专制。何况这种全知、全能的人根本不存在。

父亲安慰的是,横向地观看现状,与西方的自由民主国家比较,国民党政权的独裁本质并没改变,但从纵向的角度观察,国民党政权还是有进步的。他说:“这进步,除了受这个大时代民主潮流的冲击之外,国民党自身经过检讨、反省后,愿意让步,也是原因之一。”

虽然阳光沉没在海平面下,汹涌的浪头依然险恶,但是此时,父亲已经不再是一个卑微的小人物了。我不是说他伟大,而是他从地狱走过这遭之后,思想更加成熟了,他不再以正面和立即的反击来表明自己,他使自己的心境和格局更为宽大,也更上一层楼。但是他的诉求主题,仍不离“人道”和“人权”。

宋朝杨公远所云:浮生六十度春秋,无辱无荣尽自由。而两度获得诺贝尔奖的居里夫人曾说:如果能追随理想而生活,本着正直自由的精神、勇往直前的毅力、诚实不自欺的思想而行,则定能臻于至美至善的境地。父亲在这个年龄和这个阶段里,正是他人生和思想,以及心智的成长,使他迈入另一个新层次的境界,也就是那至美至善的境界。

同年七月,父亲又接到世界诗人大会的邀请函,这次很快就取得了出入境证,于是他顺利地踏上美国之旅,飞往旧金山与会。他回台之后,特别推崇美国人的礼貌多端和守法观念,交通秩序有条不紊。他说:“斑马线在美国,竟然有使汽车礼让的功能,在台湾斑马线却是暗藏陷阱。”虽然今天,台北开车在斑马线前要礼让行人,否则开罚,但是酒驾却依然盛行,罔顾人命,一条人命只值七年徒刑?呜呼!只有重罚才能警惕人,久之,良好的品德,才由良好的习惯,自然演进而成。哪天不用罚款就能有各种美德,台湾最美的风景,才将是“人民高尚的品德”。

诗人大会闭幕之后,父亲有五场演讲。第一场在旧金山斯坦福大学历史系,演讲题目是“人生文学与历史”,他以最诙谐幽默的方式,赢得全场听众掌声和笑声一共八十九次之多。接着又在伯克利大学,以及洛杉矶《南华时报》、纽约中华公所演讲三场,而洛杉矶的《论坛报》连载了二十三天,轰动一时。

父亲以一个纯民间作家,在美国引起这么大的回响,凭什么呢?他说:“我不是政府官员,我也不是文化打手,所以不能撒谎。”说真话,是真道德,才会受到真正的尊重。但是真话说多了,也有麻烦。

最后一场在纽约孔夫子大会堂,题目是“中国人与酱缸”。他把中国传统文化形容为“酱缸”,对“唐人街”的脏乱嘈杂,和中国人对自己同胞的迫害压榨,提出应该自顾形惭、实时改正时,却遭到一位听众激动地一跃而起,大声斥责说:“你从台湾来,原希望你带来好消息,想不到你却来打击华人的民心士气,羞辱我们的祖国。”

但这个事件使纽约《华语快报》立即呼吁华人社会不可再继续提出尖锐的问题,报上刊载:柏杨来纽约市,在纽约知识分子阶层,卷起一个热潮。不论右派、左派或自由派的知识分子,都争着和他谈话,也都争着邀请他举行座谈会……这让真正爱护柏杨的读者忧心忡忡,原因很简单,纽约华人社会,是一个五花八门的社会,在政治上有左、右、中、独,各种派别,每个人都有一套想法,都希望能和柏杨交换意见。看好的一面,这是柏杨吸收新看法的好机会;但就柏杨本身的安危来看,也可能使柏杨回到台湾后,有再坐九年监狱的危机。……常常是有理说不清的,何况现在人人都想接近柏杨……如被断章取义,再戴他红帽子,也不是困难的事。……如果真正爱护柏杨,应该为他设想,为他的安全着想,尽量使台北方面不要误会他。

而第一场父亲在斯坦福大学的演讲,有一位美国人发问:“柏杨先生!您今天演讲的题目,好像是专门说中国人的坏话,我想请您也说说美国的坏话。”这时全场大笑,父亲回答说:“关于美国人的坏话,美国人自己讲得够多了,这是我非常羡慕的地方。”他还特别指出:“中国人的优点当然也很多,只是我们不必特别地去标榜……谈优点是救不了自己的，只有认清缺点，才能自救。”这位美国听众，跟那一跃而起“不容羞辱”的华人听众，真是一个强烈的对比，也显示出“酱缸”的腐蚀性和民族度量的不同。

父亲在演讲中强调：“自救的第一件事就是要知道自己的缺点，假如不知道自己的缺点，整天去想得意的事，恐怕有点像贾宝玉意淫。”全场又是一阵大笑。这时还有听众发出这样关心的提醒：“我们不知柏杨先生来美之后，讲话的开放性有多大？您讲话能到什么程度才能够回到台湾？……”意思是关心父亲，讲话太过，回台湾会不会又有“冤狱”发生？可见，所有华人对“白色恐怖”都充满了顾忌。

父亲还说了这么一个小故事：“……我在凤凰城一位美国朋友家住了几天，主人的十六岁女儿 Margret，到洪都拉斯，教导当地人眼睛保健的常识。洪都拉斯卫生很差，环境非常脏乱，这个女孩一觉醒来，竟然发现有一头猪跟她睡在一起。我在她家的时候，她刚巧服务结束返家，向她妈妈眉飞色舞地说，她明年还要再去，因为那个地方太贫穷、太落后了，需要帮助他们，她母亲立刻鼓励她再去。”

我们中国人也许会想，要是我的话，我才不去呢。可是那个美国妈妈却夸奖她的女儿，认为她的女儿既有见解又有爱心，以她女儿能够为别人献身服务，而引以为傲。

父亲说：“她并不是向我表示她的爱心，我又不能给她官做，也不能给她股份，这些都是她妈妈内心深处真挚的想法。而我在她的眼中，不过是落后民族的一员。……中国人的美德很多,可惜都在书上,或在嘴上。我们希望这些美德都能出现在我们的行为上……我们自己要有受人尊重的前提,要有反省自己的能力,这是我们民族生存发展最大、最基本的要件。怪来怪去都在怪别人,这个民族就没有救了。"

回溯到一九六一年,父亲以第一人称"邓克保"所著的《异域》,内容生动地描述当年泰北孤军的战况和生存困境。泰北面积大于台湾三倍,就是这本著名《异域》故事的舞台。时隔五十余年,孤军已经写入史页,也成为泰北孤军后裔永远不会忘记的痛。

《异域》这本书虽然当年遭到各种指控,但是因为它凝铸的是人性的光辉,是用血和泪所著作的纪实文学,并且深得当时的人心。直到八十年代前后,读者们更是关心并追问大撤退后孤军的命运。

就在一九八二年初,父亲接受《中国时报》副总编辑高信疆先生委托,带着张阿姨出访泰国北部,由台湾人权协会派在当地的法律顾问王福迈先生,亲自陪同前往北方九百公里之外、万山丛中的孤军基地美斯乐。他回忆这一次"深入蛮荒"的泰北之行,是一次"生死不测之旅",在这山高谷深、渺无人烟的蛮荒地带,暴尸几年都不会被发现。连我们听了,都不禁毛骨悚然。

二十天后他们返回,父亲就撰写《金三角·边区·荒城》,在《中国时报》上连载,立刻引起社会巨大的回响,读者们热烈地捐款,使台湾热情的"送炭到泰北"活动,持续了数十年之久。

坐落于泰北美斯乐,以泰北"义民文史馆"为名、由孤军后代建立的“忠烈祠”，于二〇〇三年七月三十一日竣工，是一座中国宫殿式的文史纪念馆，见证了异域孤军奋斗的血泪史。如今，泰北孤军已经迈入了第三代。我们看到先人筚路蓝缕、矢勤矢勇地为国家、为袍泽的牺牲奋斗，再看看现在台湾政治的纷扰、社会的混乱、人情的冷漠、世态的炎凉以及年轻人的肤浅，我们是否应感到惭愧？

我们盼望我们国家能够富强康壮，也盼望中国人世世代代，都不再有任何被别国侵略或相互残杀的悲剧发生。今日孤军的后裔孤儿们，在大家毫无保留的奉献之下，逐渐拨云见日，有如旭日东升，让我们献上由衷的祝福。

就在父亲才从泰北回来，马华公会又邀请他到吉隆坡讲演。就在这一次的行程里，他遇到了一个比“象人”更可怕、更可怖的人，就是“穿山甲人”张四妹女士。“象人”是一个发生在中世纪英国的真实故事，而“穿山甲人”是发生在一九四八年的马来西亚森州淡边村，这也是一个真实的故事。三十五年后，父亲来到这里，真实地记录了她的故事，并刊登在台湾和香港的报纸上，也立即引起了澎湃的同胞之爱，捐款一共新台币一百四十万元，及港币三万七千元。

父亲充满感激地说：“愿上帝祝福我们苦难的中国人，我们虽有种种不可宽恕的缺点，但我们的爱心不死，捐款就是一项证明。”他离开吉隆坡时，留下一点微不足道的钱，请《新生活报》社长周宝源转交给张四妹，不要说出名字，只告诉她，一份来自台湾的、同为华人的骨肉之情。

英国女王维多利亚女士，用诏书表达她对伦敦医院的感谢,因为该医院“收容了一个最可怜的英国子民”。父亲说:“我们太渺小了,但我愿意跪下,感谢有人能‘拯救一个最可怜的中华女儿’。我们这一生中所受的苦,又算什么?”后来林口长庚医院发挥爱心,帮张四妹诊治,并让她免费使用许多价格昂贵的药剂。她来台医治时,她还从收到的捐款之中,捐出二十万元给长庚医院“先天性鱼鳞癣基金会”。张四妹本来要捐四十万的,被医院苦心劝止。父亲说:“当我把她拥抱在怀里的时候,她是那么娇小、无助,和多么渴望友情。”并且还鼓励她回马之后,可以学习画画,以后要为她举办画展。

转眼五年了,父亲自出狱后,过得既充实,又忙碌。从泰北回来才两个月,又要飞到西班牙首都马德里,出席第六届世界诗人大会。父亲六十三岁之龄,十年黑牢未将意志和身体折磨颓废,“新婚”之后,愈来愈英气风发。这次还接受法国社会高等学院之邀,担任“中国研究中心”一个月的研究员。在张阿姨的陪伴下,就像是度蜜月似的,还访问了法国、德国、意大利、丹麦、挪威和瑞典,也特别来到世界上最小的共和国圣马力诺游览。

父亲对这个现存的最古老的、面积只有六十平方公里(台北市面积的百分之二十二)、人口不到三万(台北市人口的百分之一)的“国中国”向往已久,还带回来一个很美的故事。二次大战,盟军向北推进,忽然发觉前面有个城堡,两位身穿罗马帝国时代盔甲、手执铁矛的古代战士,大声喝道:“这是我们神圣的国土,不容许侵犯!”这个国土就是圣马力诺。载着他们夫妻的汽车行在乡村道路上,没有发现城堡和武士,路上空无一人,十分宁静。

父亲述说他的感触:“一个国家不一定要大,人民幸福才是第一,国土大而人民痛苦,只能算是地狱。我登上小镇山丘,拿着望远镜俯瞰四周,万里青葱,全是意大利国土,这真是一个奇妙的袖珍国家。他们至少七百年没有战争,也就是说,从宋王朝迄今,都平安地度过神仙的岁月。”这是多么奇妙的山河!多么幸福的人生!意大利的一级方程式赛车 F-1 的比赛中,“圣马力诺大奖赛”就是以圣马力诺命名的。最后一个行程,他们参观梵蒂冈的圣彼得大教堂。回台湾后,父亲把这趟旅程的照片,全都冲洗出来秀给我们观赏,当然包括跟教皇握手的那一张。

33　十年译写　资治通鉴／

《资治通鉴》这书名，意思是"帝王的镜子"。这是宋王朝六任皇帝赵顼，对司马光这部巨著的命名。想了解中国，我们就应该详细阅读这公元前四〇三年到公元后九五九年，包含有一千三百六十二年史迹的中国中古时代编年史。

透过《资治通鉴》，可以看出我们所处的历史位置，和面对的祸福命运，也可看出统治阶层的心态和行事轨迹，用来作为对他们的评鉴标准。《资治通鉴》是十一世纪知识分子使用的文言文，对二十世纪的我们来说，明显地过度生涩艰深。从前，人们生活单纯，知识分子可以把全部生命投入经史，而现今社会节奏迅速，对这佶屈聱牙的文字，谁有这种闲工夫嗑牙？

父亲认为，假如再没有现代语文本问世，这价值连城的《资治通鉴》将遭到尘封的厄运。我想也是，有几个人对这套文言文有兴趣？看了头不昏才怪。我是指一般人，没有意思跟高级知识分子抬杠。连司马光先生都曾感叹曰：《通鉴》完成之后，只有王胜之借读一次，其他的人还没读完一页，就打起哈欠，昏昏欲睡了。

一九八三年，父亲开始着手筑砌这庞大的文化工程《柏杨版资治通鉴》，他希望能使更多的人，有能力阅读这部沉睡在图书馆里的智能宝典。而他在"臣光曰"之后，加注"柏杨曰"，同时写出自己读史的心得。

《柏杨版资治通鉴》是仿效英国《牛津词典》分册出版的策

略，于是同年九月，第一册《战国时代》问世，直至十年之后的一九九二年底，最后一册《小分裂》脱稿作结尾，这长达十年埋首查卷的“译作苦旅”，终于大功告成。书在出版后第二年、第三年分别获选为一九八三年度台湾“最具影响力的书”以及“最有价值和最畅销的书”，并因创新文体、史观、古今对照，成为年度“出版界十二大新闻”。父亲说：“翻译是一种细胞复活工程，假如一个字就是一个细胞的话，我们终于看到《通鉴》所有细胞都已再生，再生的时间，恰恰十年。现在我们终于完成，诚惶诚恐，呈献在爱护和信赖我们的读者先生面前。”

父亲生日，本来是十一月一日，出狱以后，他就更改为三月七日，那正是一九六八年三月七日他入狱的日子。我们不懂为什么不把生日改在出狱的那一天（四月一日）以兹庆祝，父亲回答说：“我没有必要感谢他们还给我自由。”远流董事长王荣文先生就定一九九三年三月七日为“柏杨日”。那天，在台北诚品书店举行庆祝酒会，为庆祝父亲柏杨的生日，也为庆祝《柏杨版资治通鉴》全书问世。上午时分我跟弟弟本垣就到了现场，我们前去跟陆铿先生、孙观汉先生握手致意，再跟小牛、丽真寒暄时，听到致辞的蒋纬国将军，极有风度地说，他要代表老哥向“柏老”致歉，并走下讲台，两人双手紧握，令在座百位嘉宾为之动容。

父亲表示，他用巨大的心力来撰写评论中国历史，只是想追究一个问题，就是，中国的历史为何首尾流离、循环往复，而又充满了血腥和诡诈？他说：“这是因为中国的传统思想，包括学术思想和政治思想，都没有发展出自由、民主和人权的观念。”而这些到底应该由谁来负责？

司马光是伟大的历史学家，拥有“端明殿大学士”兼“翰林侍读学士太中大夫”的官职，又有皇上圣旨加持，经费和人员十分充足，在资源不匮乏的条件下，耗时十九年才完成了《通鉴》。而父亲是以一个人的能力和简陋的条件在从事翻译，抒发自己的史观。

司马光的《资治通鉴》是写给皇帝大臣看的，父亲的《柏杨版资治通鉴》是写给今天的官员和百姓看的。他语重心长地说：“希望读者都能从中获取人生的经验与借鉴。《通鉴》提供的观点和智慧，可以让人做个‘清明的第三者’，小至市井人事，大至国情世局，都可用大时空的角度冷静地去检查。”

纽约大学唐德刚教授称之为“一书定天下”。历史本身就是最好的故事，而中国历史更是世界所有历史书籍中最丰富的，没有一国的历史，能像中国追溯到四千年之前。可惜的是，中国有这么悠久、丰富的历史，自己却看不懂，那是多大的悲剧和遗憾。

从这套书，我们可以看得懂，也透过种种事迹，去学习判断、批评我们的民族、生活，并帮助我们展望未来。我们要在这些历史故事中，看到千古以来人性的善良与邪恶。

在父亲开始着手译作时，我还没结婚，到他七十二册全部完成时，我儿中中都已上了小学。而我从第一册开始，就和所有的同事、朋友，以看历史故事的轻松心情开始阅读，十年之后，当我们看完最后一册时，全公司都成为研究中国历史的研究员了。

回顾那段日子，我们登“揽翠楼”柏杨居探望父亲时，他除了睡觉，就是埋首在四周堆积如山的参考数据里面，一个字一个字地翻译着，因为他强调，不但要忠于原文，还要译出一部可以代替古文的《资治通鉴》，更要发挥神韵，使它简单清楚，不依靠任何工具书都能畅读。

父亲从六十四岁译到七十三岁，虽然没有一九六八年在调查局黑牢里那种“甲尽血出，和灰成字”的悲凄，但是《通鉴》十年，是另一个“十年牢狱”。他案牍劳形、翻书阅卷、一笔一刻、一字一格，能译出这一千万字，真够壮烈，幸未成仁。《柏杨版资治通鉴》每册首刷一万本，在台湾只有两千万人口，这种成绩值得欣慰，这也都是现代语文的伟大功绩。

译写工作完成之后，父亲在《中国时报》上发表了一篇诚挚的感言。他说：“感谢这十年，是中国历史上从没有出现过的黄金时代，我有幸能够逢到，享有充分的言论自由、心灵自由和人性尊严。假使柏杨版有什么贡献的话，请了解这贡献来自许许多多在这块土地上为民主开放、人权平等的争取，一起流过泪、流过血汗的朋友，希望这个时代一直延续下去直到永远。”

我认真地读到最后一册的最后一页，才知道《柏杨版资治通鉴》的“家族成员”，竟然多达四十多人，这组专属的工作人员各司其职地努力耕耘，加强了丰收的成果，我们诚挚地表达钦佩和感谢。同年《中国人史纲》也被列为社会影响力最大的十部书之一。父亲高兴，我们也都与有荣焉，他一生岁月之中，没有几次能有这样的鼓舞和欣喜。

就在这筑砌巨著中的同年，父亲受邀到台中东海大学演讲,题目是“丑陋的中国人”——我们丑陋,来自我们不知道自己丑陋。可是却又生波折,先是被校方请求更换主题,后来演讲全程的录音,交卷时却是空白。

半个月后,台湾一家大报社也邀请父亲演讲,当听到这个题目,他们说:“就让他关着门,说给自己听吧!”父亲因为这个题目的原因,已经被拒绝多次,不仅如此,连看戏当“观众”都遭拒绝。有一次要去听相声,主办单位还是知名的中央大学,票都预购好了,出门前却遭来电婉拒出席。真是令人不解,到底这人性上“善与恶”的争战,出了什么问题?

这使我想起,古希腊哲学家苏格拉底的一句名言:我比别人知道更多的,不过是我知道自己的无知。的确,许多人不知道自己的无知,也不承认无知,而且不愿接受无知的事实,当然绝对不能接受被斥为无知。甚至包括知名学府的许多知名教育工作者,这就是问题的所在。

第二年,一九八四年九月二十四日,父亲应美国爱荷华大学之邀赴美,参加国际作家写作计划。在学校有一场演讲,主题也是“丑陋的中国人”,他强烈批判中国人的“脏、乱、吵”“窝里斗”以及“不能团结”等现象,归结到“中国传统文化中有一种滤过性病毒,使我们子子孙孙受了感染,到今天都不能痊愈”。父亲毫无保留、畅所欲言,全场都是他忠实的听众,结束后也引起留学生广泛的讨论。

美国有一本《丑陋的美国人》,美国国务院认为它是“确实刺激思想”的好书,当作治国的镜子和社会学的参考,以期修正民族性的各种“丑陋”。日本也有一本《丑陋的日本人》,作者是人类文化学者高桥夫教授,这本书在日本却遭到查禁,高桥夫还因为书中言词犀利受到民众辱骂。这就是东、西方人文素质的不同。父亲并没有否定中国的历史文化,只是批评中国的文字狱和八股文是酱缸文化的源头,爱之深、责之切。

在演讲之后,父亲就拿到一份完整的录音带,这才促成日后《丑陋的中国人》一书的问世,并于一九八五年当选台湾最有价值和最畅销的一部书。书的封面上,有这么一句话:中国人,是一个迷失在浓厚酱缸里的族群,需要警醒。是的!《丑陋的中国人》是二十世纪末叶知识分子在沉痛的反省之后,向自己民族所击出的一记警钟。父亲写这本书时,已经在台湾三十多年了,三十年没回大陆了,是他看到台湾及海外华人中存在的许多现象,有感而发所写的。他说:“没想到,同样的问题,也普遍存在大陆中国人身上,这是一个共性的问题。”有的知识分子能够警醒,有的保守分子却勃然大怒。

父亲自认是中国人,而且是堂堂正正的中国人,才敢不讳言地指出自己人的缺点。如果是美国人在骂我们,你的感觉会如何?

书中有一段:“掌握权力的人,认为只要没有人指出他的错误,他就永远没有错误。……思维一元化的人是难免的……有几个人能闻过则喜、闻善言则拜?”其实我们可以想象,如果他跟孟子一样,演讲的主题是“人性本善”,不知道会有几个人去听?父亲认为,人性本来就是善恶交战的,中国人太不知反省、太不承认事实,也太不接受诤言。

好多人跟只刺猬一样,为了保护虚空的自己,不断地反应过度,永远将刺朝外,闻风色变。

父亲这次爱荷华之旅,是由爱荷华大学出一半经费,再由爱荷华燕京饭店老板裴竹章先生捐助一半。裴竹章先生是美裔华人,但没回过中国,他并不认识柏杨,就能慷慨赞助,使大家非常感动。裴竹章先生说:“我在看柏杨的书之前,我觉得中国人了不起,看完书之后,才发觉……”这也展现华人社会的中高阶层,开始能逐渐地反省、检讨与改善自己了。

一九八八年开始,《丑陋的中国人》陆续译成了英文、德文、日文和韩文,进入多国市场。也从这年以后的一两年开始,中外学者和作家评论父亲生平事迹的著作,突然多了起来,并且扩大到演艺界,为日后的《异域》拍成电影,和《龙眼粥》拍成电视剧,在新加坡上映,埋下了亚洲市场水到渠成的种子。

在美国这段时间,父亲他老人家除了继续翻译《资治通鉴》,还写信到大陆,寻找失散四十年的两位女儿:艾绍荷之女冬冬,和崔秀英之女毛毛。历经几番周折,终于寻女成功。三年后,父亲跟张阿姨从台北飞到香港,大姐冬冬从辉县、二姐毛毛从西安,也分别抵达香港,随即上演一段热泪满盈、紧紧拥抱的感人情节,团圆的喜悦无以言传。回台之后在餐桌上,父亲还在细细回味这匆促又温情的七天。我和弟弟垣垣、么妹佳佳,都幸运能有两位心地善良、颇为大器的姐姐。

一九四〇年,父亲匆匆与艾绍荷道别,离开辉县时,艾绍荷女士已怀胎数月,冬冬还没出生。

一九四六年,父亲从河南息县逃离时,毛毛正牙牙学语。他心痛地说:“只有真正遭受这种亲情遽变的人,才能体会出它的打击,是如何地沉重。”

父女七天短暂的相聚,于一九八七年七月十四日依依不舍地离别,父亲忽然扶在栏杆上失声痛哭。就在这一天,还有一件改变世界的大事发生:蒋经国先生宣布解除戒严,结束台湾这长达三十八年、全世界最长的戒严体制,并准许台湾民众前往大陆探亲。同时大陆也宣布改革开放,欢迎在台湾的“蒋匪余孽”回乡探亲。这是两岸恢复往来的起步。父亲感叹地说:“沧海桑田,一个梦幻,接着一个梦幻。”

34 故土情思　重返家园 /

一九八八年九月，父亲飞抵上海，这离一九四九年二月，他跟随吴文义先生来台，已经四十年了。上海是他最后离开大陆的城市，也是回到大陆的第一个城市。面对眼前的光景，心底不禁感慨万千。

父亲第二站到了北京，在接受日本《读卖新闻》和中国《人民日报》，以及各媒体采访时，父亲赞许大陆的改革政策，而对自己著作在大陆年产千万元的“盗版”，他承认，很高兴大陆读者喜爱自己的作品，但是对“智能创作的产物”，大陆普遍不尊重作者权益的现象，表示了自己的看法，认为这种新时代的进步，需要政府制定法律并长期倡导，才能培养人民守法的观念。

二十年前的一九六八年，父亲被羁押在台北调查局，在特务刘展华监证之下，被强迫参加了“民主同盟”，结果换来十年的牢狱之灾。出狱后，又经十年岁月的今日，他身在北京，当然要亲自到民盟总部“报到”。经过特别安排，父亲见着了久仰大名的民盟主席，也是当天的主人费孝通先生，以及许多在座的，都是三十、四十年代全国知名精英的民盟高级官员。这次大陆之行，原安排有一场演讲，最后却又更改为座谈会。父亲说：“我可以到美国大学演讲，却不能在国内大学演讲，这就是国情不同。但能够与年轻的大学生和高级知识分子一起见面交流，也实在难得。”这次座谈的主题，除了中国“酱缸文化”的问题、“四个现代化”的问题，还有属于台湾地区的“民主和暴力”以及

“台湾青年”生活方面的问题;最后是中国的“统一问题”,范围都是在中华文化复兴和政治民主的改革方面。父亲的观点十分清晰明确,让与会师生都能得到最深入的认识,也都得到最精辟的见解。接着,父亲又要去河南故乡,也是我在二十四年后才踏上的河南辉县,对我们父子两人的意义,却几乎相同。他去,是回到了匆匆离开四十年的故土,为他的父亲郭学忠先生立下一碑;而我去,是五十年来第一遭,是将我的父亲柏杨的骨灰下葬,以及两年后,家族聚集在“柏杨”墓园里,鞠躬献花与追思凭悼。

父亲在我爷爷碑前跪下叩头,不断饮泣。我这两位姐姐的母亲——艾绍荷和崔秀英,已先后去世,我的大姑姑郭育英女士,也在一年前的一九八七年,父亲在香港与两位女儿会面之后的次月,与世长辞,只留下不识字的女儿窦方爱。

父亲心痛地说:“往日种种,遗恨留到黄泉。”不禁万分唏嘘。他还特地回到一九三三年读书的母校辉县县立小学,看到架上陈列着全套的《柏杨版资治通鉴》,昔日老师克非和侯万尊,以及邓克保的影子,都一一浮现。隔天又回到一九三六年曾经开除他的百泉初中,甚为怀念已经逝世的梁锡山校长。在图书馆又看到自己所有的著作,他觉得十分感动。

在辉县市区,父亲终于亲眼看到了传闻已久、由雕塑家李学先生为自己雕塑的丈高半胸雕像。

父亲离开辉县之后,又到西安探望我的二姐毛毛,不久就因为水土不服,加上严重感冒,只得结束这一个月的旅行,提前返回台湾。返台之后,他把这次返乡之旅的各种见闻,写了一本十二万字、却又引起两岸争议的散文报导《家园》，于一九八九年的五月出版。然而在同年年底，就进入了日本畅销书的排行榜。——

大陆可恋、台湾可爱，有自由的地方，就是家园。

但是两岸好像都有些不满，应该就是这段副标题惹的祸吧？而家是心之所在，大陆是故乡，台湾是家；心之所系，也缅怀故乡，心之所凄，是回不了故乡。此行，父亲的心愿都了了，了无遗憾了。任谁有不满，也是他家的事了。父亲在《中国人史纲》第一章，有这样一段像诗一样的文字：

> 中国版图像一片和平宁静的海棠叶，台湾岛和海南岛，像镶在叶柄下方的两颗巨大珍珠，南中国海诸岛，则是无数散落在碧绿海水中的小的珍珠群。

这就是父亲心中永远的家园。看他这段叙述，就知道他的家园，在他心里、在他眼底、在他笔下，是美得这么高贵。父亲的著作常常要经历两岸的文化审判，而他是主角，却无法出席阐述思想和理念。然而对自己所招来是侮辱谩骂，或是赞赏美誉，他也都能欣然接受，因为他认为，如果自己都没度量接受批评，怎么批评中华文化？自己也在酱缸里搅和，跟别人一样酱臭满身，连自己都分辨不清，又如何告诫别人身上的异味？

也正是如此，我们才能谦卑地评论傲慢、诚实地谴责欺骗、民主地改革专制，当然还要把丰余的分享缺乏，让热情来感动消沉，让中国人的灵魂苏醒，让中国人都有自豪的素质，能够跃升而起，成为世界最高贵、最有尊严之泱泱大国的优秀民族。

一九九〇年九月，《异域》完成后的第三十年，改编成了电影，因为剧情太过敏感，上映前又是争议不断。但是原著的一字一句，全是英雄血泪，而且《异域》名声在外，因此，在亚洲创新了票房纪录。我们光听这两首王杰和罗大佑的主题曲，就会热泪夺眶、无法自已。

家！太远了

风　太大了　难道只是为了吹干眼泪
雨　太急了　仿佛真是为了洗去哀伤
山　太高了　难道只因早已无处可躲
河　太宽了　仿佛注定永远无法渡过
家　太远了　难道只是因为时间　因为距离
梦　太长了　仿佛只是为了绝望　为了逃避
死　太多了　难道真是为了仇恨　为了生存
爱　太短了　仿佛只是为了分别　为了回忆

鲜血　浸透了土地也开不出花
永远　短暂如彩虹抓也抓不住
我们没有家　我们没有家
孤儿是我们的名字　回家是梦里的呼唤
太远了　我们的家

亚细亚的孤儿

亚细亚的孤儿　在风中哭泣
黄色的脸孔有红色的污泥
黑色的眼珠有白色的恐惧
西风在东方唱着悲伤的歌曲

亚细亚的孤儿　在风中哭泣
没有人要和你玩平等的游戏
每个人都想要你心爱的玩具
亲爱的孩子你为何哭泣

多少人在追寻那解不开的问题
多少人在深夜里无奈地叹息
多少人的眼泪在无言中抹去
亲爱的母亲这是什么道理

六年后,《异域》由于人瑞小姐译成了英文 *The Alien Realm*(外国人境界),在四大世界级城市之一伦敦问世。让《异域》的故事,流传到了欧洲世界。

那两年发生了许多振奋人心和让人惊喜的事。其中有一件,跟父亲完成《柏杨版资治通鉴》同样具有深远的意义,就是他获得一九九一年"国际桂冠诗人奖",而"柏杨夫人"张香华女士紧随在后,也获得一九九二年的"国际桂冠诗人奖"。在"国际桂冠联合协会”寄来的通知书上写着：柏杨先生的英译本诗抄，是“一个天赋作家根据真实经验的监狱文学，其中充满坚定的指控和历史研究”。父亲这一辈子，只出了这一本诗集，居然就得奖了，命中率百分之百，自是喜不自胜。

一家两口，两年连获两奖，可真是“双喜临门”！他们当时就这样的“恩上加恩、福上添福”。

父亲说：“在中国历史上恶名昭彰的文字狱中，我将是最后一个受害者。”他的一生仿佛都在战斗，完成白话的《资治通鉴》亦如是，在翻译过程中，每日皆有高潮出现，那就是遍寻不着数据，一旦找到，便会十分喜悦。他很感谢这个社会目前的自由、开放与富足。他说：“这也是我所以能完成《资治通鉴》翻译工作的一大后盾，对过往的牢狱及苦难，内心并未存有怨恨！”

父亲这一生，到这一年为止，并未得过任何奖项，连台湾的文学奖也没有。各种奖项皆有其不同的天地，因他自认并不属于哪个世界。而此次得到桂冠奖，是他毕生的梦想，这是一件不可能的事，今天就是发生了，当然使他喜形于色、兴奋若狂了。

一九九三年三月，父亲又赴美讲演“政治婆媳文化”。九月《柏杨版资治通鉴》简体版改名为《现代语文版资治通鉴》在北京工人文化宫举行“首发式”，他应邀到了北京。这第二趟北京之旅，让他如愿以偿，和别离四十五年的徐天祥先生泪眼重逢。推前到一九四九年的二月，父亲从北平辗转逃到上海的所有盘缠，全靠徐天祥慷慨相赠的十四银元。这近半个世纪的别离，两位老人家紧紧拥抱在激动里，看到了不朽的毅力和生命力之外，就是回肠荡气的英雄相惜，以及对时间飞逝的感叹。

35 人权价值　普世共通 /

一九九四年二月，父亲筹组“人权教育基金会”，担任首任董事长，这也奠定了在未来的六年内，完成“绿岛人权纪念碑”的宏伟工程。一九九六年七月十六日，随公共电视，在“绿洲山庄”拍摄《柏杨传》，他穿起编号“二九七”的囚衣、坐到当年押房的角落、蹲式的马桶边，述说二十二年前被五花大绑押解到绿岛四年“感训”的生活，和一年又二十六天，在“隔壁”被“软禁”的日子。父亲百感交集，并作《绿岛呼唤》一诗纪念：

晚霞如火烧古城，群山齐动传笳声；孤岛有情长夜泣，蛰龙沉睡海吐腥。

无边风雨萧萧去，曙光穿云一线明；法场鲜血囚房泪，痴心仍图唤苍生。

父亲自一九七七年获释之后，曾三返绿岛，四入囚房。就在这次返回绿岛时，他激发了筹建“哭墙”的构想。世界上有两座哭墙，一座在耶路撒冷圣殿山的山脚，一座是美国华盛顿的越战纪念碑。位于中国河北省唐山的唐山地震纪念墙，也有“哭墙”之称。顾名思义即知，“哭墙”一定有其凄凉、悲惨、沧桑、让人思念哀悼和流泪痛哭的故事与缘由。他稍后思忖“哭墙”太过沉重，就改名“垂泪碑”，表示被囚禁者母亲的眼泪垂滴下来。可是当地乡民生怕“垂泪”的悲情影响日后作息的心情，为了能够更广义地提倡人权教育，当时的“行政院长”萧万长先生就建议更名为“人权纪念碑”。

这是仿效美国越战纪念碑的形式,碑上刻下时代牺牲者的名字,周边也筹建主题公园,集聚游客和社会大众,可以凭吊、启迪,凸显其文化教育的特殊意义,并使碑上受难者成为台湾在中国历史上最后一批遭到政治迫害的受难者。父亲一再强调:“建碑是为了集体记忆,如果遗忘,暴政就一定再来!”

父亲表示,筹建纪念碑,特意消泯政治性,而突出文化性,主要的用意不是要求道歉、赔偿,或掀起新的仇恨、渲染报复的心态。毕竟许多事情可以包容、理解、原谅,却绝对不能忘记,如此才能发挥“前事不忘,后事之师”的功能。而报复则有强烈的副作用,会阻碍社会进步。

父亲也随时训诫我们说:“在新时代开启时,尽快走出悲情,以真正爱惜土地的行动,赢得万邦尊敬和肯定,而不是一味哀求他人疼惜。”他关心人权教育,认为政府是为促进与保护人民的权利而设立的,政府应该重视人权,让台湾能成为“人权”与“人责”平衡的社会。

从绿岛回来之后,父亲就拖着老迈的身躯,积极筹划和四处募款,当他知道全部经费需要三千八百万元时,当夜彻夜难眠,他心悸的毛病从此而生。奔走两年,在政府官员和民间各界大力的支持下,一九九八年十二月十日国际人权日,这个与自然环境结合、鸟瞰像一颗未干的眼泪、走入地下的纪念馆,在绿岛举行动土典礼。父亲以大会主席身份致辞。他说:“过去政府所犯的错误,可以理解、可以宽恕,但绝不可以忘记。一旦忘记,有一天它会再来,来到我们自己或我们孩子们的身上。

掩饰、逃避、曲解历史，只会使过错不断重复……展望未来，是一个母亲不再流泪的时代。只有诚实地面对历史、面对错误，才能务实、健康地面对未来，使罪恶不再重复。……纪念碑向世界证明，台湾民众有能力、有勇气和智慧终止政治迫害，继续监督政府，实行民主，并推广人权教育。”南非总统曼德拉先生于典礼当天，致电表示肯定人权纪念碑的建立。

父亲第三次返回绿岛，是在一九九九年十二月十日“纪念碑”的落成典礼，唤起当年独裁统治的国民党公开的道歉和赔偿。人权纪念碑不是指向天空，而是通向地下，墙面刻着七千多个受难者的名字，每个都是不瞑目的灵魂，用他们的生命，换来今天台湾的进步，也书写出台湾白色恐怖时代的历史。父亲在落成典礼上致辞说：“人权不单纯只是政治上的争取、法律上的诉讼，而是一种思想上的独立，和人格上的尊严。”这一天仍然是国际人权日，他亲手揭开“柏杨题”的碑文：“在那个时代，有多少母亲，为她们被囚禁在这个岛上的孩子，长夜哭泣。”只有二十八个字，却沉重地道尽了当时政治受难者及其亲人的艰辛和血泪。

再大的仇恨，也会有尽时。父亲叮咛我们说：“唯有‘爱’是超越世代的东西，唯有‘爱’和对人性的尊重，才是一个人权的社会。”国家有人权，人民才会有幸福，我们今天生活在言论、信仰、不虞匮乏和免于恐惧的自由的土地上，我们都要珍惜这份得来不易的幸福。

随着“人权纪念碑”的落成，“人权教育基金会”执行长周碧瑟教授和汤美英教授立即在绿岛举办“人权教育种子教师研习营”，以绿岛教师为主传播人权思想，使绿岛成为台湾人权教育的发源地。建碑的关键人士周碧瑟教授说：“基金会将发展出本土的人权教育教材，首先将从师生互动里找寻题材，台湾的人权教育将会着重在生活人权。”人权教育是改变人民质量的庞大工程，我们都欣然看见这工程终于开工。

一九九四、一九九五这两年，父亲获颁台湾“十大男人金像奖”，又到美国领取“促进中国民主杰出人士奖”。日本作家黄文雄先生来台，对《丑陋的中国人》提出了八十问。黄文雄先生称父亲是一个“看过地狱回来的人”。

荣誉多了，责任更重了，这“加恩又添福”使这对老夫少妻的家庭如沐春风。此时正值春光明媚、鸟语花香的三月天，于是就在“揽翠楼”的“柏杨居”阳台窗前，他老人家“福至心灵”写下了这首诗：

窗外雨打无芭蕉，小鸟欲唱缺树梢；
饭罢闲坐全无事，忽然一屁惊睡猫。

看这首诗，印证了父亲喜乐悠哉的洋溢，和闲情逸趣的自在。拐角走道的左边，父亲书房门上的“二九七”编号，也好像被感染而有些雀跃。连同这一首诗作，有好几幅真迹，我都把它们裱框，挂在我的办公室和家里书房墙上，一抬头就能看得到。

“柏杨居”位于海拔两百米“揽翠楼”的六楼，从客厅的大广角窗向外遥望，追想来时路，别有一番趣味。我们坐在这里，遥望层峦叠翠的阳明山，鸟瞰幽静蜿蜒的新店溪，眼前经常云雾弥漫、山峰若隐若现，让人好不宁静安详，有如置身仙境。又好似一幅古画，让我们饱享视觉与心灵的奇幽秀雅，实在无愧“揽翠”二字的真正含义。

正如父亲《山居远眺》这首诗作的场景：

独坐窗前对黄昏，霎时夜色漫山村；
万家灯火沉河底，满天星斗落红尘。
海市蜃楼非是幻，梦中神话现真身；
一叶扁舟从此去，双桨无声水无痕。

父亲他老人家历经沧桑，今日居幽揽翠，观看晨昏云雾，豁达情怀奔腾万里，带他写下了多少奇句名言，也抚平他的伤痛。这符合泰戈尔的话：“在老年时，会有许多闲暇的时间，去计算那过去的日子，把我们手里永久丢失了的东西，在心里爱抚着。”他心情平安喜乐，但是，这连续几年的马不停蹄，体力透支过度，经常晕眩，经多方检查，发现是心脏动脉细微阻塞，医生要他做心脏绕道手术。以七十五岁高龄，这是个大手术。接着脊椎又开刀、胃出血、右颈大动脉开刀，还从小腿上截出一条小血管移植到颈部。家人、好友都担忧不已。

好在台湾医疗质量和技术水准世界一流，长庚、荣总和三总又是仁术超群，父亲术后都能逐渐痊愈。接着又左眼微血管半年内出血六次，视线全失，最后在春节前急诊住院开刀，却未获改善。我几次搀扶他老人家到台北市师大路去医治牙齿的时候，他都看不清楚台阶。十年牢狱，在极度不舒适又潮湿的阴暗环境里过生活，到了晚年，毛病陆续都冒出来了，尤其膝盖的抽搐剧痛，经常发作。

周碧瑟教授是美国杜兰大学公共卫生博士，曾获得杰出女青年奖、防癌特殊贡献奖、山地离岛医疗保健特殊贡献奖、二十世纪杰出人物奖，以及国际性的诸多社会贡献奖项。“阳明十字军”就是由她一手创立，她还是一位关怀社会、教育、政治与人文的多领域的学者专家。一九九五年五月的一次餐会，父亲决定口述，周教授笔录和整理，携手进行完成《柏杨回忆录》，两人还用小指打勾勾确认。于是，周教授就开始了这长达半年多的访谈、记录、整理。

这庞大的文字工程，一半是在揽翠楼“柏杨居”里，另一半是在荣总医院的病房里，那时父亲一次眼睛开刀，接着又是两次脊椎开刀，住院两个多月。周教授历经奔波劳累，终于大功告成，《柏杨回忆录》问世之后，即成为台湾一九九六年度“十大文学书”之一，父亲也获选为“十大文学人”。

父亲认为人能有幸，才能写回忆录或自传等文学作品，这样才能像飞鸿一样，重返他的来时路。这是苏东坡的一首七言律诗：

人生到处知何似，恰似飞鸿踏雪泥；
泥上偶然留指爪，鸿飞那复计东西。

人生无常，世事易泯，人生的旅途，就像是鸿鹄飞鸟翱翔蓝天,偶然踏在雪地上,留下短暂的指爪痕迹,霎时鸿雁又振翅飞走。它不知飞往何处,哪还计较脚印留在何处呢?

人的一生迷惘、执着,很难再回头寻找自己的脚踪。

但是,父亲他老人家有着独到的见解。他认为,积雪日厚,脚印被埋藏在万丈深处的最底层,从外表看是一片冰天雪地,但那万丈深渊里埋藏着的是人性的温暖,使得飞鸿也肠回气荡。人在这个时刻,一生的恩怨情仇、悲欢离合以及荣耀与羞辱,都会在心底澎湃汹涌。

在白色恐怖时期,父亲这本回忆录上的每一个字,都足以兴起大狱,血染囚室。而我这本《背影》,也肯定让我活不过今天。然而,大时代的巨轮开创出今天的民主道路,禁忌解除,说明我们现代人的幸福。

父亲认为,情治单位有存在的绝对必要,但运用不当,或素质太低、人性不高,或有暴力性格、斗争倾向,就会凌虐人民。情治单位必须要在保护人性尊严的前提下办案,使之成为国家必要的善,而非必要的恶。关于很多行为偏差的恶吏,即令将他们绳之以法,囚室暴力也不会永远绝迹,应该做的不是报复,而是建立程序正义,那才是巩固民主、尊重人权。

父亲说:"我庆幸生在这个时代,让我对事实的真相,能从更宽广的角度,和更多信息中去观察。历史的教训,因为人类的健忘和野心家的篡改,而微乎其微,但我们应该有诚实面对历史的勇气,才能掌握一个崭新时代的脉动。"

"人不经过长夜痛哭,不足以语人生。"这是父亲的一首小诗。他感叹地说:"个人的悲剧由于个性,社会的悲剧则由于时代，人生啊！真是一个沉重的担子，懦弱的和不幸运的，被它蹂躏摧残，刚强的和幸运的，才有机会把它挑起；无论如何，天为的痛苦使人悲哀无奈，人为的痛苦，也使人愤怒无助。”然而，我们无能为力改变命运，但是成熟的思考和坚定的意志，却让我们能驾驭命运。

父亲问我们：“人生痛苦的第一因是什么？那些使人陷于绝境，而又不准人‘挣扎’，甚至还加以痛责，这种人应受到最严厉的谴责。”每件一目了然的事件，都有它看不见的和椎心泣血的隐情，我想挣扎是一个人应有的、最基本的权利，也是唯一活下去的道路，它应受到最大的尊敬。

挣扎？是的！在这一年，父亲已经七十六岁了，他仍在跟自己的眼力、体力、心力和毅力挣扎着，也以更成熟的思考和坚定的意志，驾驭着命运。

一九九七年二月十一日，父亲拿这本《柏杨回忆录》给我，打开封面，内页写着：“城城吾儿：忆吾儿幼时，睹吾儿今日，心情起伏，不能自已。社会虽复杂、人心虽难测，但忠厚诚信、不贪小利，仍是立身处世之基。父子共勉、祖孙共勉。父，柏杨书，一九九七·二·十一”。这段文字我念了超过百遍，每遍都让我怅然若失。

一九九八年，台湾《天下》杂志称父亲为四百年来影响台湾最大两百人之一。而在一九九九年六月十日、十一日两天，香港大学亚洲研究中心得香港何关根先生赞助，举办第一届“柏杨思想与文学国际学术研讨会”，来自海峡两岸暨香港和英国、美国、德国、南斯拉夫等地区的二十多位教授学者，以及报界、文化界和出版界的相关人士与会。在这次讨论会上，父亲因为太丰富、太渊博、在人文领域涉猎太多，而被“定位”为一位“无法归类的作家”。实际上，他就是一位民族的“教育与文化”的工作者。值得一提的，是在开幕仪式后，有一个“宣誓”仪式，大会召集人和大会裁判，要对与会者举手宣誓“维护学术公平公正”。美国纽约市立大学唐德刚教授，看这如此庄严，吓了一跳。他参加过无数次学术研讨会，这么严肃认真的，还是第一次呢。

第二届在二〇〇三年，由台湾行政当局与中央大学合办，当年父亲潇洒出席，还侃侃而谈。第三届是二〇〇四年，在大陆陕西师范大学举行；二〇〇七年第四届、二〇一一年第五届，都是由台南大学举办；到第五届研讨会时，父亲已经安息主怀了。

二○○○年三月四日，远流出版公司和人权教育基金会主办，为父亲八十大寿设宴。晚宴上，王荣文董事长宣布将柏杨所有著作重新整理出版，以全集面貌问世，还风趣地说："今天晚上我们一定要歌功颂德，让寿星高兴才行。"卜大中先生和邱静思小姐活泼生动的晚会主持，让来宾十分热络。卜大中说："柏老被比喻是现代的司马迁，司马迁受到宫刑，还好柏老没有喔……"全场大笑，父亲也神采奕奕，在致辞时，他说："……我是世界上最幸运的人，也是最有福气的人……我能活到八十岁，简直不可思议，还有这么多的宠爱和祝福……我在监狱里，希望绝食到死，在黄浦江畔，想跳江而死……每在我沮丧、绝望时，都有朋友伸出温暖的援手，使人惊喜、动容，使人羡慕，甚至使人忌妒的友情，在这现实的世界上产生，编织成几乎没有任何脉络可循的传奇的故事……友情是我生命的源泉和活水，上苍赐给我这么多的好朋友，这么多的人情我无法一一道谢，但是我会一一地写出来……还要感谢我的妻子香华，我们不但是夫妻，还是朋友，我们结婚二十二年，她把我这野生动物，带到一个完全陌生的世界，那个世界是美感的世界，是我从来不知道的，包括音乐、词赋、诗、绘画……她对我的指引使我不断地成长，直到今天八十岁还在成长……至于孩子们，分别从大陆、澳洲、台湾回到家里、齐聚一堂，这在我们家是空前的事，我们从来没有像今天这样的团聚……感谢上帝！最后感谢设宴的两位主人,王荣文先生和曾志朗先生,让我有机会说出我的感谢,一生一世都难以回报的感谢。”父亲致辞后,还由异域游子的台湾母亲——刘小华女士颁赠“人权斗士”的奖牌。孙观汉先生坐着轮椅,小牛许素朱一直服侍在侧。九十三岁的张佛千先生,写了一副对联相赠:“翠柏连理八千岁,绿杨馆春百万孙。”义美食品老板高志明请大家吃八百个美味的寿桃。我们儿孙数十人,大姐冬冬、二姐毛毛、二姐夫长安,外甥静利、晋旸,我和丽凤、中中,弟弟本垣、齐怡,么妹佳佳带着女儿 Peta,以及蔚川、蔚文,一起上台鞠躬,向在座所有爱护父亲的长辈、前贤以及朋友们,表示无限的感恩。

当时台北市文化局长龙应台,一进包厢就给父亲和张阿姨热情的拥抱,祝贺寿星延年益寿。餐叙过程中,余范英女士、曾志朗先生、吴清友先生、苏埮基先生、沈庆京先生、曾庆瑜女士等佳宾也陆续上台致辞,陆铿先生更以宏亮的金嗓,高唱《绿岛小夜曲》,严长寿先生祝贺父亲:“……长寿,还要‘延长寿’。”徐英夫妇献唱《双人枕头》,张阿姨还号召所有的“保姆们”上台献唱《生日快乐歌》。好多人和我一样,想听凌峰先生的金嗓,结果期待落空。

这一晚,还有一个“不是人”的“家人”,当然它没出席,但是必须一提,不能漏掉,就是“熊熊”。它不是熊,不是熊猫,也不是猫熊。它是一只暹罗猫,在家中的地位最高,因为你绝对不能跟它抢座位,因为全家只有它可以翻脸、可以撒野、可以没教养,谁都没辙,就算你得到三个桂冠,它也不甩你。父亲写作的时候,它居然能安静地蹲在桌角,不是它有文学素养,而是“柏杨”的魅力非凡。有次,父亲抱着孙儿中中摇啊摇的,“熊熊”居然打翻了醋坛子,冲过来对着中中就是一耙,哇!那时中中才两岁,吓到五岁,“惧猫症”都没好呢。

我比较喜欢狗,狗够忠、够憨,不像猫,阴阴的,翻脸好像翻书。尤其春夜,鬼哭神嚎会逼你发疯。它能蹿屋爬树,你莫可奈何。但是猫却比较卫生。“熊熊”活了二十年之久,最后几年可能是吃多了红尾鱼,长得又肥又懒,整天占着柔软的沙发睡觉。你一碰它,它就抓你。三年之后才得享“安乐长眠”。今晚没来,是窝在温暖之处养生呢。

六年前,是一九九四年六月十五日,父亲在荣总住院,王荣文先生问他此生心愿还有什么没有了?他回答:“人权教育。”王荣文再问:“那第二呢?”他再答:“人权教育。”王荣文三问:“那除了人权教育,还有什么呢?”他三答:“还是人权教育。”

在周碧瑟教授致辞时,她说了这段小故事。她继续说:“我解读的第一点,王荣文对柏老的这份情义,第二点,柏老对人权教育的这份执着,使我都非常感动。绿岛人权纪念碑的录像带正在播放着。我们期待十年后柏老九十大寿的时候,绿岛的有形碑,能够深植在每一个人心中,无形碑能够建起来……”

有人说,如果司马迁不坐牢、不受酷刑,就不会有《史记》这部文学大书。父亲认为,一个有远见的执政者,宁可国家没有历史、没有司马迁的《史记》,也不可以用冤狱的手段、用残酷的刑罚来对付一个无辜的人民,让人民肉体上痛苦、精神上绝望。用这样的代价来创造一部历史,实不足取。就好像有人说:“国民党不杀这些疑似匪谍的人,台湾怎么保得住?”这是多么冷血的一句话，令人发指。丧尽天良才会如此摧残人权、践踏别人的尊严，这就是国家暴力，因为死的人，绝对不是他自己的亲人。

而中国的五千年悠久文化，却充斥着这种荒诞、血腥和泯灭人性的残酷，说这话的人还自鸣得意，羞耻可叹！直到满溢出先人的血泪，我们"自省的良知"才苏醒，才逐渐发现自己的肤浅，也才承认自己有多么丑陋。然还是有人至死，都不会认错，就像日本对侵华杀戮永不认错一样。

父亲在《短视》这篇文章中提到："……人人都说中国人有五千年文化，这是没有问题的，但一切光荣都属过去。"诚如德国名将鲁登道夫先生看了《孙子兵法》后说："我佩服中国人，但我佩服的是古代的中国人……"看鲁迅先生的《华盖集》："我早就很希望中国的青年站出来，对中国的社会、文明，就毫无忌惮加以批评……"到父亲的《丑陋的中国人》里面说到："因为'器小易盈'，见识太少、心胸太窄，稍微有点气候，就认为比天地还大。假如只有少数还没关系，假使全民族，或大多数的都这样，就成了民族的危机。……不但专门揭露阴私，而且制造阴私，用语恶毒。什么样的土壤长什么样的草，什么样的社会就产生什么样的人。……必须每个人都要觉醒。如果我们每个人都成为一个好的鉴赏家，我们就能鉴赏自己、鉴赏朋友、鉴赏国家领导人物。这些是我们目前应该走的一条路，也是唯一的一条路。"这是二十八年前父亲说的话，二十八年后的今天，我们进步了没有？

五十多年，父亲不知用掉多少支笔、多少张纸。十年小说、十年杂文、十年冤狱、五年专栏、十年通鉴，最后十年执着于人权教育，他不停地用右手，“刻”出文字和国家、社会对话。我用“刻”这个字，是说他写字不好看，却也不潦草，一笔一画、规规矩矩地像是“刻钢板”，半个世纪，刻了两千多万个字的作品问世。我的由衷之言，他刻字真的好辛苦。所以，王荣文先生说：“柏杨一生的意义，以及他与台湾社会的交涉互动，唯有借着他的全集才有办法突显。”

《柏杨全集》由中央大学李瑞腾教授主编，心细才高的资深编辑游奇惠小姐担任副主编，还有多人组成分工明细的编辑小组，挑灯奋战，将柏杨两百余册的书籍整理归类，直至二〇〇三年十月十七日，总共三年半的时间，才完成这八百万字的《柏杨全集》。可喜的是，作者仍健在。据说，游奇惠小姐校对一遍，眼睛几乎就脱窗（眼疾，斜视）了。

按照传统文化的常态，文化人总是在身后，才会有朋友为他整理遗稿，集资付梓。父亲感恩地说：“我竟能亲眼看到自己写作终身的成果，让我觉得备受荣宠，深受知遇。”他深深感谢王荣文董事长和李瑞腾教授，两位都是他数十年的忘年之交，所以他特别强调：“我们的友谊和志业，一直随岁月成长。得此伙伴，不虚此生。……有谁比我更幸运？”

人到晚年，祈求的是“平安的死”，身为作家，父亲说最好是死在书桌上。我们觉得他这句话还真是无聊透顶。“死在书桌上？”这跟战士要“死在战场上”一样。可是要死在书桌上，不比死在战场上容易，也不比死在战场上英雄。父亲说他回顾这一生，非常满意，遇到那么多朋友帮他，“灾难使我乘风而飞”。而能“借灾难而飞”的人又有几个？所以，朋友在最关键时刻，都扮演最关键性的扭转。于是，他计划写一本书《铁卷门下的天使》，记述所有帮助过他的人，后因身体虚弱，只开了头，而无力完成。

二〇〇〇年五月二十日，父亲接受台湾“国策顾问”一职，第二年续聘担任“政府资政”，并和“国策顾问”许文彬等十一人共同联署，提出一份《国是建言书》，建请政府能够“致力抚平族群裂痕，修补两岸及台美关系旧创，能够让全民休养生息”。父亲劝勉台湾当局要珍惜，不要把台湾带到与大陆战争的边缘，致使民主成果毁于一旦，并警惕权力使人腐化。

父亲特别强调，重视人权是世界趋势，台湾不会自外于世界潮流，应该把“人权立国、弱势保障”放入“宪法”之中。现在“选票出政权”的选举文化，已产生新问题，在目前犹如“出麻疹”的阶段，我们应该放宽眼光，创造全新民主的价值，一改过去“成王败寇”文化，进而提升为“成王败友”的文化，让败方成为“友直、友谅、友多闻”的益友。

父亲毕业于政治系，坐的是“政治牢”，当然关心台湾的政局。他只有一个目标，就是落实“人权立国”，能正常地发展民主政治的理想，避免成为意识形态，并且任何改革，都必须对历史负责。台湾现在就是太自由了，人的素质跟不上，言论的自由也已经超过，可是大家却不知道，这也是要负责任的，就是对自己的良知负责、自我负责。讲话要有信用，不要随便乱讲。得对自己、对法律或对信仰负责。

现在国人在法律和公德意识上还不够，仅仅是在享受自由，从享受到践踏、消耗，最后让自由的真正意义荡然无存。父亲说："中国很强调爱国。爱国讲究内心的情感，但基于没有内容，不知所爱何事，为何而爱。因其空洞无物之极，国人往往只能弄虚作假或不问原由地拥抱权力。今天许多人嘴巴爱国，实质却大多去国，平民在反日示威中亦处处显示义和团特征，让人敬而远之，做成实质祸国。"这正是爱国教育本质上逻辑颠倒的后果。

如今台湾遍尝进步的果实，却被众多弊案搞得乌烟瘴气，社会动荡不安，让我们对先人们的牺牲和奉献感到不值。没经历过那种苦难的时代，难道就真的无法体认现今生活当下的幸福吗？

父亲强调说："进步成果得来不易，更应该好好珍惜才是，而不是随着政客的长袖起舞，在激情中迷失了自己，也丧失了民主的真意。"因为很多人的自由，已经严重破坏别人的自由了。难道中华文化，在这一代酱气更臭？还是自认聪明？

父亲有一句话，我觉得很有哲理："世上只有一种聪明人，就是把别人当作傻瓜的聪明人。"一般人听不太懂。滥情的爱国教育，让民众变成井底之蛙。如果你的眼光视野就仅止在台湾，你的度量也就像台湾这么大，你必缺乏世界观，必逐渐萎缩，然而你永远自认聪明。而不肖的政客就是这样，把人民当作傻瓜。

父亲他老人家很少看电视新闻，我们也都不太爱看，因为现在的新闻从业者多数自我主观、信口雌黄，使真实度愈来愈低，还会制造假新闻，就是把别人当作傻瓜不说，最终还贻笑国际。尤其台湾的谈话节目,愚昧人看了热血沸腾,聪明人看了思想呆滞。名嘴信口开河、哗众取宠,政府官员、民意代表都缺乏敏锐的观察力和判断力,尤其缺乏诚信和守法的观念,巧言狡辩最内行,没有几个有大智慧、大气魄和大担当的。因此,才会又混、又杂、又乱,各种现象都是逾越自由的乱,知法犯法、挑战法律,盲从者也跟着吆喝,都没有约束自己和启发自己的能力。

法国著名的人道主义思想家罗曼·罗兰曾说:"一个人的绝对自由是疯狂,一个国家的绝对自由是混乱。"我保证,二十一世纪的台湾,绝对是"绝对的自由",所以一定既疯狂又混乱。因此而延伸出来的大乱象,首属贪污与贿赂,父亲掩卷长叹!因为基本道德和价值观的沦陷,现在贿赂的对象不仅是达官显赫、法曹狱卒,连神仙、神明都在贿赂;而贪渎是,官愈大就贪得愈多。

父亲焦虑地认为,这种"贪污与贿赂"的文化一天不除,台湾民众就没有健全人格的一天。良心缺少法律的约束力,而这正是逾越自由的乱象。如果嘴里高唱"爱我台湾",私下既贪污又贿赂,这是哪门子的爱?如果台湾多是这种人,这个地区很快就要打烊了。

父亲鼓励我们要多看书,多看评论和国际趋势的报章杂志,多关心多元文化和大陆的各项发展。有一次记者采访他,提出一个问题:"您祖籍是河南辉县,怎么看中原文化?"父亲回答说:"河南人的中原文化非常灿烂。台湾也是一样,我们会走向本土化,但没有办法脱离中华文化,因为本土文化就是中原文化。关于海峡两岸的同根性,应不是认同问题,而是事实问题;应不是基因问题,而是情绪问题。不过,血浓于水是一种充满了感性的诉求。”由这个回答可见,他充满了浓郁的乡愁。而这乡愁,在今日国家和社会,许多逾越自由的乱象里,更显出他的焦虑。

二〇〇一年的三月二十八日下午,我和弟弟最挚爱的母亲齐永培女士辞世了,弟弟来电告知噩耗,我惊慌仓促地赶到国泰医院,母亲身体早已冰冷。我轻抚母亲消瘦的脸颊,热泪满盈和自责不已。我们保留许多母亲生前的照片,有几张是她搂着她的长孙中中,笑得好开心、好灿烂,是那种不忮不求的满足,好让我们怀念。正是“子欲养而亲不待”。每次带着鲜花素果去探望母亲,但是离开之后,总是悲凄许久。

这一年,父亲获颁第九届“全球中华文化艺术薪传奖”之“中华文艺奖”,这是由一百多个国家和地区参选的世界性文化大奖,旨在弘扬中华民族文化,鼓励中华民族之薪火相传,让中华文化生生不息。年底,张阿姨到北京、上海、大连、广州等地的大学访问演讲,父亲又体弱多病,二姐毛毛就来到台湾陪伴两个月余。二姐很有耐性,也很孝顺,每天陪伴老父散步,服侍起居,让两个人都重温了失去的亲情。四年之后,二姐再度来台,住了一个多月。在帮忙整理父亲的文物和文献资料时,她问:“这些东西能带回大陆吗?”二姐的提议,为日后父亲的文物文献捐赠给大陆,栽下了发芽结果的种子。

二〇〇二年八月底,父亲专程到高雄,参加吴文义先生九十岁大寿的餐会,当面感谢吴文义先生当年的救命之恩。父亲拄着拐杖，向吴文义先生吃力地一跪再跪，两人都语带哽咽。五十年前，吴文义先生带着走投无路的他到台湾。一九六八年他被逮捕后，特务追查他来台湾的过程，牵累到吴文义先生，从此，吴文义先生仕途黯淡。

父亲认为这是奇特的遭遇、奇妙的命运、奇异的恩典。没有当年的吴文义先生，就没有现在的“柏杨”。在《铁卷门下的天使——另艘五月花横渡海峡》一文中，他详细描述与吴文义先生之间温馨感人的故事。他说：“在最危难的时候，能有几个像吴文义这样的英雄人物？”

十一月十九日深夜，父亲突然发生恶心、心率加速、血压下降等症状，张阿姨紧急送他到天母振兴医院急诊。他在这几年，经常四肢无力和晕眩，这就是钠离子偏低，严重可致重度昏迷，还好住院一个星期就稳定下来能回家了。

一个月后的二十六日，父亲以八十三岁高龄获得第二十二届台湾“‘行政院’文化奖”。他在台上激动地说：“在这个时代，比我有胆识、有智慧，比我对历史文化有贡献的人何其多！但他们有的死于牢狱，有的亡命刑场，有的郁郁而终。我却幸运活下来了，而且还得到最高文化奖项，叫我如何不激动……我对这场冤狱之灾，早就一笑置之了！”

父亲认为，这是时代进展的必然，是历史的悲哀！他表示，他不再恨当年逮捕他、刑求他、诬蔑他的特务，也不恨那个制造冤狱的组织和领导人。因为他们都是无知的，他们不知道这样的恐吓手段违反人性，不知道这样的统治手段伤害人权，不知道这样的诬陷手段愧对祖先。

我又得到一本新书:《我们要活得有尊严》,在内页签着:“城城、丽凤,我儿”及“爸爸,二〇〇二·十二”等字,书序有一首诗,我非常喜爱。这一年他八十三岁,我也有四十八岁了。诗词是:“老牛已知夕阳晚,不用鞭策仍奋蹄。”老父是“老牛”仍在“奋蹄”,对我这“壮牛”来说,很有激励作用。书里另有一段他的“人生小语”:“八十年走过崎岖路,凝聚为一句叮咛:人之所以为人,第一要自己有尊严;第二要尊重别人的尊严,而且是诚挚的尊重。”他告诫我们,文明人类应具有的基本教养,就是尊重和包容。这一切的基础,就是建立在“诚实文化”上,以诚实为基础,提倡尊严、尊重、包容、理性,远离传统的“谎言文化”,要诚实地承认错误、勇敢地承认罪恶,才是文明人,这样民族才会进步。父亲希望能让我们祖孙三代互相勉励。

二〇〇三年开始,父亲因为眼睛、体力都透支过度而疲惫不堪、无力负荷了,而且手也不能再写了,就开始采用口述,由助理记录整理的方式写作。到十月份,他还有一大堆的文学活动,包括“学术的柏杨、出版的柏杨、戏剧的柏杨”,都集中在这个月一并隆重登场。因此,远流出版公司将这个月定名为“柏杨月”,作为献给他八十三岁的贺礼。父亲还特地作诗纪念:

前已见古人,后也见来者;
念天地之悠悠,独执笔而泪下。

十三年前《异域》拍成了电影,十三年后,父亲五十年代的三篇小说《莲》《卧轨》《火车上》由李行监制、王喆编导,拍成九十分钟的电视单元剧《柏杨剧场》,《莲》是其中十三集中的一集,在“柏杨月”的十三日和二十六日,分别于台北诚品敦南店视听室,以及桃园县政府五楼视听室举行首映会。十三日下午,我和丽凤、本垣到诚品首映会场,我们跟曾志朗先生、王荣文先生握手致意之后,父亲又一一介绍李行导演、男主角李天柱和女主角萧艾,文艺界的许多朋友,徐以功导演、宋存寿导演等也都到场致贺。李行致辞说:“我在柏杨八十多篇文章中,精选出二十一篇,改编成这十三出单元剧,预定邀请十三位导演……”

父亲以幽默口吻回应:“剧作家常和导演有争执,有个笑话,提到一位剧作家正和导演争执不下,旁人不解,剧作家希望剧中能保留一句话,但导演不愿意,因全剧只有这句话是剧作家的。”意思是说,导演改编常会将原著精神都改了,但父亲强调,他对王喆的功力很佩服,戏剧本身的呈现和他的精神契合。我们另外感谢克缇文教基金会的赞助,希望《柏杨剧场》全部十三集都能顺利完成。紧接着,银幕上开始放映第一集《莲》的精华版。正如曾得电视金钟奖男主角,也是虔诚基督徒的李天柱所说:“《莲》从头到尾就是个‘苦’字,但以前的人知道苦的是什么,也怀抱着希望,里头有人性的光辉、温暖,非常值得现代人深思。”

十月十七日下午,远流出版公司举办《柏杨全集》完工庆祝茶会。父亲在有生之年,能亲眼看到集自己毕生思想精华的《柏杨全集》的出版,不啻是继一年前荣获“行政院”文化奖之后,另一件至极荣耀的人生大事。

“柏杨月”还有一个重要的活动,就是十月十八、十九日连续两天，由台湾“文建会”主办，中央大学李瑞腾教授策划筹办的第二届“柏杨文学史学思想国际学术研讨会”在台北隆重登场。这场研讨会一共有来自美国、塞尔维亚、菲律宾以及大陆、香港等国内外十四位学者发表论文，还特别邀请法国著名的汉学家贝罗贝担任主题演讲，综论柏杨对文化研究与文化相对主义的贡献。这堪称是岛内学术界第一次，正式为“柏杨”在文学史上作出较为完整而严谨的定位。

父亲一直被心血管的疾病困扰，自从十年前几场大病，心脏手术、脊椎骨开刀、胃出血、右颈大动脉开刀，一连串的折腾，元气因此虚弱不少，最主要眼睛视力变差，不能写字了。不过这样也好，坐在阳台看看远景，心情能更开阔，白云青天雾里神仙，山川溪水也尽在眼底。在他背后的墙面，挂着新的诗作《山居》：

独坐窗前对黄昏，霎时夜色漫山村；万家灯火沉河底，满天星斗落红尘。

海市蜃楼非是幻，梦中神话现真身；一叶扁舟从此去，双桨无声水无痕。

37　平反冤狱　恢复名誉 /

二〇〇四年一月十七日，政府对戒严时期遭到冤狱，包括柏杨在内的五百六十七位政治冤狱受难者，颁发"恢复名誉证书"，父亲被诬陷叛乱罪也终得平反。他代表致辞说："我们需要的是痛定思痛，忏悔、反省与原谅。……我们感谢这个时代，但是我们也活得长，才可以看见结果。……也感谢上帝，让我们可以获得平反。……唯有承认错误，尊重历史，记取教训，悲剧才不会重演。"他特别感谢赵昌平及林时机两位"监察委员"，能够经过详细的调查，还给他迟来的正义和清白。

第二天，刚好是星期日放假，张阿姨特别邀我们回去吃晚餐，我就带着妻儿，跟弟弟本垣一块上山，父亲欢喜地告诉我们获颁"恢复名誉证书"的过程。他说："这是一个庄严的日子，来自四面八方、在白色恐怖中幸存的五六百名冤狱难友，在台北聚集一堂，接受政府颁发给我们的'恢复名誉证书'，使我感慨万千。我们身在自由国度，一定要有享受自由的修养，更要有纯洁之心和清白之身。冤屈一定要申诉，污秽也一定要洗清，加诸我们身上的屈辱，以及家破人亡的惨痛，我们不能遗忘。但是，也不需要报复。"我们慢慢才了解，什么是理性的原谅与包容。

每年春节前，我们都会接到一封打字的信，这信是复印的。当然，所有的亲朋好友都会接到这封信，信里是"柏杨夫妇"过去一年特别"脚踪"的记录，也是岁末迎春，跟大家分享他去年一年的生活实况。这次在信里，特别说自己的名誉，已经得到恢复而倍感欣慰，但是仍受晕眩症的困扰。最严重的一次是在电梯里突然昏倒，赶紧叫救护车送到台大医院急诊，病情始终模糊不清。“……我早已过知命之年，只好听其自然”，等等。这封信的第一句，就是对他能恢复名誉感到欣慰，可见父亲对名誉的重视。他说：“遗忘是对民族苦难的背叛，更加不能容忍黑白颠倒、篡改扭曲历史。”品德是人的表征，名誉是人的第二生命，包括说谎、狡辩、不认错误、不知悔改，都是不名誉的事、都是羞耻的事情。

南宋洪迈在《容斋随笔》中有一句：“一点清油污白领，斑斑驳驳使人疑；纵是洗遍千江水，不如当年未污时。”所以，古今中外多少生鲜活血的案例，都是用生命在维护名誉，为了维护名誉，而万死不辞。

这一年，父亲因笔耕创作的贡献，获颁卿云勋章。但是他却对陈水扁提出的“戒严”说严正抗议。父亲历经“戒严”到“解严”的这个世代，地狱也走了一遭，才刚完成人权纪念碑的兴建，冤狱者拿的恢复名誉证书，握在手里还没热呢，政府又要“戒严”，那先人岂不白白地牺牲？他以“绝食”誓死抗议，绝不允许民主倒退。还好是场误会。事后他说，如果你们能看见满地的鲜血，和满天飘荡的冤魂，你就知道“戒严”绝对行不得，连说说都会吓出人命啊！

十月份，西安的陕西师范大学邀请父亲去做名人讲座。专门研究中国现代文学的教授们，都希望他能像鲁迅先生一样到陕西师大交流讲学。父亲接到电话邀请后，特别写了一首词送给陕西师大："吴刚伐桂我洗缸，古今相遇一感伤；千年挥斧树仍在，井蛙洗缸费思量。诗人徙，家国恨，谏臣鲜血洒刑场；多少扼腕捶胸事，端赖几人不寻常。"意思是，吴刚一生伐桂，桂树不倒。他半世纪清洗酱"缸"，也洗不清。今与吴刚相遇，徒叹感伤。他并赠送平生所著的所有版本图书一套，共一百二十余册，陈列于文学院的"柏杨图书专柜"中，供师生专门研究之用。

《异域》这本书是一九六一年问世的，到二〇〇六年已经四十五年了。一九八二年的《金三角·边区·荒城》，至此亦二十五年了。就在这一年，发生一件很特别，而且很有意义的事，一本新书《重返异域》，在父亲封笔前两个月，撒出了种子。撒种的是高南华先生，一位足跨两岸殷实的企业家；灌溉的是汪咏黛女士，一位多才多艺、跨足多媒体领域的才女。而收割者，是悲天悯人、爱心关怀泰北孤军及其后裔生活的广大读者。

如果说血泪交织的《异域》是第一部，"送炭到泰北"的《金三角·边区·荒城》是第二部的话，这本描写飘零泰北异域第三代故事的《重返异域》，应该算是第三部了。年中，高南华先生和夫人陈春沂女士到泰缅边区金三角，就是"邓克保"在书中所描写的那个既"传奇、神秘"又"惊天地、泣鬼神"的地方去旅游。他们清楚，就在脚下踩踏的这片土地上曾经发生过的故事，因为四十多年前，他们就读过脍炙人口的《异域》，现在亲历其境，情感最能融入。他们看见柏杨在碑上提的词："他们战死，便与草木同朽；他们战胜，仍是天地不容。"这使他们深受感动。于是，高南华贤伉俪以实际行动，付出了他们的关怀与爱心。当他们返台之后，就到"柏杨居"来探望。父亲此时已经视力模糊，而且行动不便，但是他对《异域》后裔的生活，仍然有着无限的思念和关心。于是，他接受高南华先生的托付，就在九月宣布封笔之前，策划这本由高南华先生斥资的《重返异域》，并托付汪咏黛女士，亲赴泰北金三角实地采访孤军和后裔，再以报导的方式呈现，帮自己和高南华伉俪完成人道关怀的心愿，也满足每一位读者人道关怀孤军的心愿，并于次年（二〇〇七）三月，时报出版公司赶在父亲八十八岁米寿前出版，作为他生日的献礼。

这一年，父亲总共有四十多本著作"登陆"，大陆出版界、文艺界都认为二〇〇六年是"柏杨年"。可是，他终究是八十六岁的高龄了，健康迅速衰退，视力愈加模糊，于是就在策划《重返异域》阶段任务之后宣布封笔，淡出公众视野，不再露面，也不再接受访问了。

封笔前，父亲自己为新版《柏杨曰》作序，也对自己的史学观做出了阐述。在这篇自序的结尾，是这样写的："……我摆脱传统文化的包袱，不为君王唱赞歌，只为苍生说人话。"这是父亲此生，最后的一篇文字。

而这一年，父亲六进六出、以医院为家，实在辛苦极了。他也自嘲说："我从人权斗士变为生命斗士了。"他向着最关心他的读者朋友们说："你们慢慢读我的书吧，我要睡睡觉了，好吗？"这句话听了，叫我们好生心疼。父亲的精力，已经透支到了极限。他平时从床上起来、从座椅站起，从不让人搀扶，他坚持一定要靠自己动。到了二〇〇五年拄着拐杖，让我们握紧他的手，搀扶着起床走走，还能平稳。这一年又差好多了，须由看护从床上拦腰抱起，转到轮椅上，带上厚帽，围上围巾，才敢推离卧室。而且，坐轮椅的时间越来越短，睡觉的时间却越来越长了，在医院、在家，每天都像婴儿般地长睡。

包括我外出，如果打电话回来，父亲一定没法接听，因为都在昏睡。我上山探望的时候，都会紧握他枯瘦的手，轻呼："爸爸、爸爸，我们来看你了……"这段时间，二姐毛毛从西安来台，每天都伴在他的床边，轻揉着他枯瘦的手脚。我们会同声轻唤着，他才勉强睁开双眼，虚气应对两三句话。在含糊的言语中，老父再次地说：人生仓促，对历史要宽容。

有一天傍晚，气候遽变、风雨交加，我和二姐伴着老父，他却一直吵着要起来，找一件厚外套到一楼大厅，等外出办事的张阿姨返回，要赶紧给她披上，以免她受凉感冒。这事还不让我们代劳，一定要亲力亲为，我和二姐极力劝阻，这种鹣鲽情深，让人又忌又羡。

二〇〇六年岁末，父亲捐赠给中国现代文学馆五十七箱文物的新闻，除了文坛惋惜之外，台湾各界也是一场震动。有的指责，有的质疑，也不少赞同的声音。有人写信，有人投稿，也不少声色俱厉地责骂，甚至还打电话怒气冲天说："柏杨！你吃台湾米、喝台湾水，五十多年，现在把东西捐给大陆，让'文化资产'外流，你像话吗？"连我的亲朋好友和同事们，都很热心地关切。其实，我们子女完全相信，他们一定很理性地做过分析，所以任何决定绝对不会偏差。果然，张阿姨就回应说："吵什么'大陆、台湾、本土，实在是小得不堪'，大家不都是华人作家吗？……谁有条件保存得好，我们当然就给谁啊。"我觉得这话，既正确，又有魄力。台湾当然希望能留下父亲的手稿，并表明立即筹备设立“柏杨文学馆”，但基于“文建会”七年换了四任主委，文学馆筹备七年，也换了六个筹备馆长，这种乱象任谁都没有信心。父亲能把“文化资产”交给世界上规模最大的文学博物馆——中国现代文学馆，这是际遇，也是智慧的抉择。

当时，我们都希望台湾各界不要再以“狭隘的心态”看待此事。后来，台湾媒体也展开讨论“如何留住柏杨”。台湾也不想让柏杨把更多的相关物品再回归大陆收藏。于是，二〇〇六年十二月十二日，台南大学颁与父亲荣誉博士学位证书，肯定他在民主、人权、史学、人文和社会领域的非凡成就和对国家社会的贡献。我们家属特别感谢台南大学前校长黄政杰先生、现任校长黄秀霜女士，以及苏进强先生和王荣文先生的大力促合。

教育部门亦拨发经费，在台南大学腹地上整建“柏杨纪念文物馆”，有四百平方米的空间，将重建父亲在新店揽翠楼“柏杨居”之客厅、书房、卧室及起居室等六个空间，以还原其生活与写作的情境。还特别设置一间绿岛的牢房，参观的朋友可以到“马桶”边照相留念。

柏杨纪念文物馆由台南大学文学院张清荣院长兼任馆长，馆里的一点一滴，都是他精心地策划，充满了他的心血，让这个生动、幸福、美满与完整的“家园”，于二〇〇七年六月二十七日隆重开幕。如果你曾到过“柏杨居”，看过原先的式样，你一定感觉身历其境，因为所有的摆设，连尺寸都几乎一样。我就最喜欢客厅沙发上的抱枕，上面绣着“柏杨”二字，还有台南大学同学们许多的文创作品，尤其是纸制的“柏杨公仔”，真是惟妙惟肖,令人感情悸动不已。如果你喜欢,可以特别订制一个,带回家摆在书橱里,你每次抬头,都会看到“柏老”慈祥的笑容,一定会让你思路有如泉涌、文笔突然畅流呢。

两岸大学生文学之旅,许多师生参访“柏杨纪念文物馆”,年轻学子频频闪着镁光灯,让现场青春洋溢。萧万长先生曾两度莅临参观追忆,他也特别喜欢“柏杨公仔”。

从二○○七年中开始,我们只要走进父亲卧室的门,就要先用酒精洗手,并且戴上口罩,也不可用手去碰触,大家都小心翼翼避免感染,因为父亲越来越虚弱,苍白的面色,已经是瘦到皮包骨了。二姐帮忙按摩着小腿,跟我说:“城城你看,爸爸的腿跟竹竿一样细,一点肉都没。”我们好心疼,转眼见到二姐的眼眶已经泛红。这使我想起二○○○年三月,大姐冬冬、二姐毛毛跟我的外甥静利、晋旸来台,每天晚上,他老人家都让静利这位学医的外孙给他来段“马杀鸡”(即按摩——编者注)。静利有深厚医学的基础,手指也劲道十足,每次都让佬爷全身筋骨舒畅,笑呵呵地精神百倍、回味无穷。

这一年是海峡两岸开启交流大门的二十周年。三月七日,我在大陆看到电子媒体的新闻,远流出版公司和时报出版公司,为父亲举办“米寿”暖寿茶会。曾庆瑜女士还献花献吻,并和凌峰先生合唱生日快乐歌,由衷献上祝福。父亲坐在轮椅上,许的愿望,竟是“腿不要再疼了”。四十年前,被拷打踢断的那条右腿,虽经医治却未能痊愈,近几年每天都痛入心扉。

这一天,许多友人热情地参与,让父亲快乐地度过这温馨甜蜜的生日。

五月二十日，金庸大师到“揽翠楼”看望。父亲比金庸先生年长五岁，两位老人家心情都特别好，聊起天来妙趣横生。父亲要金庸把隔壁买下，两人做邻居。那天下午邻居听到金庸驾到，都跑来要签名。父亲穿着衬衫，坐在轮椅上，腿上盖着薄毛毯，风趣地说：“不要随便签名，他们要拿到银行去提钱的。”金庸大笑说：“柏老过茶寿（一百零八岁）时，我一定要来祝寿。”父亲很兴奋，可是这样不利健康，他的情绪完全地在释放，可见他实在是一个可爱的老顽童。

那时，父亲已经离不开轮椅了，精力好的时候，会跟客人聊天，听张阿姨跟他讲些新闻，也会请看护偶尔读报纸给他听。报上如果有不公不义、莫名其妙的事件，他听了，有时一声长叹“唉……”，有时会冒出三字经“他妈的！”实在太有趣了。

父亲兴起，真是妙语如珠，但却要补眠甚久。一年以后，他已经葬在绿岛海域，跟我们永别了，我们也只有从记忆和记录里，回味他的幽默、风趣、箴言和教训了。

二〇〇七年十一月二十四日，我一早跟张阿姨和二姐毛毛，还有许多台湾的朋友，在北京的北京饭店会面，参加当日下午两点在中国现代文学馆举行的“柏杨研究中心”揭牌仪式。父亲卧病在床不克出席，张阿姨在台上，拿出一张 A4 的纸，叙述上面这颤抖歪斜的六个字“重回大陆真好”，是柏杨费了九牛二虎之力，花了两三个小时，写着写着又斜倒昏睡过去，叫醒再写……虚弱的手指根本无法握笔，写了不知多少遍，才勉强地写完这六个字。此言引起台下阵阵的叹息和感佩。

“这些宝贵的数据虽然为中国现代文学馆所珍藏，但它将为海峡两岸及港澳地区所共享，也对所有研究柏杨的人都是开放的。”中国作家协会副主席、中国现代文学馆陈建功馆长如此说：“一年前，我们派周明到台湾，把一大批珍贵的资料和文物‘抢’了回来。现在我们进而成立这个研究中心，因为我们还在觊觎柏杨先生的‘财富’。不过请柏杨先生不要紧张，我们窥伺的，是先生宝贵的精神财富。我相信，通过海峡两岸和研究中心学者们的共同努力，柏杨先生一生丰厚的精神成果，一定会为我们所分享。……最后开一个玩笑：请香华转告柏杨先生，精神财富的创造成果，您是不能独霸的。”张阿姨致完辞，我也特别表示感谢大家辛苦的奔波，以及对家父的支持，让“柏杨文化资产”能有这么好的归宿……家父在台北家中的病榻上，也能感应到我们的热情，让我们也祝福他，早日康复、重回大陆、重回这可恋的家园，真好！

在中国现代文学馆，已经建立的有巴金文库、冰心文库、唐弢文库、张天翼文库、林海音文库、卜少夫文库、鲁迅文库、老舍文库等中国大陆、港澳台，以及海外华人作家的文库，一共有八十一座。“柏杨文库”珍藏父亲的文物文献资料，一共一万一千七百四十五件，并且已经邀请海峡两岸暨香港、澳门，以及海外研究学者参加“柏杨研究中心”的工作。

我们对父亲的文物文献能够珍藏在这里，能够跟这些顶尖的文学大师在一起“被研究”，感到非常荣幸。五年后的二〇一二年七月，二姐毛毛从西安到北京，由周明老师陪同，再次踏入中国现代文学馆，她看到了已经还原的“柏杨书房”的样子。书桌一角还摆着父亲头部的雕像，这雕像原先是放在“柏杨居”客厅的。书桌右边是摆满书籍的书柜，中间那层，是全套的《柏杨版资治通鉴》。书桌前墙，挂着一大幅名家行书体的挥毫，这是一九六九年，父亲在景美看守所，被判处有期徒刑十二年之前的诗作《囚房》：

重所密封日夜长，朦胧四季对灯光；天低降火类炉灶，板浮积水似蒸汤。

起居坐卧皆委地，呻吟宛转都骨殭；臭溢马桶堆屎尿，拥挤并肩挥汗浆。

身如残尸爬黄蚁，人同蛆肉聚蟑螂；群蚊叮后掌染血，巨鼠噬罢指留伤。

暮听狂徒肆苦叫，晨惊死囚号曲廊；欲求一刹展眉际，相与扶持背倚墙。

二○○八年一开张，父亲的情况就更糟糕了。特别重大的事务，他还能硬撑一下，但最多三分钟就瘫软了。在医院时，脸上罩着氧气、插着鼻胃管，手臂上扎着点滴。因为不舒服，他就要去抓鼻胃管，护士就把他双手套上护套，他则露出哀求的眼神，口里发出“喔喔”的声音，意思是要我们解除他的“手铐”。我们的心都揪在一起好似扎针，难过极了。

为了能方便照顾，张阿姨曾经特别在石牌荣总附近，租赁一间短期的套房，这样往返医院只需过条马路，比从揽翠楼“柏杨居”来回两三个小时，节省不少时间与体力。张阿姨说：“婚姻有不同的阶段，像现在这个阶段，我差不多是他的保姆。”的确，家里有一个年老的重症病人，家属辛苦，照顾的人更是辛苦。这是四五年前的事，有一天晚上，我和丽凤探视父亲后离开医院，目送张阿姨顺着斑马线走回租赁的套房，看她疲惫沉重的步伐，我们心底充满了感恩。

父亲病情稳定后，就从医院回到家里。虽然一样昏睡，语言表达也不很清楚，但是，他并不是失智的病人。他说不清楚，但是他的思维仍然清晰，只是插着胃管，就辛苦了，内心有话，无法倾吐的煎熬和着急，又没法写出来，是多么痛苦。他只有不断地叹息，而我很清楚他想说些什么。

二○○八年二月六日，这是除夕的前两天，我才从江苏这五十年来罕见的“超级雪灾”之中，连夜“逃难”似的，原本三小时的路程,却开了十五个小时才抵达机场。这一路由淮安“台协”吴添福会长的少爷炯毅开车,谨慎又紧张地在车阵中龟速前进。有车急躁地从旁边快速超车,却轮胎打滑,反而不得前进困在积雪里,真是欲速不达。

出发前我们准备了一堆干粮,还特地多买了一桶汽油,这是广播电台的热心叮咛,担心中途燃料用罄,引擎熄火不全冻死在车里?夜晚九点出发,开三个小时都还没到长江大桥呢。午夜十二点零下七度开始暴雪,高速公路全面封闭,所有的车都困在路上,车道两侧积雪三尺,车车头尾相连,俨如超大型停车场,全都停着却都不敢熄火,因为都需要暖气。这样又熬了六个小时,直到早晨六点,长江大桥才开放通车,我们又再开了六个多小时,才终于在中午过后到达禄口机场。我们放弃预定的国际航线,多花人民币两千元,搭机从南京飞到深圳,再坐船到澳门,由候补机位飞回台湾。从出发到抵达家门,将近三十小时的折腾,一路上,我的思想都在漫游,深深地感受这个气氛。

六十年前,父亲从沈阳逃到北平,再从北平逃到上海,最后挤上登陆艇来到台湾,那才是九死一生。我们这才一天多的风雪,算老几?而且都在暖气洋洋的轿车里有吃有喝呢。只是我们这一代,没吃过什么苦,很难去体会,就像我们没坐过牢,不知坐牢的苦楚。尤其像父亲这样,经过残酷刑求产生的冤狱,别说十年,就算一年、半年,不是精神崩溃,草莓族也可能早就自行解脱了!

二月七日大年初一,马英九先生光临“柏杨居”拜年。大伙扶起父亲,他也勉强撑起身子,说话十分吃力,不断咳嗽。马英九洗手后进入卧室问候说:“……柏老您的著作,影响两三代的读者。”父亲吃力地、勉强开口批评现在政治的乱象,虽然有气无力,仍然质疑地问道:“台湾目前最可怕的就是政治斗争、无是非、无廉耻。怎么变成了这个样子?”马英九特别题了“有容乃大、无欲则刚”八字相赠。

父亲直言劝谏,希望马英九先生身边,能有个“魏征”型的人物,还送上自己过去写《资治通鉴》的魏征、唐太宗等篇章的复印件。马英九先生当下做出承诺,未来若当上台湾地区领导人,一定随时提醒自己不要变“丑陋”。

这个新春年节,父亲几乎是“全眠”的状态,一般客人也不便摇醒他。初三那天,可能是他知道他的孙儿中中来了,睁着眼睛一老一小目视微笑。他喜欢听孙儿轻唤着“爷爷!爷爷!”脸上满是慈祥。每次见面,都会问中中说:“你有没有看爷爷的书啊?”这次没问,只是握着手,他气若游丝,两三分钟又合眼睡着了。

春节过后,大家工作和生活又开始紧凑起来,而父亲依然老样。我在半个月后的二月二十三日又赴大陆,前一天还到他老人家病榻旁向他辞行。我们紧握着手,父亲欲言又止,我安慰他别急,要安心养病。没想到我离开第二天,他就因为急性肺炎并呼吸衰竭,紧急送进台北耕莘医院加护病房。也没想到,这次进入医院,就没能再走出来了。

父亲在加护病房将近一个月,三月十九日才转入普通病房,没几天又实行“胃造瘘”手术,再次住进加护病房,这是提供给长期需要管灌喂食病患的替代方案。这样就不必常换鼻胃管,既安全,副作用又小,因为管径粗,以后可以喂食种类更多,父亲的营养补充会更充足了。父亲手术后在四月十二日又回到普通病房,以氧气及呼吸器帮助疗养。

我人在大陆,虽然电话里听不着父亲的亲口说话,但是张阿姨和丽凤也会告诉我,不过,都是他沉睡中的讯息。我想,如果病人是在睡觉,也能补充体力,不至于会发出紧急警报。

很多例证“节期是老残病患的关卡”。为免造成遗憾,我毅然决定在清明节前夕返台,第二天我就到台北耕莘医院探望父亲。才四十天不见,父亲显得更苍白消瘦。四月十六日上午,马英九先生又到医院来探视。这次,是以“总统当选人”的新身份了,只是还没上任。

父亲身体虚弱,嘴巴开开合合却说不出一句话来。马英九紧握他的手说:“请柏老放心,我一定会全力以赴,戒慎恐惧、临深履薄……我们从感恩出发,从谦卑开始,一步步地把失去的补回来。”马英九还允诺说:“我上任之后,一定落实‘新世纪人权宣言’,请柏老放心。”父亲送给马英九先生两本新作《柏杨品三国》和《柏杨品秦隋》,因为三国、秦、隋等朝代历时最短,他老人家的意思是,要马英九记住,唯有人权“立国”才能长治久安。

父亲自从二月二十四日因肺炎并发呼吸衰竭住院,两个月来,持续都有呼吸不稳定的情形,还两次紧急送入加护病房。医师的“病危通知”就像十二道金牌,每两天一张,紧急地催促着河南的大姐冬冬、西安的二姐毛毛和澳洲的小妹佳佳赶快回来。

四月二十日，佳佳带着女儿 Peta 从澳洲回来了，二姐毛毛预计后天也会抵台，大姐冬冬因为赶办手续出点问题，可能会延后几天。我相信两位姐姐，一定心焦如焚。

第二天一早，我们就在医院，大伙围在父亲的病床四周，看着床上这位苍白枯槁的老人，鼻胃管、氧气罩、葡萄糖，管管线线插满脸上和身上，我们的心都像刀割一样。他今天没有带“护手套”。我们分别靠近床边，我拉下口罩，让父亲能看见我的面孔。我说：“我们今天都来了，您看，佳佳回来了，丽凤也在，小垣也在，还有 Peta 也来了，大姐、二姐过两天也会来的。”父亲圆溜溜的眼珠就跟着转，虽然口里只能含糊发声，但也感觉得到，今天他精神不错。看到我们一大堆人同时出现，好像有点错愕，却十分开心。

在这个阶段，张阿姨不但是保姆，还要兼秘书，她是最辛苦的。因为父亲的事务庞大繁琐，包括众多后续的进展，还是会经过社会的检验，也必须向爱护他的读者交代。

整整三十年了，张阿姨陪伴着父亲共同生活，最熟悉他所有的创作、故事和背景。这就像是刚出生的婴儿，经过母爱的孕育，长成到三十岁。所以只有母亲最了解自己的孩子，以及孩子的每一件事物。这“孩子”是指父亲的作品，这是极度深层的。张阿姨详细搜集所有相关数据，包括父亲所有的作品、书信与个人文献，经过有系统的整理，这是谁都无法替代的工作。我们对张阿姨是完全地相信、尊重，并且由衷地感谢。

“柏杨是一座山，是那么沉雄峻伟，有风景，又有宝藏。虽然年纪这么大了，却仍有赤子之心。……所以他让我一直都觉得很温暖。”这是张阿姨对父亲的评价。一个男人的成功，绝对需要有女人在背后扶持。而张阿姨无论台前、幕后，这个角色的扮演，都肯定是相当尽职，甚至闪亮发光。

二姐前一晚抵达台湾，住进“柏杨居”。第二天一早，我们就在医院碰面了。二姐立在病床前，说：“爸爸，我是毛毛，专程回来看您了。”父亲意识清楚，他点点头。晋旸也大声说：“佬爷，我来看您了。”父亲伸出了手，握住外孙晋旸的手，足见心中对亲人的眷恋。

父亲一生有无数智黠的话语和高峰的真理。他笃信基督，也特别感谢神为他安排的这一切，和赐给他的这一切。他曾告诉我们：“神永远是爱我们的，我们要向神祈求，赐给我们人类和平，永远没有战争。”父亲走到了生命的死荫幽谷，仍然认真地要大家继续探究真爱、真相、真理与真义。

四月二十六日下午三点五十分，台湾地区领导人陈水扁也以私人身份不公开行程，到耕莘医院来探望。二十分钟后，阿扁离开，父亲已经气力放尽，倒头就昏睡了。这一睡，都是昏迷状态，也没再真正地清醒过来了。

佳佳观察父亲都在睡觉，病情好像稳定，应该没什么立即的危险，于是决定二十八日晚上的飞机，带着 Peta 先回澳洲了。前一天上午，我们在医院还碰到高南华伉俪和汪咏黛在门口等候，客气地等我们家属出来，才进入病房探视。因为我们人多，很拥挤，他们担心病人氧气不足。我很感谢他们的细心和体恤。

二十八日傍晚时分，父亲再度出现呼吸衰竭的情形，意识完全模糊。慢慢地,二氧化碳浓度逐渐升高,氧气下降。持续到二十九日凌晨一点十二分,医师宣告急救无效,他病逝于新店市耕莘医院,蒙主宠召,很有尊严地离开这多纷多扰的世界,享寿八十九岁。

从二月二十四日,父亲就因急性肺炎并呼吸衰竭,紧急送进耕莘医院加护病房,至今两月有余,加护病房两进两出。这几年病魔肆虐,把爱美的父亲折磨得憔悴枯肠,每个人看了都心疼不已。二十九日深夜,我们都已返家入睡。刺耳的电话响起,夜半突响的电话,最让人胆破心惊,尤其病重的亲人住院,会让人心脏爆炸。我急忙起身接起电话,是晋旸,我瞬间被不祥的预感笼罩,不禁一阵寒战。

晋旸说:“大舅,佬爷走了。”“什么时候?”“就刚刚,医院打电话来,我们现在就要去医院。”我瞄瞄大钟,凌晨一点十七分。我跟晋旸说:“我们马上就到。”我随即通知本垣,然后与丽凤赶赴医院。随后,本垣夫妇也抵达。而佳佳却在八个小时前,才刚刚离开台湾飞向澳洲。

《提摩太后书》四章七节,使徒保罗写信给提摩太,说:“那美好的仗我已经打过了,当跑的路我已经跑尽了,所信的道我已经守住了。”父亲正是这样,他溘然离世,走完这曲折离奇的一生。当他回顾自己的使役时,可以宣告他已经完成了自己的路程,而且是得胜者。他确信的是,他靠着神的恩典,已经跑尽了当跑的路。

我们围在床边,瞻仰着父亲的遗容,他的身上已经拆除所有的管子了,面孔苍白,却慈祥极了。我们知道父亲走得安详,他终于摆下了笔、摘下了眼镜、阖上双眼，放下了挂记，他已经拥有了绝对的自由。他已经先我们一步，摆脱灵魂的酱缸，到那诸天之国的实现里，完全自由的家园。正如他所说："有自由的地方就是家园。"这将是他不能朽坏、不能玷污、不能残留，是要存留到永世的基业。

新当选的台湾地区领导人马英九先生也肯定父亲对人权法治的奋斗，并强调，柏杨一生坚持的理念将由他们继续贯彻，他会在五二〇后，要求各部门确实落实。

大姐冬冬、么妹佳佳也分别从河南和澳洲赶抵台湾。五月十四日上午，我们在第二殡仪馆举行家祭，下午三点在台北市红砖古迹济南教会，为父亲举行"安息礼拜"。他曾经说过，人权就是对生命绝对的尊重，因为人生来平等，也都有完整表达自我意志与言论的自由。也因为如此，父亲的朋友不分贵贱、党派、宗教、省籍，所以今天，从高官显达到平民布衣，将近三百人出席致哀。大家一同伴随父亲——柏杨先生，走完人生最后的一程。

唱诗班一首《绿岛小夜曲》，全场来宾已红了眼眶；再一首《老黑爵》，有人开始强忍着热泪；最后一首《奇异恩典》时，多人已经泣不成声了。尾声，我压抑悲伤，代表家属上台答谢，表示对爱护父亲柏杨的长官、前贤、长辈以及亲朋好友的深深感谢。

我说：

非常感谢各位长官、各位前贤、各位长辈以及各位好朋友们出席先父柏杨的的追思礼拜，这是先父他的荣耀，也是我们作为他儿女共同的光荣。本城现在仅代表家属对关心柏杨、支持柏杨、爱护柏杨的大家,表达我们最高的敬意和无限的谢忱。我们请家属起立向来宾一鞠躬谢谢大家。

先父在病榻上的近年来,在我们每次上山探视他的时候,我们都会紧紧地握着他枯瘦的双手、轻抚他苍白的脸颊,而多半他也都是在昏睡之中,偶尔他清醒的时候还能够说两句话,一直到今年他才完全不能言语。但是当我们紧紧握着他的手的时候,他的眼神、他的呼吸、他的心跳、他的体温,能够借由父子连心的血脉传承感应,正确且迅速地达到我们的内心深处,我们所体会的是,他的心里面有相当多的忧虑、有相当多的不舍,也有相当多的遗憾,还有许多许多的挂记。但是我们都认为,他仍然是幸福的,因为他拥有你们,因为他是忠义的,他才有资格拥有你们。他拥有这么多爱他的人,以及值得他爱的人,所以他是幸福的。包括从小就只有单亲生活,而需要独立自主,在当时特殊的环境里面求生存的柏杨的几位子女,也都能够在最后时刻从四方归来,伤心难过地伴随在父亲的左右,感谢主对我们的恩典!因为我们都知道,先父他不是只属于我们的,他是属于台湾这块土地,更是属于全世界的华人,属于他一生文学志业的。另外还有他生前的许多的挚友,未能在他最后的这段路上,未能让他多握握他们的手,也未能让他们摸摸他的脸庞,来抚慰他的心灵,在这里我也敬致十二万分的歉意,祈求这些深爱柏杨、深爱家父的挚友们你们的原谅。

四月二十九号凌晨家父辞世,现在他已经是安息在主的怀里、抬头仰望主的荣美、吃喝享受主的丰盛。无论是对国家、对社会、对我们敬爱的长官和我们的长辈，以及所有的好朋友们，我们都怀有相同的这样的一颗永远感恩的心。

在这个礼拜六，我们要完成先父遗愿的第一步，就是要将他的骨灰撒在台湾跟绿岛中间的海峡里，愿先父的在天之灵与主同在，也愿主保守我们中华风调雨顺、国泰民安。

王荣文说："柏杨是我非常敬重的作家，即使是缠绵病榻，柏杨依旧充满勇气，一以贯之。"

父亲身受病痛之苦的近几年，仍不断有媒体与政治人物登门造访，但他一方面受限于体能衰弱无法"奋笔疾书、尽述胸臆"，一方面已不想多讲些什么。王荣文说："这段期间柏老所表达的意见，虽然被各方拿来做南辕北辙的解读，却都无法完全代表柏杨他真正的看法。"

父亲对自己这十年牢狱之灾的看法，经过多年之后，也有了极大的转变。正如司马迁写给友人任安的这封回信《报任安书》上说："盖文王拘而演《周易》；仲尼厄而作《春秋》；屈原放逐，乃赋《离骚》；左丘失明，厥有《国语》；孙子膑脚，《兵法》修列；不韦迁蜀，世传《吕览》；韩非囚秦，《说难》《孤愤》；《诗》三百篇，大抵圣贤发愤之所为作也。"

父亲理解这段话的深义，他用十年的牢狱生活，让自己也成了一个历史学家。对他来说，绿岛"无"夜曲，但绿岛却又是他终生难忘之地。父亲感谢绿岛的赐予，他把绿岛视为他特别的纪念之地。在他的诗词里就有《我来绿岛》《我在绿岛》《我离绿岛》三首，写出与绿岛错综复杂的感情。如今安息主怀，父亲仍想回到这个地方，融入这片“海纳百川”无际的汪洋怀抱。

二〇〇八年五月十七日，一大早，我们就在台北松山机场集合。我把父亲的骨灰坛捧在胸前，坐在飞机客舱的第一排，骨灰坛放在我左边的座位，我帮它系上了安全带。我们要前往绿岛，遵依父亲遗言，将他的骨灰抛撒在那片蔚蓝的绿岛海域。而在绿岛上的“绿洲山庄”大礼堂，就从当天开始的这四个半月里，举行“柏杨先生纪念展”和人权季活动，以回顾父亲柏杨一生的贡献和生命的情调。还有更巧的，是五十七年前的同一天，居然是绿岛开始囚禁政治犯的纪念日。

不舍的亲朋好友，也跟着搭机来到台东，下机后经过一段路程，专车才到台东富冈码头。我们要上船出发，可是，突然刮起了七级大风，又掀起了六级大浪，让我们在码头等候约两个小时。

中国现代文学馆前副馆长、柏杨研究中心总干事周明先生，为送“柏老”最后一程，前一天才从北京专程来台。这时，所有亲朋好友、媒体记者一共三四十人，也都暂时守在候船室。

风势慢慢转弱，我们才依序登上“海巡署”调派来的舰艇，等后拔锚出发，期能早点完成使命，再登陆绿岛。因为同一时间，已迈入第四年的人权季，正以“烈焰青春火烧岛”为主题，在绿岛上展开数日的纪念活动。知名小提琴家胡乃元先生站在人权纪念碑前，演奏巴哈的名曲。还有醒狮团、辣妹舞、杂耍魔术、台湾少数民族的森巴鼓等热情的演出，让这座曾经流满血泪的孤岛，摆脱了昔日的悲恸，充满了欢乐。只可惜，风浪拦阻了我们的前进，这也是我最接近绿岛的一次。

上船前，大家除了吃晕船药，还贴了防晕耳片。我坐过七八次船，都是有两天以上的航程，所以经验丰富，我知道晕船有多可怕，行进时都没什么，如果停在惊涛骇浪中，那才是超级震撼。

一上船，我就紧抱着骨灰坛，乖乖地坐到舱里的座位上。船身摇来晃去，我拼命地咽着口水。雨点风声逐渐变小，引擎隆隆作响，舰艇已乘风破浪全速前进。大约离岸没多久，据说才四海里左右吧？就听到广播：风浪太大，船已无法前进。于是下锚，大家齐聚甲板，开始施行海葬仪式。

大姐冬冬、二姐毛毛、我和丽凤、小垣夫妇、佳佳，我们五个儿女同声喊着："爸爸您安息吧！""爸爸您快去快回！"脸上早已看不出是泪水，还是雨水。所有的亲友在摇晃的甲板上，紧抓着栏杆，边撒、边哭、边淋雨，也边吐。撒出手的骨灰，随风旋入呐喊的浪花中间，滋润了蔚蓝的海洋，也随风吹到我们的脸上，和着水迹涂抹我们的伤恸。

这种生态的安葬，使我们对生命有了更多的认识和想象。从此以后，父亲的灵、魂、身体，再也没有任何的禁锢了。

周明先生多拿了两小袋骨灰带回大陆，要寻觅适当地点安葬，让父亲能"根留两岸、风范长存"。周明先生这个奇想，促使父亲能在两年后，终于"落叶归根"到河南的老家。这些事，都是完成他遗愿的开始，我们期盼后世子孙能够推动父亲人权的理念，也希望台湾的民主、自由和人权，能达到他生前所努力奋斗的理想目标。

39 根留两岸　缅怀传承 /

一转眼，父亲离开我们大家，整整一年了。我们脑中记忆犹新地还浮现他老人家消瘦脸庞上柔情的微笑。

一年后的一天，在华山文化创意园区，我们参加由曾庆瑜女士主持的"怀念·传承·柏杨辞世周年纪念会"，这是王荣文先生等人所主办的。萧万长先生特别莅临，表达对父亲的怀念及敬意。他致辞说："化解仇恨并非避而不谈，而是升华为温暖的感情，应面对历史，记取教训，打造族群融合的新台湾。"

张阿姨说："柏杨是幸运的人，有这么多朋友为他完成心愿，我感觉他没有离开我们，只是人生的布幕放下。"最精彩、完美的演出，最热烈、安可的掌声，总是要谢幕、落幕的。台上的悲欢离合，台下也一样不断地重复循环。父亲这一生，在不同的舞台上，演出得都太过精彩，精彩到布幕虽然已经放下，顶头的灯仍然亮着，难以落幕。我知道父亲没有离开我们，他跟我们一起坐在台下，就坐在你我的旁边，他等着看，何时我们能冲上舞台，有比他更精彩的演出。

第二年，远流出版公司在 Facebook 上发起了"柏杨全球书友会"，通过网络纪念柏杨——我们亲爱的父亲郭衣洞先生。在此同时，《柏杨全集》也在全国书博会上面世，这是父亲原创性论述第一次最完整地在大陆集中推出，包括五十年来所有的作品，也展示了他这一生不平凡的成就。当时张阿姨正在大陆，看到电视上播放青海玉树震灾捐款的晚会，同胞们都奋不顾身,使她感动。因此,她将再版《丑陋的中国人》两万本的版税,全都捐给玉树灾区时,基于怀念和感恩,我们都支持这个做法。

我们幸运身在宝岛,虽然都曾为各地的天灾付出实际的关怀,此时,更愿意能为玉树灾区的重建,抛砖引玉。我相信,即使父亲还活着,也绝对当仁不让。张阿姨说:依照柏杨的感性,他看到华人这么大的爱心,他一定会再写一本《可爱的中国人》。

两年前,在绿岛海域抛撒父亲骨灰时,周明老师建议,保留了两小袋,由二姐毛毛带回西安,就一直放在二姐家里。我们不愿父亲葬在一般的寺庙或灵骨塔,主要因为信仰的关系。基于“落叶归根”的想法,我们都认为让父亲能够回到原籍故乡最是妥善,但我们却一点忙都帮不上,只有让周明老师费心费力、奔波寻觅。

河南省文联副主席郑彦英建议,将柏杨骨灰安葬于河南省新郑市的福寿园陵园,是最妥当也是最完美的。于是,二姐特地从西安到郑州实地考察墓园。她打电话告诉我们说:“我觉得这里很好,不同一般墓园,文化气息浓厚,感觉跟公园一样。”张阿姨也认为可行,因此,我们就决定,让父亲的骨灰就在“福寿园陵园”入土为安了。

二姐还特地两次到上海看父亲雕像的进度,并给予意见。我人虽在大陆,但时间紧凑,没法陪二姐同行。据悉,父亲的铜像第一次做得并不理想,二姐才会再去一次,经过修改之后,才完成这尊高约两米、一比一点三的全身坐像。而我们对这个父亲雕像之神似，都非常赞赏。

二〇一〇年八月三日，二姐毛毛和姐夫长安从西安护送父亲的骨灰到郑州，先交给福寿园做准备，然后其他如雕像、衣冠冢、墓地建设等，也都赶在八月三十日前全部完成。移棺安放时间就决定在二〇一〇年九月十二日上午十时整。于是，我先一天抵达郑州，参加第二天一早的“柏杨灵骨安葬暨柏杨纪念铜像落成揭幕仪式”。

当天早上，郑州福寿园陵园举行了一场该园建园以来最大的葬仪。我们一行浩浩荡荡数辆专车开抵园区，园内已经媒体云集，通往主楼骨灰存放厅的道路左侧，摆满了两米高的布标，上面印着父亲的照片和他的著作名称。还专门开放一个侧厅，厅内正在播放他生前的语音和影像，供后人缅怀。

上午除了进行骨灰安放仪式，福寿园人文纪念馆也进行柏杨铜像和墓碑的揭幕仪式。我们先参观人文纪念馆，这里有父亲的衣冠冢，所展示的文物中，有《柏杨全集》，还有他部分手稿和衣物：有一套西装，口袋上绣着他的本名“郭衣洞”，围巾上绣有“柏杨”二字，其他还有帽子、手杖、笔、印章等。

父亲在这里文物的收藏，比起北京中国现代文学馆所陈列的，显然少了很多。但是他能回到这里，是和他的乡亲在一起，也和我们的祖先在一起，更是和故乡芬馨的泥土，永远地融合在一起。

在主楼的骨灰存放厅内，鲜花簇拥，置中的大相框里，父亲戴着黑框眼镜，两手托腮，嘴角上翘，带着俏皮的笑容。我们胸佩黄丝带，依序鞠躬致哀、奠祭献花。典仪完毕，我手捧漆木方匣,内置骨灰坛、上覆红绒布,两位礼仪师撑着黑伞服侍左右,所有亲友都跟在我后面,默默前行二三百步,才走到“柏杨墓园”。

墓园大约三百五十平方米,置中一座红绸覆盖着高两米多的矗物,就是父亲的大铜像。放眼四周漫地青葱、红艳绽放,旁边是小桥流水和回廊步道,再往前遥望是一座四角亭阁,鲤鱼在清澈的水中悠游。等几年树木长大,花草繁殖,这里绝对不输给任何一座国家级的大公园。父亲住在这里,绝对媲美揽翠楼的“柏杨居”。

我遵从司仪的口令,先献花、献果,排排鞠躬,再将漆木方匣,安放到一个开挖的小石室里,然后每个人都拿一个盛装花瓣的篮子,将片片素菊、花瓣撒进石室,覆盖在漆木匣之上,然后盖上黄土、覆上绿草。亲朋好友一起送行,寄托哀思,并同心携手完成了父亲骨灰的安葬仪式。

例行致辞过后,上午十时三十分,由中共河南省委统战部部长刘怀廉、河南省台办主任宋丽萍、河南省文联主席马国强等官员,以及福寿园总经理葛千松四人,将覆盖在父亲铜像上的红缎丝绸缓缓揭开,严肃隆重地完成了“柏杨纪念铜像”落成揭幕的仪式。

虽然我曾看过这铜像制作过程中的几张照片,那是二姐两次访沪,e-mail 给我的,但是此刻,我的眼睛仍然一亮。眼前父亲翘着二郎腿正襟端坐,左手置于膝上的书本,右手撑颐若有所思,神情宁静悠闲,温和兼炯炯地目视前方,这尊铜像与他日常生活中的形象,神似极了。铜像右侧一块天然大石的墓碑,上书“不为帝王唱赞歌，只为苍生说人话”，彰显他针砭时弊的铮铮傲气。我们相信，以后来这陵园的各界人士，都能充分感受到父亲柏杨的文人风骨和济世精神。

省文联主席马国强说：“柏杨先生魂归故里，铜像伫立在中原，必将成为传统文化的又一个精神坐标，让人们铭记先人，树大志，立大德。”我们的父亲虽然走了，但他的思想和精神，将永远留在我们儿女的心中、永远留在中原父老乡亲的心中，也永远留在我们所有华人的心中。

文联副主席郑彦英先生，是一大文艺名家，父亲安息在这里，都劳他的奔走和协调。之后几年，他也都亲自到墓园来祭奠先父，并修文缅怀，让我们既尊敬又感谢。

父亲魂归故里，在台湾又引起一阵批评。张阿姨说：“人都不是单线条的，可以有多种选择，回家何尝不是一种最好的选择?”选择哪条路，都没有对与错的问题。自己的路自己走，不要违反自己的基本精神和思想，越单纯越好，不去伤害到别人。父亲最后的路，我们家人都愿意扛起这个具有时代意义的担子，选择一条最宽阔的坦道、也是最完美的句号。他老人家永远在我们心里，跟我们一起前进、一起休息。休息过后，我们仍要继续地走下去。因为，路永远在我们前面，而前面不远，父亲举着火柱，正照亮我们的脚踪。

二〇一〇年十月十五日，福建省厦门大学、华侨大学、漳州师院、泉州师院四所大学的学生和研究生，先抵达金门，再直飞台南市，参访台南大学“柏杨文物馆”。全程的导览，均由人社学院张清荣院长担纲，他从《柏杨大事记》开始，述说这些同学心中的“柏杨老师”其多灾多难的一生。并对照简易的《年表》及清楚的《记事》,使这次赴台的大陆同学们,都能留下深刻的印象。柏杨文物馆还准备了“柏杨活页夹”“柏杨纸公仔”以及“柏杨学术研讨会”的论文集,一并赠送给这些跨海而来的学子们,让他们完成这趟成功的文学之旅,认识了“丑陋的中国人”——柏杨大师,并满载而归。

我在两年后的二〇一二年四月五日,跟郭立熙叔叔、大姐冬冬等人,“回家”扫墓时,特别地用棉巾,在父亲铜像的脸颊,轻抚拭净,感觉到他的嘴角好像在轻轻的微笑呢。我们都相信,父亲的在天之灵,已经完全得着了释放。

扫完墓第二天,大姐冬冬带我回到故乡辉县郊区。那里有一座大公园,在最里面有两座高碑,左边一座凉亭,上面都是父亲的题字。但是广袤的大公园近乎荒废,荒草蔓延,水塘都已干枯,碑上刻字也已掉漆模糊,无法全窥了。

父亲自出生,即命运坎坷、窘迫困顿,充满着悲哀和哭泣。还没记忆时,生母就病故,继母带大,却施以凶残暴虐,他有一个没有亲母疼爱的童年。小学遇到恩师克非,引发潜在的阅读兴趣。又因算数不好,屡遭恶师修理,从此反对任何体罚。他少小离家颠沛流离、磨难无穷,千方百计想要入学,却屡被退学或开除。青年时期正逢战乱动荡,即随波逐流,促使他这一生,比别人能提前独立思索。而这种独立性,正是歌德所说的"是天才基本的特征"。

父亲十九岁进入"战干团",加入国民党,遇到恩师吴文义;十年后在上海,再度巧遇,就跟随吴文义来到台湾;也开始他在台湾近六十年的传奇生涯。

父亲自喻是一只孤鸿,飞翔在无际天边,他展翅穿过深林巨壑、高山大丘。因为孤单,所以奋飞;因为遍地荆棘,所以无法停留。虽然他全身箭伤,淌着血、忍着痛、含着泪、带着箭,依然奋力怒飞。

他疲惫又沉痛,终于驻足在一处高岗。他引颈长鸣,让世界都听到他的声音,让死荫的幽谷,也充满了他呐喊的回音。来不及喘歇,他再度振翅,要冲出奇袭而来的飓风暴雨。这时泪水、雨水、汗水和血水,浸透了他的全身,双翼的羽毛也不停地折断脱落,这只孤鸿逆风盘旋,已经筋疲力竭。

他奋力冲出暴风圈、闯过雷电网,他把自己当成祭物,要献给天地和穹苍。

每分每秒，他都在展翅翱翔，冲向遥远的那线曙光。

这只孤鸿，就是我的父亲——柏杨。

父亲喜欢“飞”，他自己奋飞，也要中国人奋飞，他受伤仍然要飞。他说：“我还是要飞，永远要飞。”他执意要飞翔到最后的一分一秒。正如他的诗作：

> 九天翱翔闯重雷，独立高岗对落晖；
> 孤鸿不知冰霜至，仍将展翅迎箭飞。

而父亲四年后为《奋飞》一书作的序曰：

> 展翅奋飞五十年，回首依依衔断篇；
> 重读昔时笔下字，一字一情一惘然。

父亲这两首诗作，都有着“迎着箭、展翅奋飞”的激昂斗志，也使他的悲愤情怀表露无遗。

拿破仑曾说：“人生的光荣，不在永不失败，而在能屡仆屡起。”正是如此，父亲屡仆屡起。虽然为上帝赐予的才华，他已经付出了代价，遭受身体和精神的磨难，但是他的热情战胜了苦难，精神也胜过了死亡。

死亡是生命的必然归宿，不尽然是悲剧，因为死亡可以导致永生。父亲骄傲的是，他知道自己的精神将永垂不朽。

张阿姨说:“我相信,柏杨飞走了!我要时时凝视苍穹,永远朝向光明的一个点,追寻而去。”

三十年前,张阿姨一首《单程票》:

> ……路,是荆棘绽开的玫瑰……传递自你的掌心,是万缕柔情,缱绻于我的双目。如果能为来生订座,请预购两张单程票,早早携我飞越三江五湖,纵横七海……请不要遗漏我,不要让我久久地挣扎、等待……

她预购两张单程票,与丈夫相约同心同行,呈现她对父亲的深情。

三十年后,这一篇《酒店打烊,我就走》,是张阿姨对父亲封笔的感言。这是英国首相丘吉尔的名言,他带领英国与盟军抵抗德国的侵略,最终反败为胜,但是战后他却落选。他坦然接受事实,毫不恋栈。当他到九十岁这残年之时,他就说了这句哲言:“酒店打烊,我就走。”而这句话,让我非常感伤。

这“酒店”好像世界,我们在世界里寄居、旅行,死亡是旅行的终点。在世界结束时,人人都要结账;酒店都要打烊了,谁能不走?我们来去匆匆,有几个人能真正走得毫不恋栈,没有遗憾?

三十年来,张阿姨陪伴父亲上天下海、翻峰越谷、幕前幕后,也多次含泪默默为他疗伤。她发挥语言的天赋,扶持父亲走出台湾、迈向国际,居功甚伟。最后,也能点下一个完美的句点，让父亲走得安祥、无憾、没有恋栈。我们儿女也为张阿姨陪伴父亲这三十年的有情有义，表达由衷的感谢，并致上最高的敬意。

末了，我特别选了父亲的这首感情丰富、柔肠荡漾的诗作《金缕曲》作为结尾：

问梦迷何处。恁孤魂绕遍斗室，欲飞无路。一霎数惊不成寐，举目更添凄楚。想那人正相笑语。紧倚栏干北望月，把新愁旧怨齐吩咐。多少事，恁谁诉。

奈何天，生生又缺，岂能为主。千载女娲炼青石，今日也难重补。寂寞了当年箫鼓。流水落花空有恨，这痴情总被无情误。恩与怨，都尘土。